우크라이나의 창

(평화와 전쟁)

Вікно України
(Мир і Війна)

Кім Сук Вон Ю Мі Гунг

우크라이나의 창 (평화와 전쟁)

김석원 · 여미경

도서출판
디자인21

머리말

우연히 2021년 초부터 인천일보에 우크라이나의 창이라는 글을 시작했습니다. 제가 30여 년 생활했고 지금도 살고 있는 땅이라 우리나라에 알리고 싶어서 연재를 시작했는데 2022년 2월 24일 러시아의 침공으로 전쟁이 났습니다. 저는 우크라이나에서 생활하면서 느끼고 경험한 일을 진솔하게 쓰고 싶었습니다. 쓰다 보니 4년의 시간이 지났고 그사이 전쟁이 일어나 어려움 속에서 생활하고 있습니다. 그리고 조금이나마 우크라이나를 알려야겠다는 생각으로 출판을 생각했습니다.

우크라이나는 자신의 영토 민족 역사 언어를 가지고 있었지만 오랜 시간 독립을 못 하고 옛 소련의 한 연방공화국이었습니다. 그러다 1991년 구소련이 무너지며 독립을 하였습니다. 넓은 영토(60만km^2)와 1991년 독립 당시 5,200만의 인구를 가지고 있었습니다(2025년 현재는 3,800만으로 추정합니다). 유럽의 일원으로 잘살아보자는 꿈과 희망이 있었는데 역사는 쉽게 그 꿈을 허락하지 않았습니다. 2004년에는 오렌지혁명이 일어나 부정선거를 뒤집었고 2014년에는 마이단(광장)혁명이 일어나 야누코비치 대통령을 몰아냈습니다. 그리고 2022년에는 전쟁이 났습니다.

석사 학위를 마치고 우크라이나 문학을 공부하러 와서 30년이 넘었습니다. 학위를 끝내고 1998년부터 키이우 국립대학교에서 한국어 문학을 가르치며 지금까지 살고 있습니다.

배우고 가르치며 우크라이나의 창을 통해 우크라이나를 보고 느끼며 우크라이나인을 만나고 싶었습니다. 우크라이나는 나와 우리 가족의 모든 것입니다. 아이들은 여기서 학교를 마치고 각자의 길을 가고 있고 요즘은 부부만 남아서 학생들을 가르치며 지내고 있습니다. 우크라이나는 우리 가족을 하나로 묶는 구심점이고 삶이고 운명입니다.

우크라이나의 종전과 평화와 번영을 기원합니다.

이 책의 글들은 2021년 2월부터 2025년 5월까지 인천일보에 격주로 쓴 칼럼을 모은 것입니다.

(우크라이나어 고유명사 표준법이 없어 상이점이 있을 수 있습니다)

"우크라이나의 영광"

"영웅에게 영광"

"Слава Україні!" "Героям слава"

추천사

키이우대학교 김석원 교수가 <인천일보>에 연재한 '우크라이나의 창'을 읽다가 "우크라이나와 원광대학교"(2025-6-12) 글이 눈에 들어왔다. 2016년 10월 9~11일 키이우대학 학술행사에서 만난 원광대에서 공부한 한국어문학과 4학년 김호수(히나예바 올랴) 학생이 생각났기 때문이다. 또 그날 학술행사 전에 한국어문학과 강사/대학원생들과 가진 위키 교육에서 만난 데니스(Denys Antipov) 선생이 전사했다는 소식을 들었다. 2022년 5월 26일 김교수의 "데니스를 추모하며"를 읽었다. 그날 필자가 찍은 사진 속의 데니스를 보면서 다시 그의 명복을 빌었다.

'평화', '전쟁', '그래도 삶은 계속된다', '통곡의 벽', '공습경보'로 엮은 100편의 글은 2021~2025년 우크라이나 현대사 그 자체이다. 이미 많은 러시아-우크라이나 전쟁 책이 나왔지만, 김석원 교수의 『우크라이나의 창: 평화와 전쟁』은 우크라이나 사람들의 나라 사랑과 헌신, 전쟁 중에서도 평화를 그리면서 일상을 지켜온 삶의 기록이다. 3년이 지난 러-우 전쟁은 결국 끝이 날 것이다. 우리는 왜, 우크라이나와 러시아가 '가깝고도 먼 나라'로 오래 계속될 것임을 확인하고 있다. 고려인 연구로 구소련 여러 나라를 방문했다. 우크라이나 지역을 순회하면서 한민족 문화축제, '까레야다(Koreyada)'를 개최해온 우크라이나 고려인사회. 다시 고려인들이 손에 손을 잡고 춤추고 노래할 날을 손꼽아 기다린다.

임영상 (한국외국어대학교 명예교수)

추천사

러시아-우크라이나 전쟁 이전과 전쟁 이후의 우크라이나 상황에 대해 김석원 교수보다 더 생생하게 설명할 수 있는 한국인은 없을 것이다. 그는 형제국가인 러시아로부터 불의의 침공을 당한 우크라이나 국민의 참담함을 연민의 눈으로 묘사하고 있다. 전쟁이 터지자 각국에서 활동하던 우크라이나 스포츠 영웅들이 귀국하여 참전한 이야기, 군인이 모자라 어린 여학생들까지 여군에 지원하여 최전선에서 싸우고 있는 이야기는 눈물겹다. 트럼프 대통령이 집권 후 종전 협상에서 푸틴 러시아 대통령의 입장을 두둔하면서, 우크라이나의 영토포기를 기정사실화하는 상황에 대해서는 “영토포기는 항복이다”라며 분노하는 우크라이나 인들의 심정을 생생히 전하고 있다.

김교수는 우크라이나에 부는 K-열풍 등 우크라이나인들의 한국사랑을 잘 소개해주고 있다. 타라스 셰우첸코 대학 학생들이 전쟁으로 피난길에 올랐지만, 전쟁 중에도 한국을 배우기 위해 한국문학, 한국어 등 온라인 수업에 빠지지 않고 참여하는 모습은 가슴을 찡하게 한다.

러시아의 침공 직후, 키이우 주재 우리 대사관의 도움으로 김석원 교수를 포함한 교민들이 키이우를 탈출한 이야기는 긴장감이 넘치는 한편의 영화다. 지금 우리나라의 유튜브 방송 등을 보면 일부 친러시아 전문가들에 의해 사실이 아닌 러시아정부의 프로파간다(선전)가 사실처럼 유포되고 있다. 그의 글은 러-우 전쟁과 우크라이나의 객관적인 현실을 알고 싶어하는 우리나라의 많은 독자들에게 큰 도움이 될 것으로 확신한다.

권기창 (전우크라이나 대사)

차례

전쟁

그래도 삶은 계속 된다

통곡의 벽

공습경보

우크라이나 일기(여미경)

평화

1. 푸틴의 꽃놀이패

1654년 우크라이나 군사장(게티만) 보그단 흐멜릿스키는 러시아 알렉세이 황제와 형제동맹을 체결하였다. 스스로 동생이 되면서 보그단은 사법, 행정, 외교권을 청했고 알렉세이는 모든 것을 수용하고 러시아군의 우크라이나 주둔을 주장했다. 우크라이나의 비극이 시작되었다. 그 후 러시아는 우크라이나를 식민지 같이 지배했고 소련 시절에는 연방공화국으로 운명을 함께 했었다. 그리고 1991년 소련이 해체되면서 우크라이나는 비로소 독립을 했다. 1954년 후르시쵸프는 형제동맹 300주년을 기념하여 러시아 영토였던 크림반도(경상남북도 정도의 땅)를 우크라이나에 넘겼으며 1991년 우크라이나가 독립하며 우크라이나 영토가 되었다. 그 후 2014년에 푸틴은 크림반도를 다시 강점하였다.

푸틴은 외국 정상으로는 드물게 2013년 인천을 방문한 적이 있다. 상트페테르부르크 출신인 그는 인천에 상트페테르부르크 광장이 있고 러시아 해군 추모비가 있다는 것에 놀랐을 것이다. 푸틴은 4, 4, 4(총리), 6, 6(헌법 개정 6년 중임) 6, 6(중임 규정 삭제)년 이렇게 2000년부터 집권하여 2036년까지 집권 가능하다. 70% 이상 국민 지지를 받는 21세기 차르를 반대하거나 그의 정책을 비난하는 것은 러시아에서 금기 사항이다. 암암리에 반대자가 나타나지만, 소설같이 비극적 최후를 맞이한다. 얼마 전 푸틴에 반대했던 나발니가 독살위험을 겪었고 귀국 후 구속되며 시위가 일고 있다.

2013년 11월 키이우국립대학을 중심으로 수백의 학생들이 친유럽 정책을 주장하며 마이단(광장)에서 시위 도중 경찰진압봉에 맞아 피를 흘리는 장면이 TV화면에 나왔다. 경찰 진압봉을 피해 흩어지던 학생들이 전화기로 찍은 영상이었다. 다음날 크레샤칙(우리나라 광화문 광장 같은 곳) 거리에는 남녀노소 20만 이상이 모였다. 시위 결과 2010년에 당선된 친러 성향의 야누코비치는 러시아로 도망했고 친유럽 정권으로 바뀌었다. 푸틴은 바로 크림반도 강점이라는 강수를 두었다. 흑해 함대가 있는 크림지역에서 부대 마크를 가린 군인들이 중요 행정 기관을 점령하고 러시아 합병에 대한 주민 투표를 하여 96.6%의 찬성으로 러시아와의 합병을 결정했고 이틀 후 2014년 3월 18일 신속히 크렘린궁에서 우크라이나 크림 자치공화국 총리와 푸틴 간 합병에 서명하였다.

그 후 2014년 4월부터 우크라이나 동부 지역에서 반정부 인사들이 우크라이나로부터 독립을 선언했다. 우크라이나 정부는 분리주의로 규정하고 전투에 임했고 돈바사 공화국은 러시아에서 오는 자원 의용군으로 지칭하는 자들이 전투에 참여하며 치열한 전투가 벌어졌고 지금도 간헐적으로 전투가 벌어지고 있다. 푸틴의 잇따른 강수였다.

푸틴에게 크림반도 강점과 우크라이나 동부 돈바사지역 전투는 바둑의 꽃놀이패다. 두 사건 다 러시아 근처 우크라이나 지역에서 벌어지는 무력 사건으로 어떤 경우에도 우크라이나를 러시아의 손아귀에서 놓지 않겠다는 푸틴의 강력한 의지의 표현이다. 한때 동부 지역이나 크림에서 러시아군이 열세에 몰리면 수도 키이우까지 공격할 것이라는 이야기가 심심치 않게 돌았었다. 현 젤린스키대통령도 친유럽 성향이지만 2036년까지 반영구 집권의 길을 열어놓은 푸틴으로서는 5년마다 임기가 바뀌는 우크라이나 정권을 냉소적으로 보고 있다. 우크라이나 국민 사이에서도 친러 정권이나 친유럽 정권이나 그놈이 그놈이니 차라리 러시아 쪽으로 가야 한다는 기류가 감지되고 있다. 푸틴의 꽃놀이패는 차기 또는 차차기 대선에서 친러 세력이 정권을 잡을 때까지 계속 이어질 것이다. 러시아로서는 잃을 것이 없는 게임이고 도박이며 우크라이나로서는 꽃놀이패에 몰린 위험한 형국이다(현재 세계 여러 나라는 크림반도를 러시아가 일시적으로 강점하고 있는 우크라이나 영토라 하며, 러시아에서는 옛 러시아 영토를 회복했다고 한다).

2. 세 번 맞이하는 새해

우크라이나에서는 새해를 세 번 맞이한다. 첫 번째는 보통 1월 1일 일반적으로 전 세계가 맞이하는 새해이다(그레고리력 Gregorian Calendar). 대통령이 12월 31일 밤 12경 TV에 등장하여 10, 9, 8, 7, 6, 5, 4, 3, 2, 1을 세고 샴페인 잔을 들고 새해 축하 인사를 한다. 인사말이 끝나면 아파트 단지 여기저기서 폭죽이 터지고 불꽃놀이가 시작되어 정신이 없다. 우리 집에서도 샴페인 잔을 들고 창가를 서성였는데 애들이 어렸을 때는 아파트 공터로 나가서 같이 불꽃놀이를 즐겼었다. 경제적으로 좀 어려워도 불꽃놀이나 술에는 인심이 후하다. 보통 12월 25일 성탄절을 우크라이나나 러시아에서는 가톨릭 성탄절이라 하고 새해 1월 7일을 성탄절이라 한다.

두 번째 새해는 1월 14일 율리우스력(Julian Calendar)으로 새해이다. 우리나라 구정이나 추석에 수백만의 귀향 행렬을 보며 부러워했는데 여기서는 우크라이나 새해(1월 14일)와 부활절에 수백만이 고향으로 가는 날이다. 올해는 코로나 사태로 여기서도 고향을 찾는 이가 많이 줄었다. 통계상 농촌 거주 인구를 30% 정도로 보지만 인구 2만 이하의 소도시에서는 집마다 가축과 작물을 키우고 교통이 좋지 않아 시골이나 다름없다. 그렇게 보면 4,200만 인구의 절반 이상은 시골에 사는 셈이다. 우크라이나 새해에 아는 형님 댁에 가면 온갖 음식을 준비하고 동네 사람들이 모여 덕담을 나누고 사마곤이라고 집마다 담그는 독주를 꺼낸다. 2박 3일 술에 절어 지내다 돌아올 때는 당신들이 수확한 양파, 감자, 당근, 달걀, 호박, 마늘, 집에서 잡은 생닭 등을 신문지에 돌돌 말아 주시고 차가 보이지 않을 때까지 손을 흔들어 주신다.

세 번째 새해는 여기 사람들이 아시아 새해라는 음력 설날이다. 인천 앞바다가 훤히 내려다보이는 인천시 중구 신흥동 1가 6번지. 빈한한 마을에도 설날은 찾아오고 어머님께서 들기름으로 만드셨던 음식이 그렇게 맛있고, 고소했다. 설날 전에는 연례행사 같이 가던 목욕탕, 누가 이름을 붙였는지 절묘하고 기묘한 처녀목욕탕. 국민학교 입학 전에는 어머니를 따라가 2시간 이상 손발이 쪼글쪼글 부르터서 나왔고 국민학교 입학하고 형하고 갈 때는 어머님이 하셨던 말씀, "2시간 이상 있다 완전히 때 밀고 오너라." 며칠 전 읽은 책 주인공 이름은 가물가물한데 50여 년이 지난 오늘날도 생생히 기억나는 신흥동 친구들 이름 광배, 선영이, 영철이, 한실이, 인배형, 영일이, 광일이, 승록이, 팽이 썰매 연 등을 장인같이 잘 만들던 개똥이

형. 우리는 설날이면 입구 첫째 집부터 동네를 한 바퀴 뺑 돌아 세배하고 세뱃돈을 챙겼다. 그 동네는 집마다 보통은 4~5명, 영철이네 집은 애들이 7명이었다. 애를 낳으면 자기들끼리 큰다. 딱지치기, 구슬치기, 다방구, 팽이치기, 길건너기, 숨바꼭질, 기둥말타기, 제기차기, 비석치기, 연날리기, 자치기, 땅따먹기, 찜뽕 등 놀이가 무궁무진했다. 동네 옆 해광사는 우리의 놀이터였는데 놀다 말고 "용가리다" 하면 혼비백산 줄행랑을 쳤다(그 스님은 아이들이 놀면 가끔 나와 우리를 혼냈다). 설날 세뱃돈이라야 5원, 10원짜리 동전이었는데 어느 집에서는 야박하게 1원짜리 동전을 주기도 했다. 우리는 한실이네 셋방살이했는데 한실이네 7식구, 우리 집 6식구, 아랫방 헌일이네 6식구 모두 19명이 재래식 화장실이 한 개인 20여 평 집에서 어떻게 살았는지 신기할 따름이다. 술을 좋아하시던 한실이 아버님께서는 아마도 미리 많은 동전을 준비하신 것 같다. 줄지어 오는 아이들 싫어하는 기색 없이 별명을 부르시며 세뱃돈과 사탕, 과자도 주셨다. 여기서 설날을 맞이할 때면 온갖 생각이 나 옛일을 흉내 내서 집에서 키우는 숙주나물도 하고 두부도 장만하고 전도 부치지만, 해바라기 식용유로 만드는 음식은 어머님의 맛이 아니다. 어머니는 그 어렵던 시절에도 설날에는 떡국을 준비하시고 고기 한 두 근을 장만하시어 수제비와 고구마가 거의 주식이던 시절에 우리 네 형제자매를 키웠다. 어머니, 어머니가 그립습니다. 떡국도 그립고요.

3. 코미디언과 초콜릿 왕

현 우크라이나 대통령 젤렌스키는 전직 방송인이다. 세계 여러 나라 신문 방송에서 선정적(煽情的)인 기사를 쓰느라 2019년 대선에서 승리한 그를 코미디언이라고 했지만, 그는 국민배우이며 코미디언이었고 방송 작가이며 감독이고 사업가였다. 자그마한 키에 어딘가 어리숙해 보이는 그가 출연했던 드라마나 프로그램이 아직도 1+1 방송에서 재방송되고 있고 크바르탈95(Kvartal 95)라는 방송 프로에서는 오래전에 그가 출연했던 코미디가 아직도 방송되고 있다. 유감스럽게도 그때는 그가 러시아어를 구사해서 지금은 우크라이나어로 더빙하거나 자막으로 우크라이나어를 쓰고 있다. 2015년부터 방송된 국민의 일꾼 혹은 국민의 종 등으로(우어: Слуга Народу, 영어번역: Servant of the People) 번역된 드라마는 내용이 희한하게도 역사 교사인 바실 페트로비치(Василь Петрович)가 인터넷 동영상에 나오면서 대통령이 되어 가상과 현실을 오가며 우크라이나 정치를 풍자하고 신랄하게 비판하는 내용이다. 자전거를 타고 출근하고, 심한 욕을 하고, 기상천외하게 기관총을 난사하는 대통령을 보며 우크라이나 국민들은 카타르시스를(catharsis) 느끼며 정부 당국자를 욕하고 부정한 부자나 부패 정치인을 조롱하고 희극화했다. 그는 드라마에서 뛰어난 연기와 언변으로 여러 사람에게 웃음을 선사하며 국민배우가 되었고 그 드라마는 폭발적인 인기를 끌었다. 그런데 2018년 마지막 날 그가 진짜로 대통령 선거에 출마한다고 발표했고 만든 정당이 "국민의 일꾼"이었고 4개월 후 42세에 우크라이나 최연소 대통령이 되었으며 2019년 대선 후 총선에서 압도적으로 승리하여 424석

중 과반이 넘는 248석을 얻어 제1 여당이 되었다. 정치 경력이 전혀 없는 그가 대통령에 당선되는 한편의 정치 코미디가 만들어졌다.

직전 우크라이나 대통령 페트로 포로셴코는 초콜릿 왕이다. 그의 이름 가운데 자를 따서 만든 로셴 초콜릿 공장은 우크라이나를 넘어 동유럽에서 인기 있는 초콜릿, 과자, 사탕, 케이크를 생산 판매하고 있다. 대도시 거리마다 로셴 초콜릿 가게가 즐비하다. 그는 대통령 재직 시 자동차 버스 회사, 조선소, 방송국, 보험, 스포츠, 농업사, 유리 생산 공장 등 여러 사업을 계속 확장했으며 대통령이며 재벌 회장으로 두 직업을 가지고 있었다. 전 정권에서 40대에 외무부 장관, 경제부 장관을 역임했고 50줄에 들어서며 2014년 선거에서 승리하여 대통령이 되었다. 그는 세계 부호 명단에도 이름을 올린 부자인데 그런 부자 대통령을 우크라이나 국민들이 곱게 볼 리 만무했다. 게다가 탈세 보도가 나오고 부정 축재의 뉴스가 심심찮게 등장하다 보니 그는 2019년 선거에서 정치 초년생 젤렌스키에게 압도적으로 졌다(결선투표 결과 젤렌스키 73.22%, 포로셴코 24.45% 득표). 그는 돈은 벌었지만, 중임할 수 있는 대통령직을 잃었다.

603,500km²의 면적과 4,200만의 인구를 가지고 있는 나라, 지하자원이 풍부하고 농토가 넓고 비옥한 흑토지대의 나라, 이런 나라가 왜 유럽의 빈국으로 전락했는지를 생각해 본다. 집 근처 실내 풀장을 가면 1963년 개장했다는 표시가 있다. 그때 이미 우리나라로 치면 구청별로 국제 규격의 실내 풀장을 가지고 있었다. 우리나라는 국제규격의 실내수영장이 1970년 태릉에서 개장되었다. 우크라이나 키이우 지하철은 1960년 개통되었다. 우리나라 지하철 1호선은

1974년 개통되었다. 소련 시절 루블화로 계산해 보면 60~70년대 월급이 우리나라의 10배도 넘는 나라였다.

지금 우크라이나 국민총소득(GNI)이 3,400달러 수준으로 한국의 1/10 수준이다. 우크라이나에서 오래 살며 느끼는 결론은 나라의 정치 체제와 지도자의 선택은 나라의 운명을 결정하는 중요한 열쇠이다. 우리나라든 우크라이나든 선거에서 혜안의 눈으로 재임 동안 국가정책을 책임지는 사람을 선택해야 할 것이다.

4. 키이우와 인천

어느 날 버스를 타고 집으로 가다 깜빡 잠이 들었는데 버스는 동서우유를 지나 신기촌과 주안역을 돌아 시내로 나가고 있었다. 제물포쯤이었을까? 화들짝 놀라 깨었는데 주위는 온통 코 큰 사람들이었고 버스 안은 외국어로 난무했다. 버스 속 선잠에서 나는 인천과 키이우를 혼동하고 있었다. 여기는 38번 키이우대학과 우리 동네를 운행하는 버스였는데 나는 인천에서 5번 버스를 탄 착각 속에서 잠깐 잠이 들었던 것이다.

아! 인천, 학창 시절 인천의 거의 모든 버스는 동인천을 돌았었다. 1번 부평 - 동인천 경유 월미도, 2번 효성동 - 동인천 경유 하인천, 3번 학익동 - 동인천, 4번 문학 - 동인천, 5번 신기촌 – 동인천 경유 하인천(후에 인천교), 6번 송도 - 동인천, 9번 독쟁이 - 동인천, 15번 새마을 - 동인천, 16번 만수동 - 동인천, 17번 검단 - 동인천, 19번 남동 - 동인천 20번 고잔 - 동인천 21번 소래 – 동인천 41번

율도 - 동인천 경우 부평, 45번 박촌 – 동인천(1970년대 말 필자의 기억으로 기억의 오류가 있을 수 있음)

동인천은 인천의 심장이었다. 인현동, 신포동, 신흥동, 화수동, 송현동, 송림동, 율목동을 연결하는 중심축이었고 축현, 창영, 신흥, 송현, 송림국민학교와 대건고, 송도고, 제물포고, 인성여고, 인일여고, 인천여상, 인천여고가 근처에 있었고, 인현 통닭, 삼치 집, 냉면거리, 빵집과 제과점, 신포동 튀김집, 용동 큰 우물집 등과 말만 들어도 가슴 설레는 애관, 미림, 오성, 동방, 키네마극장 등이 즐비했던 인천의 교육, 문화, 유흥, 음식 중심지였다. 꿈에 그리는 거리거리... 공기 냄새부터가 다른 곳. 키이우에 살면서 가끔 인천과 혼동할 때가 있다. 요즘은 키이우에서 인천교통방송을 들으며 운전하고 있으니 몸은 키이우에 있으나 맘은 인천을 배회하고 있다.

키이우는 동유럽에서 나무가 많은 녹색의 도시이다. 도시 전체가 공원이며 박물관이다. 신경림 시인은 이렇게 시를 쓰셨다.

도시가 숲속에 들어앉았다.
전체가 공원이다.
국립 끼예프대학도 공원 안에 있고
쏘피아 성당도 공원 안에 있다.
공원을 둘로 가르며 흐르는
널따란 드네쁘르강이 아름답다.
(“드네쁘르강, 아름답고 아름다운”의 일부)

10, 11세기 동유럽에서 가장 번화하고 문명이 발달한 곳이 키이우였다. 유네스코 인류 문화유산으로 등재된 당시 지어진 성 소피아 대성당이나 페체르스크 라브라 수도원을 보면 그 규모의 웅장함과 지고한 역사에 고개가 숙여진다. 1240년대 한반도 끝부터 동유럽까지 몰아친 몽골군의 공격으로 완전 폐허가 되기 전까지 키이우는 주변 포함 인구 20만이 넘는 풍요롭고 문화가 번창한 고도였다. 240여 년간 몽골 지배하의 핍박을 피해 북쪽으로 이주하며 모스크바 공국을 세웠고 그 후 키이우는 러시아의 어머니라는 소리를 듣는다. 몽골군이 물러난 후에는 폴란드, 리투아니아, 터키, 크림 타타르, 러시아 등 주변 여러 나라의 침략과 수탈을 당했다. 그러면서도 언어와 전통과 문화를 지켰고 키이우는 21세기 인구 300만이 넘는 동유럽의 중심으로 다시 한번 기지개를 켜고 있다.

잠자리에서 가끔 이런 상상을 해본다. 동인천에서 내려 배다리 쪽으로 걸어가 아벨 서점에서 책을 한 권 사고 창영국민학교를 둘러보고 내려와 과일 가게를 지나 인현 통닭에서 치맥 한잔하고, 대한서림에서 다시 책 한 권을 사고, 삼치 집에서 막걸리 한잔하고, 자유공원 쪽으로 올라가며 대동 학생백화점에서 볼펜 한 자루 사고, 쭉 올라가다 홍예문 다리 전 신신분식에서 쫄면을 먹고 맥아더 동상을 둘러보고 중국인 촌으로 내려와 아버지와 자장면 먹었던 중화루에서 자장면을 먹고 신포 시장에서 닭강정 한 점과 튀김을 먹고 송현동 순대 거리에서 순대 한 점에 소주 한잔 걸치고 걸어서 걸어서 키이우로 돌아오는 꿈.

5. 소련의 끝 30년

1980년대 대학 입학할 때만 해도 소비에트 사회주의 연방 공화국(소련)은 (러시아어 CCCP 영어 USSR) 우리나라에서 금기의 단어였다. 모순되게도 톨스토이나 도스토엡스키 등 19세기 러시아 작가들은 한국에서 상당히 인기가 있었다. 소련 공산당은 괴물이고 도깨비였으며 우리가 머리에 뿔이 달린 북괴라고 호칭하던 동족의 종주국 정도로 생각했으며 철의 장막이라고 했다. 크렘린은 모든 악의 소굴이라고 여겼다. 갈 수도 없고 가본 사람도 없으며 간혹 서방의 극소수의 사람만이 다녀온 나라였다. 그런 나라에서 30여 년을 살다니...

1991년 미국 및 서방의 전략이었든 자체 붕괴였던 소련이라는 나라는 지구상에서 사라졌고 그 자리를 러시아공화국이 대신하고 있다. 구소련은 유럽 쪽으로 에스토니아, 리투아니아, 라트비아, (발트 3국) 동유럽으로 러시아, 우크라이나, 벨라루스, 몰도바, 카프카스 쪽에 그루지야, 아르메니아, 아제르바이잔, 중앙아시아에 카자흐스탄, 우즈베키스탄, 키르기스스탄, 투르크메니스탄, 타지키스탄 등 모두 15개 공화국으로 구성되어 있었다. 구소련이 붕괴하며 1991년에 각자 독립하여 15개의 독립국이 되었는데 그중 가장 부유한 나라가 발트 3국과 우크라이나였다.

구소련은 사회주의국가로 계획경제였다. 공화국마다 특성이 있었는데 우크라이나는 빵 공장, 벨라루스는 트랙터 공장, 카자흐스탄은 방사능 공장, 그루지야(조지아)는 코냑 공장, 몰도바는 포도주 공장, 우즈베키스탄은 목화 농장, 라트비아는 전자 공장, 러시아는 냉동창고라는 우스갯소리가 있다. 요즘은 코로나 사태로 관광객이 거의 없지만 코로나 이전에는 알려지지 않은 나라로 발칸 반도와 구소련이 꽤 인기가 있었다.

구소련 지역 국가들은 발트 3국과 몰도바를 제외하고 대통령제를 택하고 있는데 러시아 푸틴(2000~2021 현재), 카자흐스탄 나자르바예프(1991~2019), 벨라루스 루카셴코(1994~2021 현재), 투르크메니스탄 베르디무하메도프(2006~2021 현재) 타지키스탄 라흐몬(1994~2021 현재) 등 장기집권의 독재 형태이다. 우크라이나는 5년 중임 대통령제로 1991년 독립 후 지금까지 집권자가 2대 쿠추마 대통령 외 중임 이상 집권한 대통령은 없다. 2004년과 2014년 시위로 정권이 바뀐 적은 있지만 중앙아시아나 러시아 같은 장기 독재정권은 아니다. 정치의 큰 폐해라면 동부와 서부를 가르고 지역감정을 부추기는 정치인들 때문에 동서로 나뉘어 내분이 일어나는 것이다.

1867년 러시아제국은 720만 달러에 지금의 알래스카를 미국에 팔았다. 약 150만㎢, 우리나라의 10배가 넘는 땅이다. 우리나라는 조선 시대 이후 국경의 변화가 거의 없었으나 유럽에서는 19~20세기 국경이나 영토 변화가 많았다. 러시아어는 베링해부터 유럽의 폴란드 옆 칼리닌그라드까지 광범위하게 사용되고 있으며 소련은 1917년 사회주의 혁명으로 세계 최초의 사회주의 국가가 되어 공산당이 절대 권력을 휘둘렀었다. 그리고 미국과 소련은 지구를 반으로 갈라 이념을 바탕으로 오랜 기간 동서 간 냉전을 벌였다. 양 틈바구니에서 한반도에서도 여러 일이 벌어졌고 소련이 지구상에서 사라진 지금도 지구상의 유일한 분단국가로 남아있다.

2021년, 소련이라는 나라가 사라진 지도 30년, 그 후 연방 공화국은 15개의 나라로 각각 독립하였고 많은 나라가 독재와 빈곤을 경험하고 있다. 그리고 구소련 지역에서는 우크라이나 내전, 러시아 그루지야 전쟁, 아르메니아 아제르바이잔 전쟁, 타지키스탄 내전, 체첸 분쟁 등 몇 차례 전쟁이 있었고 사회주의와 자본주의가 뒤섞인 이상한 형태의 정치 체제가 진행되고 있다. 그리고 고려인이라 불리는 우리 동포 50여만 이 구소련 지역 곳곳에 퍼져 있으며 오늘도 생존을 위해 치열하게 살아가는 땅이다.

1991년 당시 소련의 운명을 갈랐던 미하일 고르바초프와 보리스 옐친은 1931년생 동갑으로 옐친은 2007년 사망했고 고르바초프는 90의 노인이 되었다(2022년 8월 30일 우크라이나 전쟁을 비판했으며 사망했다).

6. 우크라이나 어머니와 형님

나를 낳아 주신 어머님은 오래전에 돌아가셨지만, 나에겐 우크라이나 어머님이 계시다. 논문 지도교수님이신 코스텐코 나탈리아 바실레브나(Kostenko Natalia Vasiliivna) 어머님이다. 1997년 학위를 끝내고 키이우국립대학교에서 같이 근무하게 되었는데 할아버지가 돌아가셨을 때, 몇 년 후 할머니가 돌아가셨을 때 나는 손자같이 두 분 가는 길을 배웅했다. 그리고 어느 날 교수님께 나에겐 어머님이 오래전에 돌아가셨는데 나에게 어머니가 되어 달라고 말했더니 선생님은 조용히 나를 포옹해 주셨다. 미혼의 어머님은 농담으로 쉐브첸코(필자의 학위논문 시인)와 결혼하여 너를 낳았다며 좋아하셨다. 매년 1월 20일 어머니 생신에는 20년 넘게 교수님 친구, 가족 친지와 조촐한 생일잔치를 벌인다. 요즘은 코로나 사태로 자주 뵙지는 못하지만, 전에는 가끔 오페라 하우스도 갔고 한 달에 한두 번은 안부 전화를 드린다. 지금까지 쓰신 책에는 항상 사랑하는 아들에게라는 글귀를 써 주셨고 나도 책을 내면 가장 먼저 사랑하는 어머님께라고 써서 드렸다. 어머니는 맘속 깊은 말씀도 쉽게 하는 마술과 유머가 있다. 애들이 어렸을 때는 선생님 댁에서 잔도 깨고 사소한 일이 많았지만, 항상 너그러운 마음으로 등을 두드려 주셨다. 어머니가 아프셔서 병원에 모시고 갔는데 의사가 누구냐고 물으니, 어머니가 "내 아들이요" 했더니 의사가 박장대소하며 "절대 그럴 리가 없어, 내가 귀신에게 홀렸나" 하며 웃던 기억이 난다. 어머니 시골집은(여기서 다차라고 부르는 시골집) 키이우에서 80여 키로미터 떨어진 곳인데 일 년에 한 두 번은 모셔드린다. 시골에서 나는 감자 양배추 토마토 사과 등을 주시는데 농약을 안 쳐서 수확물은 아주 빈약하다. 나는 해마다 어머니께 이제 그만 사서 드시라고 말해 핀잔을 듣는다. "아들아, 너는 아직도 땅의 이치를 모르는구나!" 국적은 틀려도 나의 우크라이나 어머니는 항상 아들 걱정을 하시는 한국 어머니와 똑같다.

1999년 고려대학과 학술교류 협정이 체결되어 1명의 교환학생을 보내게 되어 교환학생 선발 시험을 본다고 공고했다. 그런데 여기저기서 누구누구를 보내 달라는 부탁성 압력이 들어왔다. 모든 것을 뿌리치고 로만이라는 학생이 1등이라 그 학생을 고려대에 보냈다. 그 후 그의 아버님이 몇 번을 초대한다고 간청해서 보그슬랍(Bohuslav)이라는 시골 마을에 갔다. 동네 사람 여럿이 오셔서 동양인을 맞이했고 어떤 사람은 동양 사람 처음 본다고 얼굴도 만지고 동네잔치가 벌어졌다. 학생 아버님(Romanchuk Dmitro Yakovych)은 눈물을 흘리며 우리는 부자도 아니고 아무 힘도 없는데 우리 아들을 교환학생으로 보내주어서 고맙다며 몇 번이나 말씀하셨다. 그 후 우리는 시간 날 때마다 시골에 갔고 어느 날 술을 마시고 학생 아버님 드미트로 씨에게 한국어로 제가 형님 할 테니, 형님은 동생이라고 말씀하시라고 부탁했더니 그 후 몇 번 연습하셨고 나는 그의 동생이 되었다. 우리 집수리할 때도 오셔서 말씀 없이 고쳐 주시고, 자작나무 물이 좋다고 전화해 주시고, 부활절이나 연말에는 그 집에 갔고, 방학에는 시골집 가듯 형님 댁에 가서 지냈다. 어느 토요일 불현듯 형님 생각이나 차를 몰고 가서 별말도 없이 술잔만 기울이다 다음 날 돌아왔다. 어느 해 형님은 위암 진단을 받아서 키이우에서 수술하셨다. 나는 몇 차례 병문안을 갔다. 집에 있는 인삼차를 드리며 약은 아니고 몸에 좋은 차라고 말씀드렸는데 형님은 간절하게 기도하는 마음으로 약 드시듯 하루 한 잔 차를 마셨는데 몸이 좋아지셨다고 해서 몇 년간 인삼차를 구해 드렸다. 그리고 5년 후 완치가 되셨는데 드미트로 형님은 인삼차가 자신을 치료한 것 같다고 믿으시며 내가 생명의 은인이라고 하신다.

인간은 피 한방울 섞이지 않아도, 인종이 다르고 피부색이 달라도 따뜻한 마음이 있으면 부모 자식이 될 수 있고, 형제자매가 될 수 있다. 우크라이나에서 살며 얻은 가장 큰 재산은 어머님과 형님이다.

7. 우크라이나 동부전선 이상 있다

지구상에는 미승인 국가라는 나라들이 있다. 영토와 국민, 통치자도 있지만, UN이나 대부분의 국가에서 인정하지 않는 나라들이다. 우크라이나 동쪽 도네츠크 인민공화국도 그러한 미승인 국가 중 하나이다. 이들은 러시아를 배경으로 2014년 우크라이나 정부에 독립을 선언한 형국이다. 러시아조차 나라로 인정하고 있지 않지만, 그들만의 대통령, 지역, 국민을 가지고 있고 실질적으로 우크라이나 동부지역 2만여km²를 통치하고 있으며 우크라이나 정부군과 교전 중이다. 백여 명만 테러로 죽어도 온 세계가 발칵 뒤집히는 세상에 한 독재자에 의해서 만 3천 명 이상의 젊은이가 죽었다면 이 사건은 전 세계가 규탄하고 중지시키는 것이 맞다. 요즘 우크라이나 동부지역의 러시아군 증강 배치로 긴장이 고조되고 있다. 2014년 이후 계속 우크라이나 동부 지역에서는 간헐적으로 전투가 벌어지고 있어 많은 사상자가 나오고 있으며 우크라이나 정부는 2021년 올해 들어 반군과의 전투로 32명이 사망했고 85명이 부상을 당했으며 반군 측의 휴전 위반 건수가 월 200건이 넘는다고 발표했다. 다급해진 젤렌스키 대통령은 푸틴 대통령과 아무 조건 없이 만나자고 제의했지만, 푸틴은 묵묵부답이다.

필자가 근무하는 대학에도 자원군으로 동부지역 전선으로 나간 학생 2명이 사망하여 그들의 이름을 따서 교실 이름을 붙였다. 2014년 크림 강점과 우크라이나 동부지역 전쟁으로 우크라이나는 경제적으로 큰 손실을 보고 있다. 1달러에 8그리브나 하던 환율은 요즘 1달러당 27그리브나로 7년 사이에 3.5배 폭락했다. 러시아도 마찬가지다

2014년 1달러당 35루블 하던 환율은 2021년 현재 75루블로 2배 이상 폭락했으며 미국 및 서방의 경제 제재로 수입 생필품의 부족 현상을 겪고 있다. 이러면서도 푸틴은 계속 반군을 지원할 것인가? 러시아군 포로가 있고 위성 사진으로 러시아군의 배치나 이동을 전 세계가 보고 있는데도 푸틴은 러시아 군은 우크라이나에 없으며 정부에 반대하는 분리주의자들이 전투를 수행하고 있다고 한다.

지정학적으로 우크라이나는 유럽과 러시아의 다리이다. 제정 러시아에서는 우크라이나를 소러시아로 통칭했었다. 1991년 독립 후에도 대부분의 사람은 러시아어를 사용했고 버스 기차 비행기 등 모든 국경이 열려 있었고 비자도 필요 없었다. 그러다 2014년 유럽연합(EU)과 북대서양조약기구(NATO)에 가입하자는 민족주의 성향의 정파들을 중심으로 극렬한 시위가 일어나 친러 성향의 야누코비치 대통령을 몰아냈고 친서방 정권이 들어서 우크라이나는 친유럽 성향으로 급격히 기울었다. 러시아와는 국경을 닫았고 양국은 항공기 이착륙을 금지했으며 엄격한 국경통제가 이루어지고 있다.

1991년 해체된 바르샤바조약기구의 회원국이 거의 NATO에 가입한 상황에서 우크라이나마저 나토에 가입한다면 러시아는 턱밑에 칼을 두는 형국이 된다. 이제까지 경험하지 못했던 나토 회원국과 국경을 이루게 되는 것이다. 1990년 동독의 드레스덴에서 KGB 중령 계급을 달고 동서독의 문제와 서방과의 관계를 숨죽이고 지켜본 푸틴으로서는 냉정한 국제사회의 힘의 논리와 무력분쟁에 관한 정보를 학습했을 것이다.

1991년 독립 당시 세계 3위 핵보유국이던 우크라이나는 1994년 미국 러시아 영국과 우크라이나 영토를 보존한다는 부다페스트 안전보장 각서에 서명하고 모든 핵무기를 러시아에 이양하고 폐기하였다. 그러나 그 당사국인 러시아는 크림반도를 강점했고 동부지역 전투에서 반군을 지원하고 있다. 미국이나 서유럽에서 보여주는 미온적인 태도는 약소국의 설움을 그대로 드러낸다.

5월 1일은 구사회주의권의 최대 국경일인 노동절이고 2일은 정교회 부활절이며 9일은 대독 승전기념일이다. 화창한 봄 연휴 우크라이나 동부전선에도 평화가 찾아오길 바라는 마음이다.

8. 우크라이나에서 맞이하는 스승의 날

박명동, 윤하섭, 김연자(인천신흥국민학교), 김만수, 조윤호, 김진순(인천주안국민학교), 천인환, 김재성, 김정환(인천남중), 박영찬, 지승복, 한수영(인천대건고등학교)선생님, 이분들이 국민학교부터 고등학교까지 12분 담임 선생님이시다. 이상하게 국민학교 때 선생님 이름이 잊혀지지 않는다. 당시 30~50대였으니까 아주 연로 하시든지 돌아가신 분도 있을 지 모른다. 대학 때 선생님들은 지금도 간간이 만나고 연락을 드리는데 국민학교부터 고등학교까지 담임선생님들은 그 이후에 만나본 적이 없다. 고등학교 김영달 국어선생님은 졸업 후에도 가끔 만났었다.

신흥국민학교 시절은 너무 어려서 선생님들 가정 방문과 운동회, 그리고 친구들과 몰려다니며 등하교했던 기억밖에 없다. 3학년 말에 주안국민학교로 전학했는데 당시만 해도 주안은 역전 뒤로 염전이 있었고 석바위 구월동 쪽은 논밭이 있어 시골이나 마찬가지였다. 구월동 쪽에 살던 국민학교 친구 배재선이 네는 소도 키웠다. 4학년 담임 김만수 선생님은 막 발령을 받고 오셔서 열기가 넘치고 학생들 이름을 처음부터 끝까지 빨리 외우시며 수업을 시작했는데 기억력이 엄청난 분이셨다. 당시 주안은 이사 오는 가정이 많아 한 반에 학생이 80~90명이었다. 요즘은 한 반 학생이 20~30명이라니 교육여건은 훨씬 좋아진 것 같다. 5학년 조윤호 선생님은 아들이 상훈이라고 우리와 같은 학년이라 친했고 선생님은 조기축구를 하셨는데 여러 운동을 좋아하셨다. 6학년 김진순 담임선생님은 당시는 무척 괴팍하다고 느꼈었다. 모든 학생에게 무궁화나무를 나누어 주시고 잘 키우는 학생은 좋은 성적을 주신다고 했는데 그 후 기억은 없다. 국민학교 졸업 후 뺑뺑이 돌려 중, 고등학교에 진학했고 대학에 입학했다.

우크라이나 학제는 11년 제로 초등학교 1학년부터 11학년까지 모두 같은 학교에 다닌다. 학교는 번호로 나뉘며 남녀 공학이고 10, 11학년의 성숙한 학생들은 선생님들과 구분하기가 쉽지 않다. 5학년부터 과목별로 수업을 받는데 여기도 교육열이 높아 부모 바람이 치열하다. 애들이 여기 학교 6학년까지 다녔는데 우수상 받게 하려고 부단히 노력했다. 딸내미는 여기 애들보다 우크라이나어를 잘했고 아들내미는 한국식으로 공부를 시키니 영어와 수학을 월등히 잘했다. 11년제에 똑똑해서 학교에 일찍 입학한 학생들은 16~17살에 대학교에 입학하는 경우가 종종 있다. 졸업하는 해 국가고시를 보는데 우크라이나어와 외국어는 공통이고 문과 쪽은 역사나 사회, 이과 쪽은 수학이나 과학 시험을 보고 대학에 입학한다. 소련시절에는 대학이 5년제로 석사학위를 주었는데 이제는 미국식으로 학사과정 4년 석사과정 2년 박사과정 3년으로 우리나라와 같다.

여기 스승의 날은 10월 첫째 주 일요일이다. 우리는 한국식으로 선생님을 존경하는 마음으로 매년 애들 담임선생님들께 초콜릿, 샴페인, 장미 몇 송이를 드렸다. 여기서는 보통 선물을 초콜릿, 샴페인, 꽃을 하는데 요즘은 경제가 어려워 그중 한 가지만 하는 사람도 많다. 우리나라는 예로부터 군사부일체(君師父一體)라는 생각으로 선생님들을 어려워하고 존경하는데 이쪽은 그 강도가 좀 낮은 것 같다. 경제가 어렵고 선생님 봉급이 낮다 보니 대학에서 돈으로 학점을 사려는 학생도 있고 초등학교에서는 부모의 지위나 부에 따라 성적이 오르락 내리락 하기도 한다. 우리나라도 예전에는 담임선생님 과외라는 비상식적인 제도가 공공연히 존재한 것과 비슷하다.

지금 생각하면 우리 선생님들은 치열하게 가르치며 그 어렵던 시절을 살아가신 분들이다. 평생 교직을 천직으로 여기며 살아가신 여러 선생님들께 다시 한번 감사의 말씀을 드린다.

올해도 10월 첫째 주 일요일에는 몇 명 학생들이 술 좋아하는 선생에게 맥주나 포도주를 가지고 올 것이다. 다 거절해도 이것만큼은 거절하지 않겠다.

5월 15일 스승의 날을 외국에서 지내며 선생님들께 감사와 존경의 마음으로 실명을 기억하며 썼습니다. 선생님 여러분 정말 감사합니다. 여러분들이 이 나라의 인재를 키우시는 진정한 애국자들이십니다.

* 국민학교는 요즘 초등학교로 명칭이 바뀌었지만 졸업할 당시 호칭이라 그대로 썼다.

9. 키이우의 날

카쉬탄(못먹는 밤) 꽃이 활짝 핀 거리에는 찬란한 햇살이 쏟아진다. 초록으로 우거진 거리 거리에는 수많은 어린애와 옷맵시를 뽐내는 사춘기 여자애들의 수줍은 미소가 마냥 즐겁다. 나이 드신 어른들은 옷 가득 무거운 훈장을 달고 옛 영화(榮華)를 회상하듯 온 키이우를 누비고 산책하며 위용을 자랑한다. 황혼기 노인들의 구슬픈 얼굴에는 레닌과 스탈린을 그리워하는 애잔함이 진하다. 젊은이들은 가슴 한가득 꽃을 담고 사랑하는 사람에게 뛰어간다. 몇 송이 꽃을 들고 행복해하는 여인들이 아름답다. 키이우 중심 크레샤직 거리에는 남녀노소 여러 사람이 아무 불만 없이 긴 줄을 기다렸다, 콜라나 크바스(동유럽 탄산음료)를 마시고 아이스크림을 맛있게 먹는다. 코로나로 지친 얼굴에도 맑은 웃음이 반갑다. 해가 질 녘에도 사람들은 노상 카페나 명소 근처나 마을마다 가게 근처에서 맥주와 포도주와 보드카 잔을 기울인다. 아코디언, 기타, 바이올린 등 근사한 연주가 아니더라도 어떤 음악이 나와도 흥겹다. 키이우의 날, 늦은 밤까지 거리는 소란하다.

매년 5월 마지막 주 일요일은 키이우의 날이다.

10월 말, 서머타임이 해제되고 저녁 4시면 어둠이 몰려온다. 큼직한 흑빵과 생선 한 마리 또는 과일 한 봉지를 들고 총총걸음으로 집으로 돌아서는 발걸음이 초라하다. 11월 초면 뿌연 하늘에서는 뭔가 한바탕 눈이라도 내릴 기세다. 그렇게 겨울은 시작되고 두툼한 외투와 장갑 목도리 모자 내복은 필수품으로 장롱에서 꺼내 겨우내 화석같이 몸의 일부가 되어 겨울을 함께 한다. 길고 긴 겨울밤, 장편소설과 보드카 0.3ℓ는 만병통치약이다. 따뜻한 봄은 여성의 계절, 뜨거운 여름은 젊음의 계절, 낙엽 지는 서늘한 가을은 남성의 계절, 춥고 쓸쓸한 겨울은 노인의 계절인 것을 어찌 외면하리. 11월 초부터 2월 말까지 혹한의 계절이 지나면 3월 8일 여성의 날에는 아무리 추워도 외투를 벗어 버리고 계절에 저항하는 많은 여성이 마냥 봄을 기다릴 수 없다는 듯 노출의 옷을 입지만 곧 추위에 무장해제되어 다시 두툼한 외투로 귀환한다. 근 5개월 이상을 어둠과 추위 속에서 얼마나 많은 생존의 꿈을 꾸었던가. 긴 겨울에는 오래된, 전설 같은 사회주의 타성에 젖어, 유난히 무표정한 얼굴, 타인에 대한 무관심, 관료주의적 일 처리, 보여 주기식 행정, 사무적인 몸짓이 일터나 학교나 거리에서 여러 사람을 더욱더 피곤하게 만들고 사람과 사람을 외면하게 했다. 그리고 마침내 새벽에만 아파트 벨을 누르는 비밀경찰같이 불쑥 여름이다. 봄과 가을의 달콤한 시간은 짧아지고 이제 이곳은 겨울 여름 두 계절의 도시가 되고 있다.

길고 긴 겨울을 인내한 너무 짧은 봄의 아쉬움을 뒤로 하고 이제 뜨거운 여름을 맞이하려는 순간, 키이우의 날은 키이우사람 모두에게 환한 웃음과 활기와 자신감과 희망을 준다. 여름에는 바다에라도 가리, 카르파티아 산이라도 가리, 강으로, 넓은 들로, 언덕으로, 대평원으로 나가리라 꿈꾼다. 돈이 좀 부족하면 어떠하리, 만년 하위 공무원이면 어떠하리, 월급 적은 회사원이나 노동자면 어떠리, 빵 한 조각 주머니에 넣고 키이우를 동서로 가르는 생명의 물이 넘치는 드니프르 강가에서 낮잠을 즐길 수 있는 시간으로 떠나야 한다. 아이들은 석 달 간의 긴 여름방학을 설렘으로 기다리고 막 고등학교를 졸업하는 학생들은 가슴에 붉은 어깨띠를 두르고 특권인 양 당당하게 담배를 물거나 맥주 캔을 들고 세상이 자기 것 인양 거리를 활보한다. 곧 성년의 쓰라림도 맛보리라.

몇 차례 변경했지만 1982년 5월 마지막 주 일요일, 키이우시는 키이우 루시 건설 1,500년을 기념하여 키이우의 날을 제정하였다. 우크라이나에는 대도시뿐만 아니라 작은 도시에도 그 도시의 날이 있다. 많은 사람이 축일같이 참석하여 즐겁게 지낸다. 우리 인천 시민의 날을 찾아보니 몇 번 날짜 변경이 있었고 1993년 10월 15일을 인천시민의 날로 제정했다고 한다. 필자가 외국에 오래 살아서 그런지 인천 시민의 날을 몰랐다. 키이우의 많은 사람은 키이우의 날에 상당한 자부심을 가지고 키이우 사람으로 하나가 된다. 우리도 인천 시민의 날에는 인천인이라는 자부심과 자긍심을 가졌으면 하는 바람이다.

10. 우크라이나 고려인(1)

지구상 곳곳에는 한민족이 살고 있다. 전혀 생각지도 못했던 몰도바, 에스토니아, 라트비아, 벨라루스 등지에서 고려인을 만나면 정말 감회가 새롭다. 이분들은 어떻게 이 먼 곳까지 와서 정착하고 살아가며 뿌리를 내리고 있는 것일까? 참 묘한 역사라는 생각이 든다. 우크라이나에서도 지방 소도시에서 가끔 동양인을 만나 물으면 거의 고려인이다. 어떻게 이들은 이곳까지 왔을까?

2021년 현재 우크라이나의 고려인은 2~3만으로 추정한다. 정확한 통계 숫자가 없고 혼혈도 있고 배후자의 국적을 따르는 사람도 있고 혼혈 중에는 자신을 고려인보다는 우크라이나인으로 여기는 사람이 많다. 그래서 고려인 수는 확실하지 않다. 다만 1989년 소수민족 통계에서는 고려인이 8,699명, 2001년 인구 조사에서는 12,700명으로 나타난다. 그 이후 공식 통계가 없다. 그 외에도 무국적 고려인도 상당수 존재하며 러시아, 우즈베키스탄, 카자흐스탄 등 CIS 국적이지만 우크라이나에 거주하는 사람, 현재 우크라이나 거주지에서 국적을 취득하려는 사람 등을 모두 계산한다면 2-3만 명은 되리라 추측할 수 있다.

이미 1860년대 한반도에서 러시아 극동지방으로 이주가 시작되어 19세기 말 20세기 초 원동 지방에는 러시아인보다 고려인이 더 많았다고 전해진다. 그러다 1937년 스탈린의 정책으로 30만이 넘는 고려인 중 약 18만이 중앙아시아 황무지에 강제로 이주당했다. 그분들 자손이 全소련 지역에 분포되어 있는 것이다. 러시아의 전설적 가수 빅토르 초이(최), 작가 아나톨리 김, 성악가 넬리 리, 음유시인 유리 김, 체조 스타 넬리 김 등 예체능에서 뛰어난 실력을 발휘했다.

고려인의 우크라이나 유입은 몇 단계를 거친다고 볼 수 있다. 스탈린 시기, 거주 이전의 자유가 제한되던 시기에는 정착지 변화가 거의 없었다. 그러다 1953년 스탈린 사후 여권이 발급되고 좀 더 나은 환경에서 일하고 공부하고자 중앙아시아에서 키이우 오데사 하리키우 등지로 유학 온 유학생 파가 고려인 1세대이다. 그들은 많은 숫자는 아니지만 상당한 엘리트로 대학 이상의 교육을 받은 중견인으로 이제는 연로하여 그 숫자가 점차 줄어들고 있다. 키이우 항공대학 겐나지 윤, 경제학자 겐나지 남 박사, 콘스탄틴 심 예비역 중령 등은 돌아가셨지만 필자가 젊은 시절 만났던 사람들이다.

고려인들의 유학생 숫자는 1960~80년대까지 이어졌고 1980년대 말 키이우에는 300명 정도 고려인이 있었다. 1980년대 중반 고르바초프 집권기부터 1991년 구소련 붕괴와 여러 나라 독립으로 혼란이 생기고 중앙아시아에서 우크라이나 흑토지대에서 농업을 하면 돈을 벌 수 있다는 소문이 퍼지며 우크라이나 남부지방과 크림 지방에 중앙아시아 고려인이 대량으로 유입되었다. 이들은 고본질(계절농)이라고 들에 움막을 짓고 일하고 생활하며 돈을 벌었는데 특히 우크라이나 남부지방 헤르손 니콜라예프 등지와 현재 러시아가 강점하고 있는 크림 지방에 많은 사람이 모여 농사지으며 생활 터전을 넓혔다. 이들은 봄 여름 일하고 가을에 수확하여 중앙아시아로 갔다 다시 돌아오는 사람도 많았는데 2000년 이후에는 CIS지역에서 온 고려인에게 5년 거주 후 우크라이나 국적을 취득할 수 있는 특별법이 만들어져 많은 고려인이 우크라이나 국적으로 정착했다. 근면 성실한 고려인들은 농업에 한정하지 않고 도시로 진출하여 신흥 부자가 된 사람도 있으면 알렉산드르 신이라는 고려인은 인구 80만의 자뽀리자 시 시장도 했다. 현재 키이우에는 全우크라이나 고려인협회가 있고 전체 우크라이나에는 17개 시에 고려인 지회가 있는데 웬만한 큰 도시에는 고려인 협회 지회가 있는 것이다. 요즘은 코로나로 중단됐지만 이전에는 고려인 지회 사람들이 매년 모여 고려인 문화 예술 축제 코레야다(Koreyada)를 우크라이나를 돌며 개최했고 필자도 참석했었다. 고전춤과 노래뿐만 아니라 최신 유행의 K-POP도 노래하고 춤도 추며 한마당 축제를 벌인다. 또한 키이우 고려인들은 추석과 설날에도 모여 음식을 나눈다. 이제 고려인들은 거의 우리 말은 잊었고 러시아어를 사용하지만, 그들과의 만남은 한없는 정을 느끼게 해준다. 요즘은 우리나라 정부에서 고려인들에게 3~5년 취업비자를 주어 인천 연수구, 안산, 광주 등지에서 우크라이나 고려인을 쉽게 만날 수 있다.

11. 우크라이나 고려인(2) 친구 안드레이 리(Andrey Li)

90년대 초 키이우에서 공부할 때, 어느 날 버스를 타고 학교에 가던 중 구소련 군복을 입은 키 작은 아시아계 젊은이가 한국어로 한마디 물었다. "조선 사람?" 등골이 오싹하고 겁이 났다. 그 악명 높은 소련KGB 망에 한갓 학생인 나도 걸렸구나 하는 생각을 순간적으로 했다. "다(yes)" 한마디 하고는 무심한 척하고 있는데 이 젊은이가 계속 러시아어로 이것저것 이야기를 했다. 요지는 "나는 고려인 소련 장교인데 우크라이나로 왔다. 부모님도 여기 계시고 처음 만난 한국 사람에게 실례를 했는데 한번 만나고 싶다." 그때는 손전화가 없어 우리는 주소를 교환하고 헤어졌는데 다음 주 이 친구가 주소를 들고 기숙사에 찾아왔다. 그렇게 고려인 안드레이 리와 인연이 시작되어 지금까지 이어지고 있다.

구소련 지역에는 약 50만의 고려인이 있다. 러시아(10만) 카자흐스탄(8만) 우즈베키스탄(18만)에 많이 거주하는데 우크라이나에도 2~3만이 거주하리라 추정하고 있다. 재외동포재단 통계에 의하면 전 세계 한국인은 약 750만 정도인데 미국(250만) 및 캐나다(25만) 등지에는 자의로 간 동포들이 많고 중국(250만) 일본(80만) 구소련 지역(50만) 동포들은 역사의 풍랑 속에서 해외동포가 된 사람들이다. 요즘은 중국 동포를 조선족, 러시아 동포를 고려인, 일본 동포를 재일교포, 미국 동포를 재미교포로 부르는데 우크라이나에도 고려인들이 꽤 많다.

일제가 한반도를 식민지화하기 전에 이미 19세기 말부터 함경도와 강원도에서는 많은 사람이 허허벌판 러시아 우수리스크부터 하바롭스크 대평원과 블라디보스토크를 비롯한 원동 쪽으로 이주하기 시작했다. 러시아 사람들이 보기에는 해 뜨고 해질 때까지 근면하게 일하는 한민족은 농사에 특별한 재능을 가지고 있었다. 제정 러시아에서도 드넓은 벌판을 개간하고 열심히 일하는 한민족을 마다할 이유가 없었다. 그 후 일제가 한반도를 식민지화한 이후에는 평안도에서는 중국으로 함경도에서는 주로 러시아 쪽으로 이주했으며 멀리 강원도 경상도 전라도에서도 많은 사람이 조국을 등지고 중국과 러시아로 이주했다. 이 분들 후손이 현재의 조선족이고 고려인들이다.

안드레이 증조할아버지가 함경남도 단천에서 러시아 극동 츄카노프로 이주한 것은 1900년대 초이다. 증조할아버지는 4명의 아들이 있었는데 모두 한국식 이름이었다. 이병희, 이병협, 이병택, 이병문이 그들의 이름인데 전주 이씨 왕족이라는 것을 강조하신다. 증조할아버지와 할아버지 그리고 안드레이 아버지는 17살 때까지는 한국어를 했고(거의 조선 시대 고어에 가깝다) 김치와 간장 된장 고추장을 만들어 드셨다고 한다. 1937년 많은 고려인이 중앙아시아로 강제이주를 당했는데 안드레이 할아버지는 온갖 역경 속에서 카자흐스탄 크즐오르다로 이주하여 정착하셨다. 이병희 할아버지의 자식은 모두 5

남 1녀가 있었는데 3대에 이르며 학교나 행정상 한국 이름보다는 러시아식 이름으로 불렸다. 이 다니엘, 이 빠벨, 이 보리스, 이금옥, 이 키릴, 이관섭인데 딸과 막내만 빼면 모두 러시아식 이름이다(그들의 자손 중에는 이병협의 딸 성악가 넬리 리, 이금옥의 아들 벨라루스 체조 올림픽 참가자 안드레이 강이 있다).

1961년 이 키릴은 사라토프 의과대학에 진학하려고 고향을 떠나며 한국어를 잃어버렸다. 부모형제와 한국어로 말하던 이 키릴은 의과대학 기숙사 생활을 하면서 서서히 모국어를 잊었고 졸업 후 중위 계급을 달고 군의관이 되어 25년간 군 생활을 하며 한국어를 잃었다. 소련군에서 근무하며 그 후 폴란드와 동독에서 군의관을 하며 온갖 풍요를 누리고 완벽한 소련군이 되었다. 그러다 1991년 소련이 해체되며 우크라이나 헤르손이라는 한적한 곳에 발령을 받아 정년을 맞이하게 되었다. 그 와중에 키릴의 아들 안드레이가 1986년 소련의 수재들이 입학하는 페테르부르그 사관학교 의학부에 진학했다. 안드레이도 아버지의 뒤를 이어 군의관이 되어 1991년 졸업과 동시에 크림 지역에 발령받아 근무하다 1년 후 키이우로 전근하여 근무하며 1992년 필자와 만나게 되었다. 그 후 안드레이는 한방까지 공부하여 키이우의 저명한 의사가 되어 개업했으며 그의 딸 올가리는 고조할아버지가 고향을 떠나 극동지방에 정착한 지 120여 년이 흐른 요즘 고조할아버지가 떠난 단천은 아니지만 서울로의 귀향을 꿈꾸고 있다. 고조할아버지부터 5대의 이야기를 신문 지면에 다 쓰기는 어렵지만 모든 고려인 조선족에게는 각자의 역사가 가슴 속에 알알이 있다.

12. 유럽으로 오세요

우리나라는 현재 비행기나 배로만 해외에 나갈 수 있지만, 유럽에서는 자동차로 해외에 나가기가 쉽다. 유럽의 나라 수는 54개국으로 파악하는데 영국이나 프랑스의 속령이나 소국들이 있기 때문에 정확하게 세기가 애매하다. 바티칸 시국은 영토가 0.44km²에 인구가 900명이지만 하나의 국가이다. 스위스와 오스트리아 사이에 있는 리히텐슈타인은 인구 37,000여명에 영토가 160km²의 소국이지만 자체 경찰도 있고 정부 수반도 있으며 유엔 가입국이다.

우크라이나 접경국은 러시아 벨라루스 폴란드 헝가리 슬로바키아 루마니아 몰도바 등 7개국이고 흑해 건너 터키 불가리아 조지아가 있다.

중동 유럽의 여러 나라는 1990년대 급격한 변화를 하였다. 특히 유고슬라비아는 여러 해 전쟁을 통해 이름도 생소한 크로아티아, 세르비아, 몬테네그로, 보스니아 헤르체고비나, 북마케도니아, 코소보, 슬로베니아 등 7개 나라로 독립하였다. 발칸반도의 정치 종교 인종 등 여러 문제를 이해하기는 쉽지 않다. 1918년부터 1992년까지 한 나라였던 체코슬로바키아는 1993년 1월 1일 체코와 슬로바키아로 분리 독립하였다. 유럽의 거의 모든 국가는 90일 무비자 체류가 가능하다.

작년부터 올해까지는 코로나 사태로 해외여행이 거의 없었으나 우크라이나에서 다른 유럽 나라로 이동하기는 저가 항공이 편하고 기차, 버스, 자가용을 이용할 수도 있다. 한국에서는 인천에서 부산이나 목포까지 차로 운행하려면 장거리라 생각하지만, 유럽에서는 하루 700~800km 운행은 예삿일이다. 필자는 차로 헝가리 폴란드 체코 등지를 몇 차례 다녀온 적이 있는데 젊었을 때는 하루 1,000km 정도 운전했었다.

유럽의 저가 항공사는 많지만, 그중에서 라이언에어(Ryanair) 이지젯(Easyjet) 위즈에어(Wizzair)를 타면 웬만한 유럽의 여러 도시를 갈 수 있다. 예약하면 우리 돈으로 2~3만 원에도 표를 살 수 있다. 한국에서 유럽까지 저렴하게 오려면 메인 비행기는 표를 끊어야 하고 도착하는 공항에서부터 저가 항공을 예약하면 싸게 표를 살 수 있다. 해외여행에서 가장 큰 걱정이 숙소인데 한국 사람들은 웬만하면 여행사를 통해 큼직한 호텔을 예약하는데 유럽에는 한 침대 값만 계산하는 게스트 하우스나 에어비앤비를 이용하면 안전하고 편한 아파트형 숙소를 찾을 수 있고 직접 찾아보면 저가 호텔도 많다. 예를 들어 우리는 헝가리에 가면 60~70달러 3성 호텔에서 조식 포함 사우나까지 즐긴다. 작지만 깨끗하고 알찬 호텔이 많다. 영국, 프랑스, 독일 등 서유럽은 가격이 좀 높고 중동 유럽은 가격이 약간 저렴하다.

유럽에 가면 유명 장소는 인터넷에서 볼 수도 있으니 잠깐 둘러보고 주로 현지 사람들이 이용하는 시장, 뒷골목, 식당, 술집, 대학, 동네 도서관 등을 돌아본다. 그리고 지도 없이 무작정 걷기도 우리 가족만의 여행 방법이다. 여러 가지 축제는 참가하여 보면 재미있다. 필자는 빼놓지 않고 로컬 맥주 맛을 본다. 요즘 시니어들은(노인 대신 시니어로 쓰겠다) 퇴직을 했다면 어느 정도 시간이 있고 약간의 여유가 있을 것이다. 훌훌 떨쳐버리고 떠나보자. 외국어 아무 걱정

없다. OK, thank you, sorry, this, how, what, where 등 중학교 1학년 수준의 백여 단어만 알면 의사소통은 된다. 그리고 인간에게는 눈치, 코치, 몸짓 랭귀지(body language)가 있다.

필자는 학창 시절 친구와 외국에서 한 달 살아 보기 버킷 리스트(Bucket list)를 썼는데 코로나가 끝나면 그 친구와 함께 우크라이나 주변국부터 실행에 옮길 예정이다.

1970~80년대 유럽 공항에서 들리는 동양의 언어는 거의 조용조용한 일본어였다. 90년대와 2000년대에는 한국어가 많이 들리더니 2010년대 이후 중국어가 시끄럽게 들리고 있다. 그만큼 중국인들의 자신감과 무례함 그리고 지저분함이 여러 사람의 눈살을 찌푸리게 한다.

코로나 사태의 장기화로 여러 사람이 피곤하고 여행을 꿈꾸는 사람도 있고, 어떤 사람은 외국으로 뛰쳐나가고 싶은 심정일 것이다. 좀 참고 기다렸다 평안한 일상으로 돌아오면 유럽으로 떠나보자.

13. 우크라이나 입학식

우크라이나에서 9월 1일은 많은 사람이 초등학교에 가는 날이다. 대통령, 총리, 국회의원, 장 · 차관, 유력 정치인들이 자신이 졸업한 학교나 집 근처 학교에 가서 초등학교에 입학해서 학생이 되는 아이들에게 축하 메시지를 전하고 얼굴을 알린다. 이른 아침부터 꽃을 든 학생들이 바쁘다. 5월 말부터 8월 말까지 근 3개월의 방학이 끝나고 재학생은 개학식을 한다. 훌쩍 커버린 아이들도 있고 사춘기가 찾아온 아이들도 있고 거리 거리는 학생들로 넘친다. 대학도 마찬가지다 6, 7월 입시가 끝나고 대학에 입학한 학생들은 정장이나 교복을 입고 입학식이 끝나면 과 사무실이나 큰 강의실에서 처음으로 같은 과 학생들을 만나고 학생증을 받는다.

어린 시절 가슴의 절반을 차지하는 손수건을 달고 국민학교 운동장에서 "앞으로 나란히" 하던 때를 생각해 본다. 요즘 아이들은 모두가 깨끗하고 예쁜데 필자가 어렸을 때는 모두가 가난해서 그런지 거의 모두 코를 흘리고 소매로 코를 닦아 옷소매가 반질반질했었다. 입학식이 있는 3월 초는 꽃샘추위가 유난히 매서웠다. 한 반에 70~80명이 넘는 아이들이 키 순서대로 운동장에서 발을 동동 구르며 입학식을 했고 추위에 떨다 교실로 들어가면 부모님은 혹시라도 자기 자식이 선생님 말씀을 못 따라갈까 봐 까치발로 자식을 바라보고 어떤 부모님은 가슴 졸이며 교실 유리창 너머 자기 아이의 모습을 찾곤 했다. 담임 선생님들은 아주 바쁜 하루였다.

여름 방학이 끝날 즈음, 개학이 가까우면 밀린 일기 쓰랴, 방학 숙제 하랴, 정신없이 바빴던 기억이 난다. 우리 아이들이 졸업한 우크라이나 학교에서는 근 3개월 여름방학 동안 숙제라는 게 없었다. 걱정되어 책이라도 읽고 공부 좀 시키면 방학에 공부하는 사람들은 우리밖에 없다고 투덜댔었다.

우크라이나 초등학교 입학식은 옛날 우리나라같이 딱딱하지 않다. 운동장에 자연스럽게 모였다가 교장 선생님과 유명인이나 국회의원 등이 축하 인사를 하고 나면 11학년 학생이 어린 신입생을 무동 태우고 학교 마당을 한 바퀴 돌면 신입생은 미리 준비한 종을 신나게 흔든다. 부모님들은 아이들의 장래를 축하하며 힘차게 손뼉을 친다.

그리고 한 반 30명 정도 되는 아이들이 교실로 들어가 처음 선생님을 만난다. 1학년부터 11학년까지 같은 학교에서 공부하지만 1~4학년이 초등학교 5~9학년이 중학교 10~11학년이 고등학교라고 볼 수 있다. 10~11학년 학생들도 오후 3시면 수업이 끝나 자유스럽다. 물론 좋은 대학에 가려고 열심히 공부하는 학생도 많다.

대학에서도 바쁜 하루다. 전체 학생이 모이는 것이 아니라 단과대학별로 모여 입학식을 한다. 작년에는 코로나 때문에 입학식을 쉬었지만, 올해는 정상적으로 입학식이 진행되었다. 인문대학은 본교 출신 가수와 시인 작가 등이 축사를 했다.

처음 대학에서 신입생을 맞이하면 신선하고 풋풋하다. 고등학교를 졸업하고 긴 방학 동안 술. 담배를 경험한 학생도 있고 좀 어색하지만 예쁘게 화장한 여학생도 있고 화장 없이도 환하고 밝은 학생도 있다. 선생으로서는 이 학생들에게 무엇을 가르칠까? 어떤 감동적인 수업을 할까? 뭔가 신선하고 재미있고 대학생이라는 자부심을 느끼게 해줄까? 미완의 대학생들을 어떻게 넓은 학문의 대해(大海)로 안내할까? 여러 가지 생각을 하는 날이다.

세계 여러 나라 입학식은 각양각색인데 중동 유럽에서는 주로 9월 1일이 입학식이다. 매년 9월 1일은 신입생이 아니더라도 학교를 한번 가보게 된다. 어린아이들이 자라서 대학에 입학하고 사회에 나가고, 길고 긴 인생의 여정을 시작하는 곳 그곳에 작은 초등학교가 있다. 거의 모든 사람이 경험했던 입학식의 꿈과 희망과 새롭게 다짐했던 각오의 흔적이 있는 듯하다. 벌써 이곳에서는 새벽녘에 추위를 느낀다. 가을을 시작하는 청명하고 맑은 날, 나도 신입생이 되고 싶다.

14. 우크라이나 독립

영토가 넓고 인구가 많다고 잘사는 나라는 아니다. 영토는 작고 인구도 적지만 잘사는 나라는 많다. 민족과 인구는 많지만, 나라를 구성하지 못하고 세계의 떠돌이로 사는 민족도 많다. 쿠르드족은 인구가 3,000만이 넘지만, 국가가 없다. 위구르족이나 티베트족도 마찬가지다. 우리나라는 단일 민족국가로 소수민족이 없지만 전 세계 국가에는 많은 소수민족이 있는데 이들의 공통된 염원은 자기 민족의 독립 국가일 것이다.

8월 24일 우크라이나 독립 일을 맞이하여 한 나라의 독립을 생각해 본다. 우크라이나는 지진 태풍 쓰나미 토네이도 장마 등 자연재해가 적은 나라이다. 겨울 강추위와 폭설은 자주 있다. 약 60만km² 국토 대부분은 중고등학교 시절 지리 시간에 배운 흑토지대로 농경지가 좋고 전 국토의 80% 이상이 경지 가능 지역이다. 우리나라의 풍경은 산이 있고 강이 흐르고 마을이 있고 도시가 있지만, 우크라이나를 자동차로 다니다 보면 평지가 끝도 없이 펼쳐진다. 10~20km 뻗어 있는 해바라기밭은 장관이다. 동부 산업 지역은 철광석 및 지하자원이 풍부하여 소련 시절부터 수준 높은 산업화를 이루었다. 91년 독립 당시 5,200만이던 인구는 많이 줄어 4,200만으로 계산하는데 문맹률이 아주 낮다. 구사회주의권 국가에서는 학업 적령기에 학교를 안 보내면 보호자를 집단수용소나 감옥에 보냈기 때문에 최소 8학년(중학교) 이상은 학교에 다녀 지적장애인이 아니면 전 국민이 읽고 쓰는 데 문제가 없다. 자본주의 국가에서는 돈이 많을수록 공부를 많이 하지만 구사회주의권은 학비가 무료이고 장학금을 주어 가난하고 없는 사람들이 많이 공부했다. 이런 조건을 갖춘 나라가 왜 유럽의 빈국이 되었을까?

1991년 8월 24일 우크라이나의 독립은 우크라이나 민족에게는 큰 영광이자 염원의 성취였다. 10~13세기 찬란한 고대 국가 키이우 루시를 건설했던 우크라이나는 13세기 몽골의 침입으로 황폐해진 이후 몇 차례 독립선언이 있었으나 세계사적으로 진정한 의미의 독립을 이루지 못하고 주변국의 통치를 받던 나라에서 비로소 세계사에 독립국임을 선포한 것이다. 당시 소련의 혼란스러운 정치가 있었고 우크라이나 민족에게는 행운이 따랐다. 1985년 집권한 소련의 공산당 서기장 고르바초프는 개혁 개방 정책을 실시하였으나 여러 모순과 착오에 빠졌으며 1986년에는 우크라이나의 체르노빌 원전 폭발 사고가 발생하였고 민심은 걷잡을 수 없이 요동치며 혼란에 빠졌다. 공산당의 경제 정책 실패로 빵 비누 치약 옷 신발 등 생필품 부족 현상이 발생하여 소련 국민들은 공산당을 성토하고 적대시하였다.

이런 상황에서 1991년 8월 19일 공산당 보수파의 쿠데타 시도가 있었다. 이틀 만에 쿠데타는 진압되었으나 고르바초프의 권력은 힘을 잃었고 옐친이 등장하였다. 이 와중에 우크라이나 의회는 8월 24일 독립을 선언하고 우크라이나는 전 세계에 독립국임을 천명하였으며 의회는 일단 우크라이나의 독립 선언 후 12월 1일 국민투표를 하여 90.3%의 압도적 찬성으로 독립을 확정하고 전 세계에 독립을 공표하였다. 그리고 소련 이념 담당관이었던 크랍츄크가 초대 대통령이 되어 공산주의자에서 민족주의자로 변신하였다. 1917년 사회주의혁명 이후 1991년까지 70여 년을 철통같이 통치하던 공산당은 하루아침에 불법

화되어 소수당으로 몰락했고 죄인 취급을 받았다.

우리나라는 1945년 일제로부터 독립되었으니 올해 광복절 76주년이다. 36년 짧은 일제 식민 기간에 친일하고 독립군을 잡고 친일 경찰이 되어 선량한 백성을 괴롭히고 정신대로, 위안부로 끌고 간 사람들이 같은 조선족이었다.

우리나라 광복 76주년은 후진국에서 개발도상국을 거쳐 선진국으로 가는 길목에 있고 우크라이나 독립 30주년은 유럽의 강대국에서 빈국으로 돌아서는 서글픈 현실을 목격한다. 나라의 지도자와 나라와 민족의 비전(vision) 그리고 국민정신을 생각하게 하는 일주일이다.

8월에는 전 세계 여러 나라의 독립 기념일이 있다.

15. 우크라이나에서 지낸 추석

1992년 한국을 떠나 공부하고 학생들 가르치며 우크라이나에서 30여 년이 흘렀다. 매년 설날과 추석이면 뒤숭숭하고 가족과 인천을 그리며 며칠을 보낸다. 학생들이나 여기 사람들에게 한국 추석에는 수천만이 고향으로 이동하고 고속도로가 막히고 기차표나 버스표를 사려고 며칠을 기다린다고 얘기하면 신기해한다.

여기서는 우크라이나력 새해(1월 14일)와 부활절이 고향을 찾는 날이다. 그렇지만 우리나라같이 수백만 수천만이 고향을 찾는 것은 아니다. 기차나 버스는 조금 붐비지만 우리나라 같이 고속도로가 주차장이 되고 고향을 찾기 위해 열을 다하지는 않는다. “못 가면 다음에 가지”라는 생각을 한다.

지금은 인터넷의 발달로 세계 어디서나 화상 통화가 가능하고 SMS, 메일 등 수시로 연락할 수 있지만 90년대 초만 해도 필자는 일주일에 한, 두 번 우체국에 가서 편지를 보내거나 국제전화를 신청해 비싼 가격을 내고 1~2분 통화를 했었다. 당시 한국에 있던 집사람과는 300통이 넘는 편지를 주고받았고 어머님께는 몇 달에 한 번 우체국에 가서 국제 전화를 신청하고 초조하게 기다리다 교환원이 "연결되었습니다". 하면 목멘 소리로 "어머니 건강하시지요. 저는 잘 있습니다." 그리고는 머뭇머뭇하다 "시간 다 돼서 끊습니다". 하고는 전화를 끊고 멍했었다. 주로 설날과 추석이었다.

우리나라 추석은 우리나라만의 특색있는 전통 명절이다. 미국이나 서양에는 추수감사절이 있고 우크라이나에는 아예 추수감사절도 없이 가을날 수확이 좋으면 동네 사람끼리 모여 술을 마신다. 요즘은 10월 마지막 날 할로윈 데이라고 온갖 이상한 복장을 하고 젊은이들은 축제를 즐기고 시골에서는 호박죽을 끓이고 가을을 즐기지만, 우리나라같이 온 가족이 모이고, 고향을 찾고, 덕담을 주고받으며 조상님께 감사하며 성묘하는 것은 우리나라만의 명절이다. 어릴 때는 이런 명절의 의미를 몰랐었다.

우크라이나에서는 애 어른 없이 생일은 꼭 기억하고 축하한다. 심지어 어린아이 생일에 초대해서 가보면 제법 성대하게 생일잔치를 한다. 우리 어린 시절에는 하루하루 무심히 지내다, 어느 날 미역국을 차리면 누구 생일이냐고 묻던 때가 있었다. 모두 어려운 시절 생일은 왜 음력인지 매년 날짜가 바뀌니 정확한 생일을 기억하지 못했다.

코로나로 세상살이가 힘들고 비행기 타기도 어려운 요즘에도 한국 사람들은 설날이나 추석에는 고향을 가고 가족을 만나고 성묘를 해야만 직성이 풀리고 올 한 해도 편안하게 잘 지낸다고 생각하는 듯하다. 여기서 알고 지내는 정 사장네 가족은 한국과 시간을 맞추어 줌(ZOOM)으로 성묘했다고 한다. 여기서도 추석 상을 차리고 한국의 형님네와 같은 시간에 한국 쪽을 향해서 절을 하고 술도 한잔하며 추석을 지냈는데 고향에 다녀온 듯하다고 자랑한다.

세상 어디에 가도 조상을 생각하고 고향을 생각하는 사람들, 추석과 설날에는 거리 거리가 막혀도 고향을 찾는 사람들, 싸우고 지지고 볶던 사람들도 명절에는 덕담을 나누고 술 한잔하는 사람들, 그런 사람들이 그립고 보고 싶다.

우크라이나에는 정교회 축일이 많다. 계절마다 종교 축일에 사람들은 음식을 나누며 휴식을 취하고 영적인 시간을 보낸다. 성모님의 날, 아브라함의 날, 성 베드로의 날, 세례자 요한의 날, 성 니콜라이 날 등 거의 매달 종교 축일이 있다. 종교의 자유가 위축됐던 소련 시절에는 종교 축일을 비밀결사대들의 모임같이 쉬쉬하며 가정마다 조촐하게 지냈고 KGB 요원들도 쉬쉬하며 종교 축일을 지냈다고 한다.

언젠가 나도 추석이나 설날에는 꽉 막힌 도로에서 시간을 보내며 고향을 그리워하는 꿈을 꾸어 본다.

16. 우크라이나에 부는 K 열풍

코로나로 2년째 온라인 수업 중인데 며칠 전 한 학생이 "선생님, 한국 드라마 오징어 게임을 보셨습니까?"라고 물어서 당황한 적이 있었다. 학생들에게 다시 물어보니 12명 중 8명이 보았다고 대답했다. 그래서 뒤늦게 삼 일에 걸쳐서 오랜만에 한국 드라마를 보았다. 개인적으로는 비현실적이고 인명 경시의 장면이 자주 보여 소름이 끼쳤는데 그럼에도 눈을 뗄 수가 없었다.

요즘은 잘 모르겠는데 예전에 눈이 오면 한국에서는 아다모(Adamo)의 눈이 내리네(Tombe La Neige)라는 노래를 수도 없이 들었다. 여러 가수가 우리말로 다시 불렀는데 여기서도 눈 오는 날에는 원어와 우크라이나어로 불리는 것을 들으며 문화의 힘이 크다는 것을 다시 한번 느낀다. 1960~70년대는 미국이 세계 문화의 대세였지만 유럽에서는 이탈리아의 칸초네나 프랑스의 샹송이 세계 대중 음악계의 인기가 높았다. 영화도 "태양은 가득히" "금지된 장난" "해바라기" 등 이탈리아와 프랑스 영화가 상당히 유행했었다. 50~60년 전의 일이다. 지금도 전설같이 이탈리아나 프랑스의 옛 노래를 듣고 영화를 보는 사람들이 있다.

1997년 한국어문학과를 개설하며 필자는 일본어과에 주눅이 들고 열등감이 있었다. 일본어과는 일본 정부의 지원이 많아 오디오 비디오 시설이 있었고 사전과 교재도 많았다. 한국어과는 교재가 없어 연세대 한국어학당에서 출간한 한국어 교재를 복사해서 학생들에게 나누어 주고 일부는 필사해서 사용했고 사전도 없었다. 2000년대 초만 해도 일본어과는 경쟁률이 높았는데 한국어과는 지원자가 없어 신입생을 안 뽑은 해도 있었다. 그러다 2010년대부터 학생들이 꽤 지원하여 10~15명을 선발했으며 그러다 K-POP이 유행하고 강남스타일이 폭발적인 인기를 끌며 2013년부터 입시 판도에 변화가 오기 시작했다. 우리 대사관과 한국국제교류재단 등의 도움으로 한국어 교재와 사전 등을 지원받았고 삼성전자 지원으로 대학에 한국어문학센터도 개설하였다. 그 결과 작년(2020년 6월) 입시에서는 한국어과는 350여 명이 지원하여 35명을 선발하였고 일본어과는 300여 명 지원에 30명을 선발하였으며 올 입시에서는 거의 500여 명이 지원하여 40명을 선발하여 일본어과보다 많은 신입생을 선발하였다. 인문대학 중 가장 경쟁률이 높았고 수석 입학생도 한국어문학과에서 나왔다.

신입생들에게 왜 한국어문학과에 지원했냐고 물어보면 많은 학생들이 한류의 영향을 받은 것은 확실해 보인다. 세계 여러 곳이 비슷한 상황이겠지만, 요즘 우크라이나에는 K-POP, K-드라마, K-영화, K-뷰티(화장품 등), K-FOOD 등 한국의 문화가 언론에 많이 나온다. 언론뿐만 아니라 인터넷의 발달로 스스로 찾아보고 동영상을 만들어 유튜브에 올리고 그야말로 폭발적인 인기다.

1968년 가와바다 야스나리가 노벨문학상을 받았을 때 일본 정부는 이미 많은 재정을 지원하여 번역 사업을 하였고 친일본 성향의 언론인이나 학자들을 초빙하고 전 세계 우수 대학에 일본어과를 개설하고 일본어문학을 전파하였다. 그 후 1994년 오에 겐자부로가 다시 한번 노벨문학상을 수상하였다. 2000년대는 공자학원(孔子學院)을 앞세운 중국이 전 세계 대학과 연구소에 중국어문학을 전파하기 위해 많은 노력을 기울인다. 2012년에는 중국 작가 모옌이 노벨문학상을 수상하였다. 어문학의 발전이 노벨문학상 수상과 상관관계가 있는 것은 아니지만 여러 사람의 관심을 반영한다고는 하겠다. 예전에도 해외에서 한국어 문학이 일부 학자들에 의해 연구는 되었지만 이렇게 일본어과를 앞지르고 인기가 높아질 줄은 몰랐다. 전 세계 세종 학당, 한국교육원, 한국문화원, KOICA(코이카), 국제교류재단 등의 프로그램을 운영하시는 분들과 한국어문학을 강의하시는 선생님들의 헌신적 노력에 다시 한번 경의와 감사드린다.

몇 년 유행했다 사라지는 신기루가 아니라 세계 문화사에 오래 기억되고, 지금 BTS를 사랑하는 젊은이들이 노인이 돼서도 부르는 노래, 50~60년 후에도 기억되는 한국 영화와 드라마를 기대해 본다. 이제 세계 문화의 대세는 K-문화이다.

17. 우크라이나 겨울을 예감하며

우크라이나 출신 러시아 작가 고골(1809~1852)의 외투라는 작품을 보면 19세기 러시아 하급 관리가 외투 한 벌 사려는 치열한 삶이 그려져 있다. 어렵게 마련한 외투를 잃어버리고 그도 죽는다. 외투는 단순한 옷이 아니라 영혼이 살아있는, 주인공에게는 몸의 일부가 된 듯한 모습이다.

11월 초에 들어서며 필자도 장롱에서 외투, 내복, 모자, 장갑, 목도리를 꺼내며 길고 긴 겨울을 예감한다. 한국에서는 내복이나 모자 등을 잘 사용하지 않았지만, 우크라이나에서는 겨울 필수품이다. 깜

박하고 모자를 안 쓰고 나오면 동네 할머니들의 모자 쓰라는 말을 몇 차례 듣는다.

한국 남자들 10명 중 반 이상은 안경을 끼고 모자는 거의 안 쓰는데 우크라이나에서 안경 낀 사람은 엄청 눈이 나쁜 사람이거나 시력에 문제가 있는 사람이다. 웬만큼 눈이 나빠도 안경을 피하는 경향이 있다. 겨울철 모자는 남녀노소 거의 다 쓴다. 10월 마지막 일요일은 서머타임(일광절약시간)이 해제되는 날이다. 오후 4시 반이면 일몰이고 어두워진다. 하늘은 낮에도 뿌옇고 뭔가 한바탕 눈발이라도 날릴 기세다. 녹색의 거대한 공원 같은 도시는 온통 낙엽으로 뒤덮이고 스산한 바람에 낙엽은 여기저기 날린다.

절기상으로는 가을이지만 겨울이나 다름없다. 10월 말이나 11월 초에 첫눈이 내리면 다음 해 3~4월까지는 눈과 더불어 살아야 한다. 두 주인공의 사랑스러운 눈동자와 겨울철 모자가 인상적이었던 영화 닥터 지바고에 나오는 눈 덮인 대평원을 연상해도 좋다. 눈이 내리면 아이들에게는 우리나라나 여기나 눈싸움에, 눈사람에, 썰매타기에 바쁘다. 여기 썰매는 싼키라고 아이들은 유치원이나 학교에 갈 때 자가용같이 타고 부모님이 끌어준다. 학교나 유치원에는 싼키 주차장이 있다. 겨울방학은 성탄절부터 새해 초까지 2주 정도인데 영하 25도가 넘으면 휴교령이 내려진다.

눈이 많은 나라라 눈이 내리면 제설차가 신속하게 눈을 치어 큰 거리는 어느 정도 운행이 가능하지만 좁은 길이나 동네 길은 걷는 것이 편하다. 몇 해 전에는 탱크 장갑차 전차 등이 동원되어 제설 작업을 했는데 군용 중장비도 눈을 이기지 못하고 미끄러지기 일쑤였다.

술꾼들에게는 여름보다는 겨울이 술 마시기에 좋은 계절이다. 추운 날 여기 사람들이 100그램이라고 이야기하는 보드카를 몇 잔 마시면 속도 훈훈해지고 추위도 이기고 기분이 좋아진다. 엄동설한에는 동사자 소식이 가끔 전해지지만 여기 사람들은 겨울 독주를 참 좋아한다.

월급은 좀 적어도 도시에 사는 사람들은 집마다 시골집이 있어 가을 수확물을 저장하는데 1ℓ, 3ℓ, 5ℓ 병에 온갖 야채와 과일을 저장하여 먹는다. 양배추 토마토 사과 오이 등 우리나라에서 김장하듯 온갖 수확물을 소금이나 설탕에 절이거나 잼을 만들어 야채 과일이 부족한 겨우내 먹는다. 그리고 늦여름부터 가을에 온갖 차(茶)를 만들고 구해서 겨울에는 수시로 차를 마신다. 차를 마실 때는 레몬 한 점을 넣으면 비타민도 있고 맛이 좋아진다.

한겨울 드니프르강에서는 강태공들의 낚시도 멋진 겨울 풍경을 이룬다. 단단히 언 강에서 얼음끌을 돌리다 보면 낚시꾼들의 이마에는 땀이 맺힌다. 혹한의 날씨에도 몇 시간씩 낚시하는 사람들을 보면 묘한 궁금증이 든다. 가끔 강가에서는 큰 전기톱으로 얼음을 자르고 빙영하는 사람들을 볼 수 있다. 오래 하는 것은 아니고 잠깐씩 하고 차나 보드카를 마신다.

요즘은 주요 도시 간 현대 로템의 특급열차가 다니지만, 보통은 저녁에 기차를 타고 밤새 달려 아침에 도착지에 내린다. 열차는 밤새도록 어두운 눈 내린 철길을 달린다. 기차 칸마다 앞뒤 흡연실에 나가보면 허연 눈과 얼음 덩어리가 여기저기 달려있다.

우크라이나의 길고 긴 겨울을 예감하며 겨울 단상들을 적어봤는데 여기서 오래 지내다 보니 이런 것들이 가깝고 정겹게 느껴진다. 올겨울은 얼마나 추울지, 얼마나 눈이 내릴지 궁금하다.

18. 우크라이나 물가(2022년 기준)

여기 사람들이 벼룩시장이라는 곳에 가면 별것이 다 있다. 토요일 일요일에만 여는데 속옷부터 골동품까지 희한한 물건들이 많다. 전에는 집사람하고 쓰레기 속에서 보석을 찾는 심정으로 자주 갔었다. 실지로 골동품 비슷한 것들을 많이 구입했다. 파는 사람은 18~19세기 물건이라지만 모조품을 땅에 묻었다 파는 것도 있어 우리는 돋보기도 하나 사 전문가인 양 감정하는 척 물건을 보기도 했다. 촛대, 종, 오래된 전축, 라디오, 그림, 도자기, 이콘(성상화), 십자가 등 20세기 초 소련 시대 물건을 많이 샀다. 벼룩시장 옆에는 책 시장이 있는데 책 시장에는 한국에서 출판된 사전이나 책들도 있다. 소련 시절 출판된 책들은 요즘 출간되는 책보다 질이나 내용 면에서 많이 앞서 있다고 생각이 든다. 읽지도 않으면서 책 욕심에 산 책이 많아 이제 책은 절대로 안 산다고 결심을 하지만 좋은 책을 보면 또 한 두 권 사게 된다. 벼룩시장에는 직업적으로 물건을 파는 사람도 있지만 나이 드신 분들이 집에 있는 물건을 들고나와 파는 경우도 많다. 우리 돈으로 일, 이천 원이면 웬만한 물건을 살수 있다. 소련 시절 자신의 생애를 바쳐 일했던 공장에서 또는 국가에서 받은 훈장을 내다 파는 노인들의 심정은 복잡 미묘할 것이다. 그만큼 연금이 적고 생활이 어렵다는 증거다.

이곳 사람들의 월급을 들여다보면 좀 의아한 면이 있다. 보통 사람들(회사원, 선생님, 공무원 등등)의 월급은 우리 돈으로 40~50만 원, 최저월급은 26만 원 최저연금은 10만 원 정도이다(우크라이나 화폐는 흐리브나라고 하는데 1흐리브나를 40원 정도로 환산하여 한국 독자의 이해를 돕기 위해 원화로 산출한 것이다). 요즘은 아파트 값이 아주 비싸지만 사회주의 시절에는 무상배급으로 받았는데 집세 수도 전기 난방비만 8~9만 원이 넘는다. 연금생활자는 세금 내기에도 빠듯한 돈이다. 물론 사업을 하거나 자영업자나 임대업을 하는 사람 등 상위 3%의 사람들은 거부들도 많지만, 보통의 평범한 사람들의 임금은 우리나라와 비교하면 낮은 편이다. 그러나 이곳 물가를 보면 고개가 다시 한번 갸우뚱해진다. 주식으로 먹는 500g 바톤이라는 빵은 800원, 머리통 만한 흑빵은 1,200원, 우유 1ℓ는 여기 제품은 800원 외국제품은 1,200원, 여기 사람들이 가장 많이 먹는 감자는 킬로당(여기는 거의 모든 식품을 킬로로 계산한다) 400~500원, 양배추 300원, 사과 700~800원, 달걀 한 개 값 120원, 쌀 1킬로 천원, 고기는 부위별로 차이가 나지만 킬로 당 돼지고기는 보통 4,000~5,000원, 소고기 4,500~5,500원, 닭고기는 3,000~3,500원, 버스 지하철 등 대중교통은 320원 휘발유는 ℓ당 1,200원 정도이다. 여기서 생산하는 농산물이나 유제품 가격은 우리나라보다 훨씬 싸고 공산품이나 전자제품 가격은 국제가격과 비슷하다. 그러니 적은 월급에도 이곳 사람들이 살 수 있고, 또 다른 이유는 도심의 거의 모든 사람이 다차라는 시골집을 가지고 있어 자급자족하는 사람들이 많으며 웬만한 사람들은 아르바이트 식으로 부업을 한다. 그리고 한 가지 부끄러운 이야기지만 부정부패 지수가 높아 업무와 관련하여 부수입을 올리는 사람들도 많다. 개업 의사도 있지만, 국가병원 의사도 월급을 40~50만 원 받는데 환자로부터 받는 돈이 꽤 많다고 한다.

사회주의 정부 시절 정치 경제 모토는 실업자 없는 나라, 마약 매춘 절도 등 범죄 없는 나라, 모든 인민이 골고루 잘사는 나라였다. 그런데 역설적으로 실업자는 많이 없었지만, 태업이나 땡땡이 치는 나라였고, 마약 매춘 절도 등이 보이지 않게 만연했고, 인민의 생활이 하향 평준화된 나라였다. 1960~70년대 대부분의 사람은 200~300루블의 월급을 받았다. 교수, 의사, 판검사, 노동자, 광부, 연구원, 예술가 등의 월급이 비슷했다. 당시 공식 환율은 1$에 0.7루블로 루블이 달러보다 강화였다. 오페라 하우스에서는 노동자, 광부, 선생님, 공무원 등 거의 모든 계층의 사람들이 함께 관람했으며, 물가는 대부분 코페이카였다(1루블은 100코페이카). 빵, 감자, 우유, 과일, 야채가 5~20코페이카였고 대중교통은 5코페이카였다.

우리나라에서 사회주의를 무조건 적대시하던 시절에도 이곳에서는 치열하게 사람들이 살았었다. 지금 나이 드신 어른들은 첨예한 자본주의로 가는 급행열차 속에서 현기증을 느끼며 물가가 싸고 적당히 일하며 편하게 살던 지난 시절을 그리워하는지 모른다.

19. 우크라이나 입시와 부동산

우리나라에서 대학입시와 부동산 문제를 해결하는 사람이 대통령이 된다면 그 사람은 제2의 세종대왕이 될 것이다. 그렇지만 이 두 문제는 참 난제다.

우리나라에서는 수능이 끝나고 발표가 나면 수시모집이나 정시모집을 통해 대학에 입학할 텐데 예전만큼은 아니더라도 아직도 수도권은 경쟁이 치열한 것 같다. 우크라이나에서는 대학 입시에서 실패하여 재수하는 사람은 많지 않다. 나이가 들거나 철이 들어 다시 공부하는 사람은 종종 보았지만 재수 한 학생은 한 과에 1~2명도 안된다. 몇 해 전 까지만 해도 대학 입시는 대학이 100% 자체적으로 결정해서 공고하고 시험을 보았다. 100% 대학에서 자체적으로 입시를 진행하다 보니 대학이 원하는 학생들을 뽑았지만 입시비리나 후유증도 많았다. 그러다 2010년대 들어서며 정부 주도로 전국적으로 외부독립평가(External Independent Evaluation)라는 시험을 치러 입학시험에 반영하면서 이 시험이 대학 입시를 가늠하는 시험이 되었다. 과목은 우크라이나어 문학과 영어는 필수이고 문과계통은 역사, 지리, 사회 중 택 1이고 이과 계통 학과에서는 수학, 물리, 화학, 생물 중 택 1이다. 그러니까 3과목을 보는데 5월 중순부터 6월 중순까지 근 한달 간에 걸쳐 자신이 선택한 시험을 보고 그 결과를 가지고 7월에 대학에 지원하여 9월 1일에 입학하게 된다. 꼭 일반대학에 입학할 사람이 아니면 직업학교나 전문학교에 가는 학생이 많아 입시가 우리나라 같이 치열하지는 않다. 평가는 외국어 비중이 가장 높아 50%(100점), 우크라이나 어문학이 30%(60점), 선택과목이 20%(40점)으로 총 200점이 만점이다. 180점 이상이면 웬만한 대학에 갈 수 있는 점수이고 점수가 좀 낮아도 기부나 계약으로 학비를 내고 입학하는 학생도 있다. 내부적으로는 각각의 문제나 치열함이 있겠지만 외견상 해마다 치르는 입시는 소란스럽지 않다.

러시아 혁명 후 귀족들의 땅을 몰수하여 농민에게 토지를 무상 분배했던 혁명적 사건이 일어난다면 모르겠지만 현 상황에서 우리나라 부동산 문제를 어떻게 해결할 수 있을까? 투기꾼이나 부동산으로 일확천금을 버는 사람들에게 엄격하게 법을 적용하여 무거운 형량을 선고하고, 국가가 모든 아파트를 매입하여 데이터 베이스화하고 총 아파트 수를 세대수로 나누어 한 채 씩 유상 분배하는 방안이 코로나로 힘든 국민들에게 돈 몇 푼 주겠다는 후보자들의 감언이설보다 나은 방법일 것이다. 성실한 젊은이들이 10~20년 저축하여 아파트 한 채 살 수 없는 나라라면 정부가 무슨 소용이 있단 말인가?

이전 사회주의 체제에서는 우크라이나의 모든 부동산은 국가 소유였다. 심지어 아파트도 국가 소유로 대부분의 사람들에게 아파트를 무료로 주었다. 대학, 공장, 집단 농장에는 기숙사가 있었고 기혼자는 자녀 수에 따라 아파트를 주었다. 아파트의 크기는 신혼부부는 보통 30~40m^2, 자녀가 2명 이상이면 60m^2, 큰 아파트는 80m^2였다. 직장의 지위나 자녀 수에 따라 아파트가 배당되었다. 100m^2 이상 아파트는 극소수였고 1991년 독립 후에 지어진 아파트들이다. 독립 후 자본주의로의 이행과정에서 아파트의 사유화 법이 시행되며 모든 국민은 국가에서 받은 아파트를 사유화했고, 아파트 단지마다 문, 창문, 전등, 벽지, 변기, 커튼 심지어 열쇠까지 똑같던 아파트에서 벗어나 서서히 자본주의 물결을 타며 개인 건설사에서 아파트를 짓기 시작했다. 1990년대 초 새아파트 가격이 제곱미터 당 200달러라고 했을 때 모든 사람들이 코웃음을 쳤다. 말도 안되게 비싸다는 것이었다. 미분양이 속출했는데 1990년대 말 들어서며 건설 붐이 일고 아파트 가격이 천정부지로 치솟기 시작했다. 100m^2 이상의 아파트뿐만 아니라 복층 아파트도 생겨나고 지금은 제곱미터 당 1,000~ 2,000달러까지 올랐다. 여기 아파트는 내부수리가 전혀 안된 상태에서 분양이 되어 입주자는 개인이 아파트 가격의 30~40% 이상 돈을 들여 수리를 하고 입주해야 한다. 우크라이나의 어려운 경제 상황에서도 여기저기 아파트 건설이 진행되고 있다. 이전 아파트는 단지 평화로운 생활 공간이라는 생각이 지배적이었고 돈벌이 수단으로 생각하지 않았지만 이제는 한 푼이라도 더 벌거나 융자를 받아 아파트 한 채 마련하는 것이 돈버는 일이라고 굳게 믿게 되었다. 사회주의 시절 실수로 아파트를 두 채 가지고 있던 사람이 실형을 살았다는 이야기는 이제 옛날이야기다.

20. 직업의 귀천

코로나와 전쟁으로 몇 년째 온라인 수업이라 대학교에 갈 일이 없지만 대면수업 시 화장실 갈 때, 가끔 청소부 아주머니로부터 청소 중이니 들어오지 말라거나 빨리 나가라는 소리를 들었다. 주말이나 공휴일에 볼일이 있어 대학에 가면 경비원이 선생이라는 것을 알면서도 규정상 들어갈 수 없으니 총장이나 인문대학장의 출입허가증을 요구하기도 한다. 대학에도 서열은 있지만 교직원이나 교수나 복사하는 사람이나 경비원이나 청소부나 거의 평등하게 일한다. 자기 일에 열심이다.

우리나라에서는 보통 손님이 왕이다 라는 말이 있지만 우크라이나에서는 판매원이나 가게 주인이 왕이다. 이전 국영상점에서는 잔돈 없다고 안 팔고, 손님에게 고함치고, 안 사려면 보지 말라 하고 몇 명만 모이면 줄 서라고 성화였다. 내 돈으로 물건을 살 때도 어느땐 마음이 조마조마하다. 그리고 물건이 보일 때 빨리 사야 한다. 시간이 지나 물건이 없으면 판매자는 모른다로 일관한다.

기차나 버스나 비행기에서 옆 사람과 열심히 이야기하는 사람들이 있는데 대부분 처음 보는 사람들이다. 가끔 비행기를 타면 저명한 정치인이나 연애인도 만나는데 서슴없이 이야기를 나눈다. 오래전 한국행 비행기를 같이 탔던 우크라이나 마술사는 아직도 친구같이 지낸다. 직업의 귀천이나 권위 의식이 적다.

구소련은 농민과 노동자가 주인인 무산계급의 나라였다. 위로 올라갈수록 권위적이고 서열적이며 획일적인 면도 있지만 일반 국민 입장에서는 직업의 귀천이 심하지 않았다. 의사 변호사 교수 등 자본주의 나라에서 상위계급의 직업군도 부부조합에서 의사어머니 광산노동자, 상인과 교수, 농부와 법관, 선생님과 운전사, 지하철 노동자와 화가, 음악가와 건설 노동자 부부를 보았다.

우리 대학 도서관에는 이용객 보다 많은 근무자가 있다. 입구에는 경비가 서 있다. 도서관에 들어서면 안내원이 있고 그 옆에 옷이나 가방 등 보관소 근무자가 있다. 열람실 마다 사서와 안내자가 있다. 각 층마다 청소부 2~3명이 청소한다. 필요한 책이 있으면 사서에게서 신청용지를 받아 책을 신청하면 2~3시간 후나 다음날 찾아서 볼 수 있다. 책 찾는 사람은 30년째 그 일만 한다. 학생도 교수도 교직원도 필요한 책이 있으면 카탈로그(목록표)를 찾아 신청하고 기다렸다 책을 볼 수 있다. 모든 근무자가 일사불란하게 자기일에 충실하다. 신청용지에 책 번호나 글씨를 잘못 쓰면 교수도 사서 할머니에게 혼난다.

키이우 사람들에게 뭐 하냐고 물으면 비즈니스 한다는 사람이 압도적으로 많다. 큰 비지니스도 있지만 거리에서 가치담배를 팔아도 비즈니스, 음식점 종업원도 비즈니스, 작은 키오스크(구멍가게)를 해도 비즈니스 한다고 말했다. 학교 선생은 존경의 대상이지만 돈이 안 되는 가난뱅이다. 우리나라에서는 최고 엘리트들이 석사 박사과정을 하고 교수 한자리 하려고 애를 쓰지만 우크라이나 최고 엘리트들은 외국회사에 취직하거나 비지니스를 한다. 요즘은 돈이 되는 직업이 최고의 선택이다.

우리나라에서는 의과대학 열풍이지만 여기 국영병원 의사 월급은 500~600달러 수준이다. 많은 의사들이 환자에게서 직접 돈을 받고 특진이나 수술을 하는데 그 돈이 크다. 요즘은 개인병원을 열어 고소득자도 많다. 특히 치과병원은 동네마다 넘쳐난다. 진료가격도 천차만별이다. 예전 모든 병원은 무료였다. 여기 도착하여 얼마 후에 맹장 수술을 했는데 코냑 한 병 주고 수술을 했다. 4일간 식사, 약, 수술비 등이 모두 무료였다.

오래전에 사회주의 공산주의는 사라졌어도 나이 든 사람들 마음속에는 노동자를 우대하던 시절의 그리움이 남아있는 듯하다.

21. 러시아는 우크라이나를 재침공할 것인가?

가다피, 후세인, 카스트로 등 내노라 하는 세계의 독재자들이 황혼의 객이 된 요즘 이 세상 독재자라면 푸틴 시진핑 루카센코 김정은 등이 지구상의 독재자 선두 그룹일 것이다. 이 자들은 입법, 사법, 행정부를 싹 무시하고, 임기가 없으며, 자국민을 세뇌하여 국내에서는 열광적인 지지를 받지만 국외에서는 비난 받으며, 반대자를 죽이거나 감옥에 보내고, 자기자신이 독재자라는 사실을 모르고 영원이 집권하는 줄 아는 어리석은 자들이다.

2004년 우크라이나에서 오렌지혁명이 일어나 친유럽 성향의 정부가 들어섰다. 러시아는 그 다음 집권한 친러 성향의 야누코비치와 밀월 관계를 유지했는데 2014년 반정부시위로 야누코비치는 러시아로 피신하고 완전히 친유럽 정권이 들어섰다. 푸틴은 바로 크림반도를 점령하고 돈바사 지역에서 반군을 지원하며 전쟁을 일으켜 13,000명 이상이 숨졌으며 지금도 전쟁이 간헐적으로 진행되고 있다.

2000년 집권하여 20년 넘게 절대 권력을 휘둘렀고 헌법을 개정하여 2036년까지 집권 가능하게 된 푸틴을 견제하거나 통제할 장치가 없다. 러시아 언론이나 야당은 이미 그의 하수인이나 마찬가지고 푸틴에게 무조건 충성하며 그의 성향을 잘 아는 관리나 측근들이 그의 생각이나 말을 실행에 옮긴다. 나발니 같은 야당 지도자는 혹독한 감옥에 가고 반대하는 언론은 폐지되고 있어 푸틴의 명령이 내려진다면 우크라이나 공격은 언제든 가능하다.

얼마 전 푸틴 자신이 썼다고 발표한 논문 "러사아인과 우크라이나인의 역사적 통합에 관하여" «Об историческом единстве русс ких и украинцев» 라는 글을 보면 그의 관점이 여실히 드러난다. 고대 키이우 루시부터 최근 2014년 크림반도 강점과 돈바사 지역 전쟁까지의 역사를 장황하게 설명하며 러시아와 벨라루스 그리고 우크라이나는 한민족이며 같은 역사를 가지고 있다고 강변하고 2014년 야누코비치를 몰아내고 집권한 친서방 정권을 신나치 정권이라고 혹평하며 우크라이나의 나토 가입은 절대 용납할 수 없다고 주장하고 있다. 소련식 사고를 아직도 신봉하는 러시아인이다.

소련시절 사람들은 우크라이나 러시아 벨라루스 삼국을 형제국으로 인식하고 있었다. 친인척이 뒤섞여 있었고 키이우에는 우리나라의 광화문 거리 같은 흐레샤칙 거리 끝에 키이우 루시 1500년과 소련 정권 수립 60주년을 기념하여, 드니프르 강변이 훤히 보이는 장소에 35미터 높이의 우크라이나 러시아 우정의 아치가 1981년 세워져 지금도 많은 사람들이 찾는 명소이다.

KGB중령으로 동독의 드레스텐에서 근무했던 푸틴은 소련군이 동독에서 어떻게 철수를 했고 동서독 통일 후 나토의 동진 정책은 없다는 약속을 버리고 동진하는 나토를 잠재적인 적으로 간주하고 예의 주시하고 있다. 그리고 지금은 사라진 바르샤바조약기구 회원국이 거의 모두 나토에 가입하여 러시아쪽을 향하고, 발트 3국 근처나 흑해 연안까지 와서 군사 훈련을 하는 나토회원국을 더 이상은 두고 볼 수 없다는 결의이다. 2,000여km의 국경을 맞대고 있는 우크라이나가 나토에 가입하는 결정적 순간이 오면 러시아군은 우크라이나로 진격할 것이다.

그러나 우크라이나 국민들의 생각은 좀 다르다. 오랜 동안 러시아의 지배하에 또는 연방으로 더불어 살았지만 이제는 유럽연합(EU)과 나토 쪽으로 가서 유럽수준의 나라가 되어야 한다는 굳은 생각이다. 이미 우크라이나 역사의 추는 유럽으로 기울었다. 푸틴이 우크라이나를 침공한다면 이것은 세계적인 비난을 받을 것이며 미국과 서유럽의 경제 제재뿐만 아니라 군사적 분쟁까지도 각오해야 하는 중대한 일이다.

우크라이나에서는 1991년 독립 후, 2004년 오렌지 혁명, 2014년 유로마이단 혁명이 일어났다. 10년 주기로 큰 역사적 사건이 있었는데 2024년 대통령 선거가 있기 전에 뭔가 큰 사건이 터질 것 같은 예감이다.

22. 우크라이나에서 서른 번째 새해를 맞이하며 한국의 친구들에게

친구야, 새해에는 담배를 끊겠다고, 절주하겠다고, 운동을 많이 하겠다는 등등의 다짐은 말기로 하세. 그저 좀 더 일하고, 책 좀 더 보고, 나를 돌아볼 정도의 여유만이라도 있으면 좋겠다는 작은 바람이네.

우크라이나에서 서른 번째 맞이하는 새해에 이곳에서 참 오래도 살았다고 긴 숨을 쉰다네. 대학원 석사 마치고 지도교수님이 우크라이나 문학 공부하면 어떻겠냐는 권유로 공부하러 와서 학위하고 가르치며 서른 해가 되었다네. 옛말에 십 년이면 강산도 변한다지만 난 별로 변한 게 없는 것 같아, 개인적으로 아들이 결혼했고 딸내미가 박사과정을 하고 개도 두 마리 키우는 변화는 있지만, 아직도 책 보고 사전 들척이고 잡글 쓰고 번역하며 그렇게 살아가고 있다네.

그동안 우리글 잊을까 염려되어 우리글을 닥치는 대로 모았고 읽었는데 요즘은 인터넷 홍수로 다 짐이 되었다네. 이제는 마음속의 욕망도 욕심도 애증도 불필요한 물건도 모두 비우리라 다짐을 한다네.

친구야, 김포공항을 떠나던 30여 년 전 그날, 어머니와 형제자매 친인척 친구들까지 30여 명이 손 흔들던 그 성대한 배웅을 뒤로하고 초라한 눈빛과 두려움과 설렘으로 도착한 키이우에서 이렇게 오래 생활할 줄은 몰랐다네. 노래는 아직도 송창식, 이장희, 이미자, 나훈아, 조용필이 최고인 줄 알고, 영화도 "엄마 없는 하늘아래"나 "별들의 고향" 그리고 중고등학교에서 단체 관람했던 "쿼바디스", "벤허", "바람과 함께 사라지다" 외에는 별로 본 것도 들은 것도 없이 문화의 정서는 정지된 듯하네.

바람같이 세월은 흘러 마음은 아직도 열다섯 같은데 버스에서 지하철에서 젊은이의 자리 양보는 받아들일 수 없는 초로의 늙은이가 되었다는 사실, 코로나가 시작되기 전 10키로 단축 마라톤을 뛰었는데 62분의 기록을 끝으로 모든 대회가 취소되어 요즘은 대학 근처를 걷는 것으로 마라톤을 대신한다네.

내가 졸업한 고등학교는 어디로 갔는지도 모르겠고 인천 토박이를 자랑하던 나도 이제는 생소한 거리와 못 보던 즐비한 건물을 상상하며 당황해한다네. 우리가 야학했던 송도는 옥련동 모내기와 동막동 가난한 어부와 송도유원지를 그리는데 그곳이 신도시가 되었다니 상상이 안 갈 뿐이라네.

노동, 교육 현장에서 치열하게 살았고, 평범하게 직장 다니며, 자영업 하며 또는 공무원으로 살아온 친구들이여 그럭저럭 결혼하여 애 낳고 살다 보니 이순이 되어 정년의 나이라는 것이 믿기지 않지만, 이런 것이 인생이려니 스스로 위안으로 삼는다네. 은밀한 밀어와 애정표현에 둔감한 친구들이여 배우자에게 고맙다고 사랑한다고 고백하시게.

친구여 그래도 새해에는 더 나은 미래를 위해, 후손을 위해, 이 지구를 위해, 뭔가는 해야 하지 않을까? 대통령 선거도 있다니 정신 똑바로 차리고 투표하도록 하세.

수구초심이라고 이제 열렬한 환영이나 금의환향은 아닐지라도 이 작은 몸 하나 누울 공간만 허락한다면 인천 땅으로 돌아갈 날을 꿈꾼다네. 친구여 그리고 막걸리잔 기울이며 가난했던 신흥동이며 질펀한 주안 염전이며 주안국민학교 뒤 스케이트장이며 지난날을 이야기하고 싶다네.

친구야 그래도 참 꿈결같이 잘도 살았다는 안도의 숨을 쉬기도 한다네. 격동의 젊은 날은 지나 뒤돌아보기도 하지만, 앞으로 살아갈 날에 대한 긴장과 흥분과 설렘도 있다네. 요즘은 백세시대라니 건강 유의하시게. 백 살까지 살지는 못하겠지만 먼저 가는 것이 서럽고, 병석에 있는 것은 더욱더 안타까운 일이라네.

그리고 평생을 같이하자고 멀고 먼 이곳까지 따라와 고생 많이 한 친구여, 나는 그대의 영원한 벗이자 종이 되려 한다네 자네가 있어 여기 생활이 행복했고 사랑한다고 고백하네!

23. 이런 시인을 가지고 있는가?

우크라이나에서 2004년 오렌지 혁명이라고 이름 붙여진 시위와 2014년 100명 이상의 사상자가 나온 마이단 시위에서 필자는 쉐브첸코(1814~1861) 시인의 시를 들고 외치며 싸우는 사람들을 보면서 눈물을 흘렸었다. 돌멩이와 화염병과 심지어 총알이 날아다니는 시위에서 격렬한 구호도 있었지만 많은 사람이 한 시인의 시를 읽고 외우고 노숙하며 싸우고 있었다. 두 시위 다 가장 추운 12월과 1월에 절정이었다.

필자가 근무하는 대학의 공식 명칭은 타라스 쉐브첸코 키이우국립대학교(Taras Shevchenko National University of Kyiv)이다. 동유럽의 여러 대학교에는 유명인의 이름을 붙이는데 우크라이나의 상징적인 대학의 이름은 시인의 이름이 붙어있다.

키이우는 흡사 쉐브첸코의 도시 같다. 박물관, 그가 살았던 집, 지하철역, 도서관, 거리 등 그의 이름이 많이 붙어 있다. 키이우 뿐만 아니라 우크라이나 전역에는 1,256개의 쉐브첸코 동상이 있고 각급 초 중 고등학교 교실에는 그의 초상화가 걸려있다. 세계적으로도 35개국에 128개의 동상이 미국, 캐나다, 폴란드, 러시아 심지어 중국에도 있다. 지방 소도시를 가도 쉐브첸코 거리와 박물관을 볼 수 있다.

1814년 가난한 농노의 아들로 태어나 어려서 고아가 되어 여기저기 떠돌던 시인은 우크라이나의 상징이 되었다. 그가 태어난 3월 9일은 국립대학교 앞 그의 동상에 매년 대통령을 비롯한 정부 주요 인사가 그의 동상에 헌화하고 모든 국민이 그를 추모하는 국경일이다.

그는 26살의 젊은 나이에 코부자르(Kobzar)라는 작은 시집을

1840년에 출간하였다. 코부자르는 우크라이나의 전통악기로 쉐브첸코는 전통의 소리, 옛이야기, 우크라이나의 시를 쓰고자 했다. 8편의 우크라이나어로 쓰인 작은 시집은 손에서 손으로 필사되어 읽히며 우크라이나어의 기초가 되었고, 그 후 250여 편의 시는 우크라이나의 애국가이고 국가의 모토이며 이상향이며 예언서가 되었다. 우크라이나어와 러시아어를 구분 없이 쓰던 사람들에게 민족의식을 일깨웠고 독립과 자유를 향한 그의 시는 소러시아가 아닌 우크라이나의 독립과 인간의 자유를 향한 외침으로 울렸다.

우크라이나에는 쉐브첸코 전 작품의 단어를 분석한 쉐브첸코어 사전이 있고, 그의 전 생애와 인간관계 여행 장소 머물렀던 곳 등을 날짜별로 시간별로 기록한 쉐브첸코 백과사전이 있다. 전 세계에서 연구된 쉐브첸코에 관한 논문과 번역서와 그의 작품과 학위 논문과 관련 서적을 합하면 도서관을 만들 것이다. 그의 작품뿐만 아니라 그림 삽화 편지 단상 메모 등 그의 모든 것을 모아 출간한 12권 전집은 우크라이나 문학의 금자탑이다.

우크라이나 문학사는 쉐브첸코 이전과 이후로 나뉜다. 2014년 시위에서 나온 구호 중 지금도 여러 사람이 외치는 문구 "우크라이나의 영광, 영웅에게 영광"이라는 구호는 쉐브첸코 시의 일부이다.

전운이 감도는 우크라이나 땅에서 180여 년 전에 그가 썼던 시를, 우크라이나 사람들이 참호 속에서 다시 한번 암송하며 전쟁에 임할지도 모른 다는 생각이다.

그대들이여

떨치고 일어나

예속의 사슬을 끊어 버려라
원수의 피로써
그대들의 자유를 굳게 지키라
(쉐브첸코 시 “유언” 중 일부)

필자는 지금까지 두 권의 쉐브첸코 시집을 번역하여 한국에 소개했다. 한국에는 알려지지 않아 출판사는 손해를 보았지만, 아직도 그의 전 작품을 번역하는 것이 필생의 업이라 여기며 공부하고 있다.

아 가난한 시인이여 당신을 정말 존경합니다. 이런 시인을 가지고 있는 우크라이나가 부럽습니다. 백 달러 미국 지폐를 흔들며 우크라이나가 유럽의 빈국이라고 후진국이라고 문화 수준이 낮다고 이야기하는 사람들에게 쉐브첸코의 시를 읽어보라고 권하고 싶다.

24. 푸틴의 집착, 우크라이나를 공격할 것인가?

며칠 전 수업 시간에 학생들에게 러시아와의 전쟁을 어떻게 생각하느냐고 물은 적이 있다. 학생들은 전쟁은 모르고 다른 이야기를 하자고 화제를 바꿨다. 동료 교수도 이웃도 아무도 전쟁에 관하여 이야기하고 싶어 하지 않는다. 아무 일이 없는 것 같이 거리도 조용하고 가게 병원 약국 우체국 학교도 모두 정상적으로 운영되고 있다. 그렇지만 키이우 사람들 얼굴이 어둡고 말이 적어졌다. 자신의 운명을, 조국의 운명을 러시아 미국 영국 독일 프랑스 등이 결정하는 이 중차대한 순간에 무슨 말을 할 수 있으리...

지난 두 달간 전 세계 언론과 TV 뉴스를 장식한 러시아의 우크라이나 침공 이슈는 미국발 외신이 주를 이루지만 공염불이 될 공산이 크다. 병력 수나 위치를 공개적으로 밝히고 하는 전쟁은 극히 드물다. 러시아의 전략은 모두 나와 있다. 크렘린의 전략가나 협상가들은 푸틴이 말한 선에서 한치도 앞뒤로 움직이지 않고 푸틴의 이야기만 반복하고 있다. "나토는 동진을 멈추고, 우크라이나는 나토에 가입하지 말라, 이것을 명문화하라"는 것이다. 연두 기자회견에서 푸틴이 말한 것이고, 2021년 7월 푸틴 이름으로 발표된 "러시아인과 우크라이나인의 역사적 통합에 관하여"라는 논문의 내용과 일치한다.

푸틴은 21세기 차르(왕)이다. 절대왕정의 푸틴을 견제하는 인물이나 정당이 없으며 통제할 수단이 없다. 예측불허의 이 독재자가 결정하면 전쟁은 일어나겠지만 노회하고 전쟁 경험이 있는 독재자도 전쟁을 쉽게 결정하지는 못 할 것이다. 미국과 전 유럽을 상대로 전쟁을 한다는 것은 그의 무덤을 파는 일이 될 수도 있다. 그가 원하는 것과 그의 생각을 각인시키고 전 세계에 알린 것 만으로도 푸틴이 얻은 성과는 충분하다.

러시아의 대통령이 되기 전 푸틴은 우크라이나를 각별히 좋아했었다. 푸틴이 러시아의 대통령이 되어서도 가장 빈번하게 방문한 곳이 우크라이나였다. 그러나 2014년 친 유럽 정권이 들어서자 신나치 정권이라며 맹렬히 비난하고 크림반도를 점령하고 군사위협을 하고 있다. 우크라이나에서는 푸틀러(Putler)라는 신조어가 생겼다.

유럽의 큰 전쟁에서 러시아는 항상 엄청난 피해를 보았다. 1, 2차 세계 대전뿐만 아니라 이전의 여러 전쟁에서 거인 러시아는 바보 이

반같이 두들겨 맞았지만 결국은 승리했다. 그리고 그 대가(代價)는 처참했다. 그래서 오래전부터 러시아제국 및 소련 그리고 현 러시아는 외세를 두려워하고 자기방어에 적극적이다.

유럽 지도를 보면 우크라이나와 위쪽 벨라루스 그리고 발트 3국이 러시아의 보호막 역할을 하는 지형이다. 발트 3국은 이미 소련에서 독립하여 EU와 NATO에 가입했고 아직도 벨라루스의 루카셴코는 푸틴 형님을 잘 모시고 있지만, 우크라이나 국민들은 친 유럽 성향의 정권을 탄생시켰다. 그리고 나토(NATO)와 유럽연합(EU) 가입을 희망하고 있다.

적을 멀리 더 멀리 밀어내기는 크렘린의 작전 중 하나이다. 러시아 우크라이나 국경은 산악이나 험지가 거의 없는 허허벌판이다. 우크라이나가 나토나 유럽연합에 가입한다면 우크라이나 국경에서 모스크바까지 500~600km이고 약 2,000km의 접경을 이루게 되며 발트 3국과은 이미 러시아와 300km의 접경을 이루고 에스토니아 국경에서 상트페테르부르크까지 150km의 거리이다. 푸틴으로서도 러시아의 사활이 걸려있다는 생각으로 기 싸움을 하는 이유이다.

그러나 우크라이나는 이제 더는 소러시아가 아니다. 주권국가의 국민이 선택한 정부의 정책이 마음에 들지 않는다고, 자기 나라에 위험하다고 군사를 일으키고 공갈 협박을 하는 것은 올바른 국가의 일이 아니다. 위에 언급한 논문의 마지막 문구를 덧붙인다. 우크라이나와 러시아가 협력해야 한다고 강조하며 푸틴은 이렇게 쓰고 있다. "우리는 우크라이나어와 전통을 존중합니다. 자신의 국가가 자유롭고 안전하며 번영하기를 바라는 우크라이나인들의 열망을 이해합니다. …우크라이나가 어떻게 되느냐는 우크라이나 국민의 결정에 달려있습니다.”

전쟁

25. 우크라이나 탈출기

인천일보에 칼럼 '우크라이나의 창'을 연재하고 있는 김석원 우크라이나 국립 키이우대학교 교수가 러시아의 우크라이나 공격의 포화를 피해 우크라이나 키이우를 탈출하기까지의 여정을 긴급 투고해왔다. 아래는 김 교수가 보내온 탈출기 전문.

▲ 러시아군이 우크라이나 수도 키이우와 대도시 하리코프 등을 향해 대규모 공격을 감행한 가운데 현지 체류 우리 국민이 목숨을 건 탈출을 하고 있다. 칼럼 '우크라이나의 창'을 인천일보에 연재하고 있는 김석원 국립 키이우대학교 교수가 전장의 포화를 피해 우크라이나 키이우를 가까스로 빠져나왔다는 소식을 전해왔다. 현지 교민의 탈출에 동원된 태극기 붙인 우크라이나 주재 한국 대사관 행정차량(①)이 아슬아슬 역주행을 감행해 루마니아 시레트 국경으로 탈출에 성공했다며 인천일보에 사진(②)을 보내왔다. 러시아의 우크라이나 침공 나흘째인 지난 27일(현지시각) 우크라이나 향토방위군 대원들이 제2의 도시 하리코프에서 시가전이 벌어진 후 파괴된 러시아군 보병의 기동차량 GAZ 티그르를 살펴보고 있다(③·AFP.) 난민들이 지난 26일(현지시각) 인접국 몰도바의 마야 키오도브네 국경검문소 주변에서 꼬리 문 차량 행렬 옆을 지나가고 있다(④·AP.) 폴란드로 탈출하는 우크라이나 피란민들이 자국 서부 모스티스카 인근의 국경검문소 인근에서 늘어선 차량 옆으로 걸어가고 있다(⑤·로이터.) 로켓 공격을 받아 벽면이 너덜너덜한 잔해물 더미로 변한 수도 키이우의 아파트 건물 앞에서 지난 25일(현지시각) 이곳에 살던 한 여성이 절규하고 있다(⑥·AP.) /우크라이나=김석원교수·연합뉴스

2022년 2월 24일 새벽 키이우는 멀리서 폭발음 소리가 들리기 시작했다. 멀리서 들리는 소리는 점차 공포의 소리로 들리기 시작했다. 어떡하지? 어떡하지? 설마 전쟁이 나겠어? 하며 시간이 지나고 아침 동이 트기 시작했다. 우리 동네는 지하주차장이 대피소라는 공고를 보고 지하주차장을 가 보니 공포에 질린 노인들과 아이들, 아주머니 등이 서성이고 있었다. 순간적으로 여기는 아니라는 생각이 들었다.

은행과 현금 인출기에는 줄을 서고 가게를 가니 사재기가 시작되었다. 이제야 전쟁을 실감했다. 아직 인터넷과 전화는 살아있어 뉴스를 보니 공항은 폐쇄됐고, 폴란드로 가는 르비브 길은 거의 막혀있고, 헝가리로 가는 길과 몰다비아 가는 길과 남부 루마니아 가는 길이 아직은 열려있었다. 이제 우리도 키이우 탈출을 결정해야 할 순간이 왔다. 전쟁이 나도 시내에 남아 있을까? 아니면 떠나야 할 것인가? 마지막까지 발목을 잡은 것은 자식 같은 개 두 마리였다. 그때 대사관 행정전문관이 전화를 걸어왔다.

“이제 마지막 결정을 하셔야 합니다. 우리는 일행을 형성해 루마니아로 출국 예정입니다.”

우크라이나 키이우에서 살아왔던 시간을 떠올리니 고민할 수밖에 없었다.

결국 우리는 떠나기로 결정했다. 그렇지만 국경이 500~600㎞라 많은 고생을 상상할 수 있었다. 25일 새벽 점점 폭발음이 커지기 시작했다. 키이우 인근에 러시아군이 접근한다는 소식을 접했다. 긴급히 중요 물건을 쌌는데 이상한 소리만 들리면 폭발음 같은 착각이 들고 공포가 찾아왔다. 25일 새벽 “8시 출발입니다.” 대사관에서 마지막 전화가 왔다. 경찰 사이렌 소리를 뚫고 7시 20분 대사관으로 출발했다. 대사관에는 10여명이 모여 굳은 얼굴로 출발을 기다렸다. 출발 전 대사님은 무사 도착을 기원한다며 일일이 악수를 나누었는데 갑자기 눈물이 났다. 출발 전 차량 앞뒤로 대한민국 스티커를 붙이고 차량 위와 보닛 앞에도 큰 스티커를 붙였다. 2대는 대사관 행정차로 일반인과 가족이 탔고 2대의 일반 차량에는 우리 가족과 다른 한 가족 등 총 16명과 개 6마리가 탔다. 키이우 시내를 벗어나는데 벌써 차량이 막히고 우리 진행 방향 반대쪽으로 역주행으로 탱크와 야포 실은 트럭이 북서쪽으로 달리고 있었고, 군데군데 매복

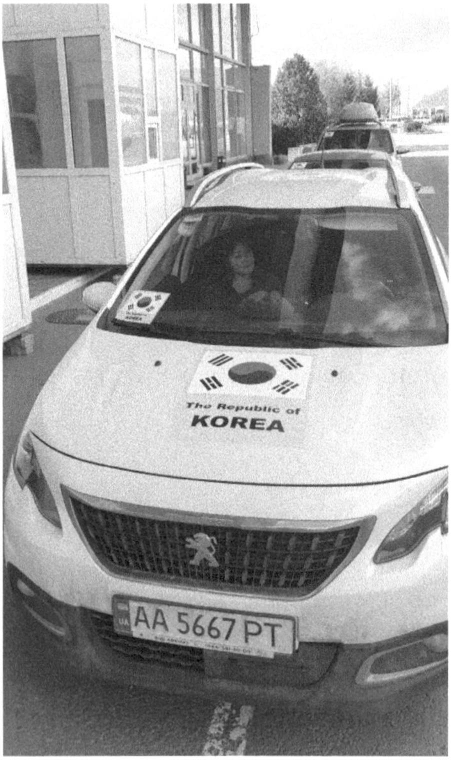

◀ 필자와 우크라이나 한국 교민의 탈출을 위해 동원된 한국 대사관 행정차량에 태극기를 붙인 모습. /사진=우크라이나 현지 김석원

한 우크라이나 군인들이 길가에 나와 빵과 우유를 먹고 있었다. "신이여 우크라이나를 구해주세요, 너희들의 피가 우크라이나를 지키리라." 운전대 잡은 손이 부들부들 떨렸다. 우리가 지나고 4시간 후 그 근처에서 교전이 있었다는 인터넷뉴스를 보며 우리는 남부로 달리기 시작했다.

우리의 탈출 경로는 서남부 지토미로 방향 130km, 비니차 100km, 흐멜리스키 180km, 국경도시 체르놉치150km 등 총 약550km였다.

이미 주유소는 차량으로 만원이고 유류는 20ℓ만 판다는 소문이 퍼졌다. 지토미르 130km를 빠져나가는데 7시간이 소요되어 오후를 넘겨 저녁으로 가고 있었다. 보통때 서부 쪽을 여행 갈 때 1시간 반 걸리던 시간이었다. 간단한 식사를 하며 비니차 방향으로 가며 어둠이 몰려왔다. 밤눈이 어둡고 야간운행 경험이 많지 않아 걱정이 들었다. 다행인 것은 남부 지방은 도로 상태는 좋지 않았지만 차량이 줄어 속도를 어느 정도 낼 수 있었다.

흐멜리스키를 지나니 자정이 가까워졌다. 지난밤도 거의 뜬눈으로 새웠고 계속 운전을 하다 보니 한두 시간 눈을 붙이고 가야 할 것 같아 행정원에게 말을 했더니 자기도 마찬가지라며 일반인 중 운전 가능자를 물으니 면허증은 없지만 세 사람이 운전 가능하다고 해 우리 차와 행정원 차의 운전자를 교체했다. 아무 생각 없이 잠자고 싶었다. 꿈속으로 가 이 차량에서 벗어나고 싶었다. 48시간가량 잠을 못 잤는데 잠이 안 오고 강아지도 자다 말고 손을 핥고 있었다. 그러다 잠이 들었다. 정말 행복한 잠이었다. 너희들과도 헤어져야 할 시간이구나! 밤새 달려 2월 26일 먼동이 틀 때 쯤 우리는 체르놉치 근처에 도착했다. 국경도시 체르놉치에 사는 학생에게 개를 맡기기로한 상태였기 때문에 그곳에서 우리는 눈물로 개와 헤어졌다. 이제 국경은 20여km에 있었다. 제법 큰 주유소에 도착하여 간단한 정비와 주유 그리고 빵과 우유를 마시고 화장실 가고 마지막 전투에 참여하는 군인 같은 심정으로 마음 다짐을 했다. 서로서로 이심전심이라고 일행들은 별말이 없었다. 무사히 국경을 넘을 수 있을까? 동유럽 국경은 뭔가 어둡고 무섭고 총을 든 군인들이 우락부락하다. 그리고 무슨 큰 권력자같이 통행자들에게 큰소리한다.

우리는 내비게이션을 보며 체르놉치 외곽 루마니아 국경으로 이동했다. 차량 흐름이 좋았다. 주변은 날씨가 맑고 아름답고 따사한 봄기운이 완연했다. 햇빛은 찬란했다. 기분 좋게 달리다 8~9km 지점에서 자동차 줄 꼬리에 우리 차량 4대가 붙었다. 벌써 사람들은 차량에서 나와 옹기종기 모여 말을 하고 있었다. "3~4일 걸릴거야, 아니야 일주일은 걸릴거야." 서로 수군대고 있었다. 그때 우리의 영웅, 두 행정원이 뭔가 이야기를 하더니 비상한 어조로 운전자들에게 말했다. "비상등을 켜시고 역주행하겠습니다. 운전 조심하시고 저희를 따라주십시오." 외국에서 이렇게 오랜 역주행은 평생 처음이였다. 앞 뒤 차량은 행정원 차, 가운데 일반차량 두대 모두 4대가 2~3km 역주행하여 가는데 경찰차가 반대편에서 왔다. 아이고 맙소사, 전시에 수 킬로미터의 줄을 이탈하여 역주행하다 경찰을 만났으니 겁이 덜컥 났다.

그때 우리의 영웅 전문행정원이 나섰다. "우리는 대한민국 정부의 명을 받고 우리 국민을 안전하게 국경으로 이송 중이다. 교통법규

위반은 우리의 잘못이지만 우리는 우크라이나에 사는 우리 국민을 전쟁에서 벗어나 루마니아로 이동을 책임을 진 사람으로서 임무를 수행 중이다." 경찰이 고개를 끄덕였고 이 말로 우리의 길은 열렸다. 그리고 자랑스러운 대한민국의 스티커를 붙인 4대의 차량은 계속 역주행을 했다.

◀ 탈출 차량으로 막힌 거리 모습. 역주행하며 겨우 루마니아 국경까지 도달할 수 있었다. /사진=우크라이나 현지 김석원

국경 앞까지 왔다. 중간에 컨테이너 차량과 몇 차례 만났으나 오히려 안내자와 경찰의 도움을 받으며 국경 앞까지 왔다. 국경 앞은 아수라장이었다. 차량을 버리고 걸어온 사람, 버스를 타고 온 사람, 일반 차량이 뒤엉켜 어느 줄이, 어느 출구로 나가는지도 몰랐다. 이곳에서만도 우리는 며칠 지셀 수 있는 상황이었다. 우리는 대한민국 스티커를 붙였지만 우리도 어느 출구로 나갈지 모르고 우왕좌왕하고 있었는데, 수 시간 상황을 파악한 우리의 영웅이 제의했다. "저쪽 수백 명 걸어서 나가는 뒤편이 외교관 문입니다. 차량길이 없는데 제가 앞서서 잔디밭으로 천천히 접근할테니 바싹 따라오세요, 우리는 외교관 차량이 아니고 행정차량이라 쫓겨날 수도 있습니다. 그러면 뒤로 가서 기다렸다, 나가겠습니다." 그리고 찻길이 아닌 잔디밭 위로 건너 수백 명 뒤로 접근했다. 사람들이 대한민국 스티커를 보고 조금씩 양보하여 국경 바로 앞에 도착했다. 그때 총을 든 국경수비대원 2명이 1호 차량 앞으로 다가왔다. 우리 행정원이 대사관 근무 증명서를 보이고 사정 이야기를 하자 국경수비대원이 차량 인원을 확인하고 외교관 게이트로 가라고 손짓하며 "라이트 라인, 라이트 라인"이라고 큰 소리로 이야기를 했다. 일단 성공이었다. 수천 명과 수백 대의 피난 차량에 미안함을 뒤로하고 외교관 게이트에 차를 세우니 국경수비대원이 와서 여권과 차량증명서를 확인하고 스탬프를 찍어주었다. 우리는 그나마 수월하게 우크라이나 국경을 떠나 루마니아로 들어갔다. 루마니아에서는 여권만 확인하고 바로 스탬프를 찍어줘 바로 나왔다. 키이우 대사관에서 2월 25일 9시 출발하여 34시간 만인 26일 오후 5시쯤 우리는 루마니아 땅 시레트 국경을 밟았다. 국경 길에 들어서니 길가에 마음 따뜻한 루마니아 사람들이 빵 바나나 음료수 등과 담요를 차에 넣어주었다.

눈물이 왈칵 쏟아졌다. 우리는 살았구나. 그러나 키이우에 남은 사람들은? 왜 우크라이나와 전쟁을 하는 것인가?

26. 푸틴, 이제 우크라이나를 어찌할 것인가

우크라이나 키이우에서 2월 24일 심한 포격 소리를 들을 때 까지만 해도 필자는 설마 전쟁이 날까 하는 의구심을 가지고 있었다.

25일 점차 포격 소리가 가까워 오고 푸틴의 특별군사작전명령을 들으면서 절망했다. 쉽게 얘기해서 전쟁포고였다. 우리는 키이우를 탈출했다. 30시간 넘는 운전을 하여 루마니아 국경 시레트를 넘어 숙소에 도착해 잠을 잤는데 손이 떨리고 잠이 안와 밤새도록 탈출기를 써서 인천일보에 보냈다. 그 후 부카레스트를 경유하여 우리나라에 무사히 도착하여 안도의 숨을 쉬며 우크라이나의 창을 다시 두드린다. 처음에는 목숨 구한 것을 감사하며 지냈는데 이제 푸틴을 향해 우크라이나를 위해 싸우고자 한다.

푸틴, 당신은 왜 우크라이나를 공격하는가?

지난 2주간 인터넷 발달로 우크라이나 전역의 비극적 상황이 전세계에 전달되었다. 우리가 가끔 다녔던 이르펜의 다리는 부서졌고 어머니와 아이가 러시아군의 포격으로 죽었다. 우리 친구가 살던 부차는 완전히 초토화되어 그들의 부서진 아파트를 보고 우리는 울부짖었다. 왜?

푸틴 당신은 왜 우크라이나를 공격하는가?

당신들이 점령했다는 헤르손에서 할머니가 러시아병사에게, 왜 총질을 해서 여러 사람을 살상하느냐는 외침을 들었는가? 러시아 군사를 반길 것이라는 마리우폴에서 전 시민이 모여 행하는 반러시아 시위를 보았는가?

푸틴 당신은 왜 우크라이나를 공격하는가?

수 천의 민간인을 학살하고 학교 병원 유치원 아파트 관공서를 포격하고 비인도적인 전쟁을 수행하려고 로켓과 탱크와 대포를 쏘는 것인가?

푸틴 당신은 왜 우크라이나를 공격하는가?

수백만의 여성과 아이들과 노인들이 피난민이 되어 폴란드로 루마니아로 헝가리로 정처없이 떠나는 것을 보는가?

러시아군의 우크라이나 공격에는 이유가 불확실하다. 우크라이나가 나토에 가입할 것이라고, 나토의 동진을 막아야 된다는 이유는 자기 오판이다. 우크라이나가 나토에 가입하려면 10년도 넘는 시간이 필요하고 필요 충분 조건이 아직도 완전하지 않다.

우크라이나는 미국의 식민지이고 러시아를 공격하려는 많은 군사시설이 있다는 것은 20년 이상 러시아를 통치한 독재자의 자기 의심이다. 2차 세계대전 전 히틀러와 같은 생각이다.

푸틴, 이 자는 지금 정상적인 정신 상태가 아니다. 전쟁을 시작하며 그가 하는 연설을 50여분 들으며 필자는 소름이 돋았다. 그의 눈동자는 초점을 잃었고, 손둘 곳을 모르며, 거의 횡설수설에 가까운 연설이였다. 고대부터 지금까지 하나의 민족이며 형제 국가라는 곳에, 민가 지역에 집중적인 포격을 한단말인가? 작년 7월 푸틴이 발표했다는 "러사아인과 우크라이나인의 역사적 통합에 관하여"라는 논문은 어용학자가 푸틴의 뜻을 써서 퍼트린 가짜 논문이다. 논문에서 러시아인과 우크라이나인은 역사적으로 전통적으로 한 민족임을 강조하고 고대부터 현대까지의 역사를 설명하며 현 우크라이나 정권을 신나치 정권이라고 규정한다.

필자는 반대로 현러시아 정권이 나치 정권과 비슷한 전제 정권이라 생각한다. 푸틴을 견제하거나 조정할 수 있는 사람이나 정당, 언론이 없다. 푸틴의 명령에 따라 모든 것이 결정된다. 푸틴의 과도한 권력욕은 러시아를 파멸로 이끌 것이다.

위 논문의 논리같이 이 전쟁은 푸틴이 현 우크라이나 신나치 정권을 타도하고 친러정권을 세워야 한다는 독재자의 논리이다. 20세기의 사고를 하는 21세기 차르(왕)이다.

푸틴은 신소련 구상을 하는 듯하다. 중앙아시아 5개국은 거의 러시아 아래 있고, 벨라루스 루카셴코는 충성을 다하고, 우크라이나만 푸틴 손아귀에 들어온다면 옛소련의 영광도 머지 않았다는 환상에 젖어 있다.

이제 미국과 유럽의 지원을 받은 우크라이나군의 공격과 서방의 고강도 제재와 압박은 푸틴을 더욱더 궁지에 몰 것이다. 곧 시간이 지나면 러시아 군사들은 패잔병이 되어 우크라이나를 떠날 것이며 푸틴은 독재자의 자리에서 물러설 날도 머지 않았다.

27. 우크라이나여 드니프르강이여

"우크라이나여 드니프르강이여"는 1998년 키이우대학교에서 학위를 마치고 귀국하여 처음 필자가 우크라이나의 민족시인 쉐브첸코의 시집을 번역하고 붙인 책 제목이다. 원래 제목은 우크라이나의 전통악기 코부자(Kobza)를 연주하는 사람이라는 뜻의 코부자르(Kobzar)였는데 한국에서 이해하기 어려울 것 같아, 아 우크라이나여 드네프르강이여! 라고 붙였다.

요즘 아침, 저녁으로 우크라이나와 드네프르강을 애통해 하고 있다. 30년 넘게 살던 키이우에서 집도 학교도 학생도 친구도 개도 자동차도 모두 두고 나와서 살다 보니 답답하고 어리벙벙 하고 멍 할 때가 한두 번이 아니다.

지금까지 이렇게 세계 언론에 우크라이나가 조명되기는 처음이다. 1986년 체르노빌 원전 사고가 났을 때 유럽 중심으로 우크라이나가 언론에 많이 나왔었다. 이제는 인터넷의 발달로 우크라이나에서 벌어지는 일이 거의 실시간으로 전 세계에 전달되고 있다. 러시아군의 포격 받은 학교, 쇼핑몰, 병원, 거리를 볼 때마다 아 저기다, 우리가 갔던 곳, 우리가 무심히 지나치던 길, 우리가 물건 사던 가게가 미사일이나 포탄에 무너지고 사람이 죽어가고 있다.

지난 2월 24일 러시아의 침공으로 전쟁이 시작되어 한 달이 넘고 있다. 러시아군의 사기는 떨어졌고 자신의 조국을 지키려는 우크라이나 국민의 항쟁은 처절하다. 지난 한 달 간 온종일 국내외 뉴스를 보며 지냈다. 우리나라 방송뿐만 아니라 우크라이나 방송은 물론이고 러시아 방송까지 보고 듣고 있다. 전 국민이 똘똘 뭉쳐 결사 항전하는 모습을 보며 눈물을 흘리고, 18~60세의 남성은 입대를 했고, 필자가 아는 67세 형님도 지역방위대에 입대하여 총 든 모습을 보내왔다. 심지어 여성들도 총을 들었고 많은 아주머니들은 군인들 식사를 위해 모였다. 그들의 살아있는 눈동자를 보며, 그들의 결기를 보며 이 전쟁은 우크라이나가 질 수 없는 전쟁이라는 것을 느낀다.

그런데 러시아 방송을 보면 전혀 다른 정치 선전을 본다. (propaganda) 러시아 언론을 보면, 전 세계가 보고 듣는 침략 전쟁을 러시아 정부의 정의로운 전쟁으로 보고 있다. 일부 반전쟁 시위를 봤지만, 초기에 진압되었고 대다수 러시아 국민은 정의로운 러시아 군대가 우크라이나에 진입하여 우크라이나 국민을 괴롭히고 러시아를 위협하는 신나치 정권을 제거하려는 신성한 전쟁을 하고 있으며, 러시아 군대는 절대로 민간을 살상하지 않으며 신나치 정권의 주요 군사 시설과 전략시설을 폭파하고 있다고 철저히 믿고 있다.

푸틴의 행태는 전 세계 독재자들의 전매특허 같은 지도자의 우상화, 언론의 통제, 반대자에 대한 억압 통치의 전형적인 모습이다. 이 전쟁은 푸틴의 잘못된 생각에서 시작되었다. 우크라이나는 큰 피해를 입었고 폐허가 된 도시도 있지만 나는 믿는다. 전후(戰後) 우크라이나는 부정부패를 일소하고 국민이 단합하여 독일이나 일본이 전후에 경제 부흥을 한 것 같이 일어설 것이다.

60만km²의 영토와 4,000만이 넘는 인구, 높은 교육열과 흑토지대의 대평원, 많은 지하자원이 있는 우크라이나가 유럽의 빈국에서 벗어나 세계사를 이끌 위대한 나라가 될 것을 믿는다. 지금은 전쟁의 어려움 속에서 난민이 넘쳐나고 군인이 살상당하고 전쟁의 포화 속에 있지만 1950년 한국전쟁 후 대한민국이 경제 대국이 되고 정보통신을 선도하는 나라가 되리라고 누가 믿었겠는가? 조용히 우크라이나의 국가를 불러본다.

우크라이나의 영광과 자유는 죽지 않으리.
형제들이여, 운명은 그대들에게 미소짓고 있도다.
우리의 적들은 태양 아래 이슬처럼 사라지리니,
우리는 우리의 땅에서 자유롭게 살리라.
자유를 위하여 우리의 몸과 영혼을 바치리,
우리는 코작의 후손임을 보여주리라.

28. 우크라이나 부활절을 그리며

1000년 고도(古都) 키이우는 유럽의 아름다운 도시 중 하나이다. 도시 전체가 공원 같다. 인구 300만의 우크라이나 수도 키이우에는 동서로 생명이 넘치는 드니프르 강이 흐르고 도시 주변은 온통 평지이고 벌판이다. 여름에는 드니프르 강변에 수많은 사람이 여기저기 우크라이나 불고기 샤슬릭을 굽고 수영을 한다. 우리나라 광화문 같은 흐레샤칙 거리를 걸으면 옛 도시로 여행하는 느낌을 받는다. 흐레샤칙에서 멀지 않은 곳에 유네스코 세계문화유산으로 등재된 10~11세기에 세워진 소피아 대성당이 있고 블라지미르 언덕을 따라 걷다 보면 역시 세계문화유산인 뻬체르스카 수도원, 일명 동굴사원이 나타난다. 필자가 근무하는 1830년대 건축한 키이우국립대학은 건물이 온통 빨간색으로 일명 빨간대학이라고 부르는데 역시 관광명소이다. 키이우 교외로 30~40분만 나가면 아직도 마차가 다니는 평화로운 마을이 여기저기 펼쳐져 있다. 마을마다 웃기 좋아하고, 사람 좋아하고, 술 좋아하는 사람들이 오라고 손짓하는 환상에 젖는다. 집집이 저장고에는 사마곤이라는 집에서 만든 독주와 포도주가 있다. 땅이 좋다 보니 과일나무가 많고 봄부터 가을까지 푸성귀나 야채, 과일이 풍요롭다. 봄부터 체리, 복분자, 앵두, 딸기, 토마토, 오이, 양배추, 감자, 가지, 양파, 수박, 복숭아, 참외, 사과, 배 등이 풍부하여 싼 가격에 제철 야채와 과일을 충분히 먹는다. 수박을 좋아하는 아들은 여름내 10kg에 우리 돈 1,500원 정도 하는 수박을 달고 살았다. 지방을 가다 보면 수km 해바라기 밭이 펼쳐지고 유채꽃은 인간을 황홀하게 만든다. 이 그림 같은 풍경은 세계 여러 나라 사람들에게 식용유를 제공한다.

러시아 침공 후 드니프르 강은 침묵의 피가 흐르고 흐레샤칙 거리는 요새가 되었다. 소피아 대성당과 뻬체르스카 수도원을 지키는 방위군은 주변에 모래주머니를 쌓고 날카로운 요철을 깔아 놓고 삼엄한 경계와 전투태세를 갖추고 있다. 아름다운 공원은 병영이 되었으며 빨간 대학의 선생과 학생들은 총을 들었다. 우리 식구가 한 달에 한두 번 가서 쉬고 물을 떠 마시던 이르핀 근처 약수터는 죽음의 그림자가 드리운 폐허가 되었으며 그 옆 부차는 대학살의 무덤이 되었다. 인간이 얼마나 더 잔인해질 수 있는 것일까? 아녀자를 강간 살인하고 약탈하고 거리의 시민을 쏴 죽이는 이 살아있는 악마들아, 신나치를 소탕한다는 너희들의 수괴 푸틴이야말로 히틀러와 다른 것이 무엇이더냐? 국민투표로 선출된 우크라이나 대통령을 축출하려는 너야말로 영구히 집권하려는 세기의 독재자가 아니더냐?

4월 24일은 우크라이나 부활절이다. 예전 부활절은 많은 사람이 고향을 찾는 날이다. 우리나라 추석이나 설날같이 우크라이나 사람들은 부활절과 1월 14일 우크라이나 새해에 고향을 찾는다. 부활절에는 아는 사람이든 모르는 사람이든 만나는 사람마다, "예수님께서 부활하셨습니다" 인사를 하면 "진정으로 부활하셨습니다" 하고 답례를 한다. 그리고 삐산카라고 달걀에 온갖 그림을 그리고 문양을 새겨 선물하고 부활절 빵을 나눈다. 아무 잘못 없는 예수님께서 고난과 박해 속에서 돌아가시고 부활하신 의미는 무엇일까? 엄마 죽음 옆에서 우는 아이, 다리 잘린 할머니, 포탄 잔해 속에 죽어가는 임산부, 신체가 잘리고 손상된 시신들, 한 조각 빵을 구걸하는 범인(凡人)들, 수많은 피난민, 포탄 맞은 병원 환자들, 기차역에서 아무 이유 없이 미사일에 죽은 사람들… 이들도 부활할 수 있을까? 하나님은 이 비극을 알고 계실까?

29. 푸틴에게

당신을 대통령이라고 부르고 싶지 않습니다. 보통 나이 많은 사람에게 글을 쓸 때는 이름, 부칭(父稱), 성을 모두 써야 하지만 나는 단지 당신의 성을 씁니다(필자 주 : 푸틴은 성이며 그의 이름은 블라디미르이고 그의 아버지 이름도 블라디미르이다. 그의 정식 이름은 블라디미르 블라디미로비치(부칭) 푸틴(Vladimir Vladimirovich Putin)이다).

당신도 어려서는 보바나 발로자로 불렸겠지요(블라디미르의 약칭). 당신이 젊은 날부터 우크라이나를 좋아하여 카르파티아 산을 오르고 우크라이나 아가씨를 사랑했었다는 이야기를 오래전에 읽은 기억이 납니다. 그리고 대통령이 되어서도 마이단 혁명이 일어나기 전 2014년까지 가장 빈번하게 방문했던 곳이 우크라이나였지요, 우크라이나 두 번째 쿠츠마 대통령과는 호형호제 하던 때가 있었지요. 정치에 관심 없는 나는 당신을 그저 평범한 대통령이라고 생각했습니다. 그런데 대통령 2번 하고 3선에 막혀 당신 부하 메드베데프를 대통령에 앉히고, 총리 할 때부터 권력욕에 눈 먼 독재자라고 여겼고 얼마 전 러시아 헌법을 고쳐 연임 규정을 없애고 임기를 6년으로 늘렸을 때부터 당신은 러시아의 차르를 꿈꾼다고 생각했습니다. 2000년부터 지금까지 집권하고 있으니 22년째입니다. 당신 계획대로라면 당신이 84세가 되는 2036년까지는 집권이 가능하니 두고 봅시다. 올해는 특별군사작전을 시행한 해로 역사에 오래 기억될 것입니다. 선전포고가 아니라 특별군사작전으로 의사, 변호사, 선생님, 공무원, 사업가 등등 여러 사람이 난민이 되었고 수백만의 우크라이나 사람들이 피난을 떠났으며 군사작전이 아니라 학교, 병원, 아파트, 상가를 포격하여 수많은 민간인이 죽었으며 러시아군이 잠시 머물던 부차나 보로단카 지역에서는 민간인 집단학살의 증거들이 나오고 있습니다. 이제 우크라이나 사람들은 당신을 증오하고 죽기만을 바라고 있습니다.

당신은 거짓말도 잘 하더군요, 우크라이나 남, 동, 북에 10만 이상의 군대를 세워놓고 절대 우크라이나 공격은 없다고, 철수하는 시늉까지 해서 나는 2월 24일 새벽까지도 설마설마 했습니다. 당신은 우크라이나의 신나치 정권을 없애고 비무장화 한다고 했는데 이건 언어도단입니다. 2014년 이후 러시아 친구들은 키이우가 안전하냐고 위험하지 않냐고 물어왔습니다. 이미 그때부터 당신은 러시아 사람들 뇌리에 우크라이나 집권자는 신나치 정권이라는 것을 주입해 왔고 러시아인들은 그런 정치선전을 믿었습니다. 우크라이나에 신나치는 없습니다. 제가 증인입니다. 국민투표로 대통령을 선출했고 국회의원을 뽑습니다. 나토나 EU에 가입하는 것은 우크라이나 국가의 정책이지 당신이 간섭할 일이 아닙니다. 장황하게 역사를 설명하며 우크라이나와 러시아가 한 뿌리이고 같은 역사적, 민족적 배경을 가지고 있다는 당신의 주장은 거짓입니다. 그런 사람들에게 무자비한 포격과 살상을 행하는 당신이야말로 전쟁 미치광이입니다. 특별군사작전에서 루간스크 도네츠크 인민공화국을 승인하고 핍박 받는 그곳 러시아인을 보호한다는 것도 거짓입니다.

당신은 러시아의 안보를 위해 우크라이나를 손아귀에 넣으려는 것입니다. 2014년 루간스크 도네츠크 두 수장이 독립을 선언했을 때 당신은 그들을 도와 전쟁을 일으켜 1만4000명 이상의 젊은이들이 죽었지만, 그곳에 러시아군은 한 명도 없으며 러시아 도움도 없다고 거짓말을 했습니다. 2월 24일 전쟁이 시작되어 거의 2달이 지났습니다. 아직도 우크라이나 전역에는 폭격과 공습이 계속되고 있습니다. 제발 우크라이나에서 철군하십시오. 더 이상 우크라이나 사람들을 괴롭히지 마세요. 당신은 이유가 모호한 전쟁을 하고 있습니다. 전쟁이 끝나면 당신의 운명도 끝이라고 생각합니다.

푸틴, 당신은 전쟁 범죄자이고 집단 학살의 주범이며 살인마입니다. 당신은 히틀러같이 곧 자살을 하든, 권좌에서 물러나 전쟁범죄 법정에 서게 될 것입니다. 당신에게 자비는 없습니다.

30. 우크라이나의 봄

3월 8일 여성의 날에는 길고 긴 겨울을 참지 못하고 여성들이 온갖 옷맵시를 뽐내며 거리로 나온다. 훈장같이 한 아름 꽃을 안은 인구의 절반은 받아서 기쁘고 인구의 절반은 주어서 기쁜 날이다. 아이도 젊은이도 중년도 노인도 예외가 없다. 한국에서는 여성의 날도 몰랐고, 꽃 한 송이 산 적이 없었지만, 우크라이나에 살며 여성의 날에는 여러 송이 꽃을 샀다.

여성의 날은 봄의 시작이라지만 아무래도 춥다. 올 여성의 날은 한국으로 피난 나와 꽃 한 송이 못 샀다. 여성의 날은 어찌 되었는지... 4월 말 부활절이 끝나고 활짝 기지개를 켜는 대지는 온갖 풀이 돋아나고 가지마다 물이 올라 망울을 이룬다. 지인들은 자작나무 물 마시러 가자 하고, 과일나무에는 꽃봉오리가 뜨거운 태양을 맞아 튼실한 결실을 약속한다. 변두리만 나가도 온통 체리나무, 앵두나무와 과실나무 꽃이 열려 집집이 하얀 꽃으로 뒤덮인다. 키이우에도 아파트와 아파트 사이가 넓어 여기저기 목련이 흐드러지게 피고 곧 라일락 향기가 아파트를 휘감고 연이어 아카시아꽃이 피어 벌들이 앵앵대면 여름을 준비해야 한다.

구사회주의권의 가장 큰 휴일인 5월 1일 노동절부터 9일 대독 승전 기념일까지 열흘은 중간 방학이다. 직장인들도 휴가이다. 학생이나 선생님들, 직장인들은 고향 집이나 근교 텃밭에 나가 오이, 감자, 토마토, 양배추, 당근, 옥수수, 양파 등을 심어야 한다.

시골마다 집집이 샤슬릭을 굽고 술이 흔하고 가게마다 맥주가 불티난다. 우크라이나 형님 집에 가서 며칠 농사일 돕고 술에 절어서 지내다 보면 무릉도원이 따로 없다. 아침부터 반주 한 잔하고, 들에 나가 점심 먹으며 한 잔하고, 중간에 맥주 몇 잔 마시고 저녁에는 늦게까지 만찬이다.

"형님, 우리 한국 사람도 징하게 마시지만 내 보기에 우크라이나 사람도 만만치 않소" 하면 동네 사람이 모두 웃으며 더 권한다. 25년 전 이 동네에 처음 왔을 때 동양인 처음 본다고 얼굴을 만지던 사람들이다.

9일 2차세계대전 승전기념일에는 흐레샤칙에서 군사 퍼레이드가 벌어지고 참전용사나 가족들은 치렁치렁 훈장을 달고 거리를 활보하고 아이들이나 여인들은 아이스크림을 먹고 크바스를 마시는 호사를 누린다. 올해는 군사 퍼레이드도 없었고 썰렁한 키이우 거리 거리에는 봄의 긴장이 완연했으리...

올봄 농사는 어찌 되었을까? 밭이라도 갈았는지? 옷맵시 좋고 차려입기 좋아하는 예쁜 여자애들은 3월 8일 여성의 날 무엇을 했을까? 맘씨 좋던 동네 노인들은 어찌 되었을까?

지역방위군에 가신 형님을 대신해 형수님이 마당 한쪽에 조그맣게 작물을 심었으리라, 여자애들은 방공호에 몸을 숨기고 공포에 떨며 폭격 소리 들으며 장미 한 송이 꿈꾸었으리, 거동 불편한 노인들은 힘들게 숨을 몰아쉬며 돌아가셨을지도 모르리... 이 화창한 봄날에.

봄이라지만 3, 4월은 아무래도 쌀쌀하고 5월이 제맛이다. 5월 마지막 주 일요일은 키이우 전체가 축제인 키이우 날이다. 키이우 시 나무인 밤나무꽃이 활짝 피고 많은 인파가 시내로 몰려나오고 동네마다 가게 주변에는 맥주나 포도주를 사고 마시는 인파가 넘친다. 올 키이우 날은 5월 29일이다. 올해 키이우 날 축제에도 모든 근심 걱정 잊고 드니프로 강변을 걸었으면 한다.

31. 데니스를 추모하며

오래전 대학에서 군사부일체(君師父一體)를 이야기하자 우크라이나 학생들의 이해가 어려웠다. 조선시대 칠거지악(七去之惡)을 설명하자 여학생들이 야유를 했다. 그때 키가 크고 호리호리한 학생이 우리나라에도 그런 게 있으면 좋겠다고 농담했다.

평범하고 총기가 있는 학생이었다. 선생을 오래하면 학생들 마음을 읽는 독심술이 생기는데 그 학생은 외국어 학습에 남달리 재능이 있었고 영어도 수준급으로 잘했다. 처음 서울대 교환학생 선발시험에서 우수한 성적으로 선발되어 한 학기 수업을 했고 후에 외대에도 한 번 더 가서 공부하고 돌아왔다.

그리고 석사를 마치고 시간 강의를 주고 박사과정 입학을 권했는데 그때 마침 요즘 전쟁이 한창인 돈바스 지역에서 2014년 분리주의자들이 루간스크와 도네츠크 인민공화국이라고 독립을 선언하여 우크라이나 정부는 이를 진압하는 과정에서 러시아 지원을 받는 친러반군과 전투를 벌였다.

데니스(Denys Antipov)는 자원하여 전선으로 나갔다. 대학 3, 4학년에서 군사교육을 받으면 군징집이 면제되고 중위로 제대하는 제도가 있는데 데니스는 제대군인이지만 돈바스로 가서 2년간 공수부대 장교로 참전하고 돌아왔다.

컴퓨터를 좋아하고 손재주가 있는 데니스는 공수부대에서 드론 운용 장교로 군무했다고 자랑했다. 전선에서 돌아와서도 일주일에 한 두 번 대학 한국어과에서 강의를 하며 자신의 사업을 시작했다. 작은 악세사리를 만들고 인터넷으로 판매도 하고 가끔 대학으로 가지고 와 선물도 했다. 평범하고 희망찬 하루하루였다.

2022년 2월 24일 그의 운명이 다시 한 번 바뀌었다. 우리는 새벽 포소리에 놀라 우크라이나 탈출을 생각하게 되었고 다음 날 루마니아로 피난을 했는데 그때 데니스는 주섬주섬 군복을 입고 군 자원 지원소로 향했다.

얼마 후 교수 단톡방에 "교수님, 저 나라를 지키기 위해 입대하여 전선으로 나갑니다"라는 톡이 왔다. 우리도 정신이 없던 터라 답도 못하고 2주일쯤 지났는데 "교수님, 부상당해 군병원에 입원했습니다."라는 톡과 함께 화상당한 얼굴 사진을 단체톡에 올렸다. 그제야 "데니스 건강하고 전쟁 끝나면 무사히 돌아오기 바란다"라는 짧은 답신을 했다. 그는 하루라도 빨리 회복되어 전선으로 나가고 싶다고 했다.

2022년 5월 14일 무심히 선생 단체톡을 보고 나는 눈물을 흘리며 통곡했다. 선생님 중 한 사람이 "데니스가 전사했습니다. 마음이 너무 아픕니다"라고 썼다. 그럴 리가 없다. 우리 데니스가 죽었을 리가 없다. 나는 넋이 나가 정신이 없었다.

33살 한창 젊은 나이의 데니스는 돈바사 지역 이쥼 근처 전투에서 사망한 것이다. 우크라이나 신문을 검색하니 이미 몇 신문에서 기사를 썼고, 대학 사이트에도 그의 전사 사실이 올라왔다. 5월 18일에 키이우 국립묘지에서 장례식이 있었지만 몸이 멀리 있어 못 갔고, 그는 다시 볼 수 없는 먼 곳으로 떠났으니 이 전쟁이 한스러울 뿐이다.

데니스뿐만 아니다. 누군가의 아버지이고 자식이고 조카이고 손자인 수많은 우크라이나 병사와 러시아 병사가 전쟁 통에 죽어가고 있다. 이 미친 전쟁은 당장 멈추어야 한다.

하늘의 별이 되어 우크라이나의 수호신이 된 데니스야, 부디 전쟁 없는 곳에서 편히 쉬거라, 너는 나의 자랑스러운 학생이고 나는 너의 못난 선생이구나.

"교수님 러시아 놈들이 쳐들어왔어요, 우리 땅과 우리 국민 우리 가족을 지켜야 합니다. 저는 우크라이나를 위해 죽을 각오가 되어 있어요, 나라를 위해 죽는다면 그것은 영광입니다." 그의 목소리가 들리는 듯하다.

32. 전쟁 100여 일을 뒤돌아보며

우크라이나와 러시아의 전쟁은 상황은 좀 다르지만 지난 100여 일의 전쟁을 돌아보면 이 말이 자꾸 떠오른다. 싸우지 않고 굴복시키는 것이 최선이다(不戰而屈人之兵, 善之善者也). 푸틴은 왜 전쟁 없이 문제를 해결하지 않고 기필코 전쟁을 시작했나? 우크라이나 젤렌스키 대통령은 왜 전쟁을 막지 못했나?

미국과 유럽의 정보기관은 2월 초부터 계속 전쟁을 경고하며 대사관을 철수시키고 자국민의 철수를 권장했다. 우리나라도 2월 12일 우크라이나에 대해 여행 경보 4단계 여행금지를 발령하고 교민 긴급 철수를 시작하였다. 개인적으로 필자는 그때 코로나에 확진되어 오도 가도 못하는 상황이었다. 그러다 20일쯤 음성 확인 후 2월 24일 전쟁이 난 다음 날 25일 루마니아로 탈출했다.

푸틴은 벨라루스와 연합훈련 하던 병사들의 귀대를 선전하며 위장 전술을 쓰고 있었고 우크라이나 남, 동, 북에 10만 이상의 군대를 두고 있어 전쟁의 징후가 뚜렷했다. 베이징에서는 2월 4일부터 20일까지 동계올림픽이 있었다. 푸틴은 동계올림픽 개막식에 참석했고 젤렌스키는 미국과 서방 언론에 전쟁론을 확산시키지 말라고 얘기했다. 바이든은 2월 17일 전쟁이 난다고 확정적으로 이야기했다. 그때까지도 키이우는 모든 것이 정상적으로 돌아갔다. 물건 사재기도 없었고 외국으로 피난 가는 사람도 없었고 대학에서는 온라인 수업이 계속되고 있었다. 전쟁 이야기는 금기어같이 되었으며 설마 하는 마음이 가득했다.

2월 24일 새벽 멀리서 포 소리가 들리기 시작했다. 개도 심하게 짖었다. 커튼을 살짝 올리고 밖을 보니 맞은편 아파트 지하 주차장으로 사람들이 삼삼오오 모이기 시작했다. 우리 동네 방공호였다. 날이 밝아 가게에 가니 물건이 거의 없었다. 은행과 자동인출기마다 줄이 길었다. 차량은 서쪽 르비브 방향으로 길게 밀리고 있었다. 마음이 초조해지고 우크라이나 정보기관이나 외교부 당국자는 무엇을 했는지 원망이 들기 시작했다. 정보기관은 쉬쉬할 것이 아니라 전쟁의 위험을 전파하고 전쟁에 대비했어야 했다. 외교부 당국자들은 무릎을 꿇던, 애걸하던 전쟁을 막는 데 최선을 다 했어야 했다. 실질적으로 군사력에서 약세이면서 허세를 부리고 러시아와는 상대하지 않겠다고 배짱을 부리고 있었다.

개전 초 러시아군의 기세는 대단했다. 남부지방에서 크림반도와 연결되는 헤르손을 손쉽게 점령했고 동부지역은 분리주의자들과 연합하여 루한스크와 도네츠크 지역을 공격했다. 가장 큰 변수는 러시아 침략군들이 수도 키이우를 점령할 수 있을 것인가였다. 수도 키이우가 함락되었다면 전쟁은 끝났을 것이다. 전 국민이 단합하여 싸웠고, 우크라이나 군이 수도 키이우를 사수하고 침략군을 몰아내는 쾌거를 이루었다. 3월 말부터 러시아 주력군이 키이우 근처에서 철수하여 동부로 이동하며 현 전선이 형성되었으며 전쟁은 지지부진하게 진행되고 있다. 이 지역에서는 이미 2014년부터 친러반군들이 전쟁을 일으켜 지금까지 1만4000명 이상의 전사자가 나왔으며 이번 전투로 전선이 확대되었다.

5월 20일에는 마리우폴 제철소에서 처절하게 항쟁하던 우크라이나 병사들이 항복하면서 우크라이나는 크림반도부터 동부지역까지 10만km²이상의 영토를 빼앗겼다.

전쟁은 일반인의 삶을 완전이 바꾸어 놓는다. 수백만의 피난민이 아직도 유럽의 여러 나라를 떠돌고 있으며 군사지역 뿐만 아니라 학교 병원 상가 민가 등이 무차별 공격당하고 있다. 전쟁 없이 굴복시키는 것이 최선이다. 이 말이 머리를 떠나지 않는다.

33. 유럽의 부랑자가 된 우크라이나 난민

아직도 우크라이나는 전쟁 중이지만 대학의 6월은 시험 기간이다. 2월 24일 전쟁 이후 3월 한 달은 휴교령이 내려져 수업이 없었고 4, 5월은 줌(ZOOM)을 통해서 전시 온라인 수업을 진행했는데 우크라이나에 거주하는 학생이 많았지만 폴란드 헝가리 루마니아 등 인접국뿐만 아니라 핀란드 스페인 독일 프랑스 등 유럽 각국으로 피난간 학생들이 수업에 들어왔다. 수업 중간중간 시와 소설을 읽으며 학생들과 함께 울기도 했고 학생들에게 웃음을 주고 싶어 농담도 했고, 다치지 말고 다음 학기에는 대학에서 만나자고 약속을 하고 종강을 했다.

우리 학생뿐만 아니라 많은 우크라이나 국민이 유럽의 부랑자가 되어 유럽 전역을 떠돌고 있다. 전쟁을 피해 우크라이나 국내 남 서부 지역으로 피나간 사람들이 약 800만, 외국으로 떠난 사람들이 700만 정도 된다니 우크라이나 전체 인구 4200만 중 35% 이상의 사람들이 자기 집이나 고향을 떠나 피난 생활을 하는 것이다. 전쟁을 피해 키이우에 집을 두고 떠나온 필자도 난민이다.

2월 24일 전쟁이 시작되며 모든 공항이 폐쇄되어 기차나 버스를 타고 나갔고 자가용 차를 이용하거나 도보로 외국으로 나간 사람도 많다. 18세부터 60세까지 남성들은 징집대상이라 외국으로 나갈 수가 없어 피난민은 여자와 아이들 그리고 나이 드신 노인이 대부분이었다. 우크라이나 인접국이 난민들에게 호의적이었고 이전에 소련의 핍박을 받았던 나라들이 난민에게 많은 혜택을 주었다. 발트3국(에스토니아, 라트비아, 리투아니아)은 우크라이나 난민을 많이 지원할

뿐만 아니라 군사 무기도 적극 지원하고 있다. 내심 우크라이나 다음은 인접국이라는 생각을 하는 것 같다.

특히 이웃 폴란드에는 300만 이상의 난민이 들어갔는데 폴란드 대통령은 관저를 내주며 "이들은 난민이 아니고 이웃이다"라고 이야기해 감동을 주었다. 유럽 여러 나라는 나라 마다 차이는 있지만 난민으로 등록된 사람들에게 보통 1인당 하루 10유로(1만3500원)의 주거비와 4유로(5500원)의 식사비를 지원하고 있다. 나라 마다 난민 지원사항은 다르지만 어린이나 대학생의 교육, 숙소, 직업 등을 제공하고 있으며 까다로운 거주지 등록을 완화하여 편의를 제공하고 있다.

유럽 전역에는 30개국 이상 나라에서 우크라이나 난민을 수용하고 있어 유럽의 웬만한 도시에는 우크라이나 난민들이 있으며 파란, 노란 색의 우크라이나 국기를 들고 다니거나 우크라이나 차량을 표시하는 UA 번호판 차량이 보인다.

이제 전선이 동부 돈바사 지역으로 옮기며 소강상태에 접어들자 고향을 떠났던 사람들이 서서히 집으로 돌아가고 있다.

연일 폴란드에서 우크라이나로 가는 기차는 만원이고 루마니아와 헝가리 슬로바키아 쪽에서 자동차나 버스로 돌아가는 사람들이 줄을 잇고 있다. 집보다 편하고 좋은 곳이 어디 있으랴. 한편으로는 전쟁이라는 정치적 지각 변동 속에서 우크라이나에서 나오기 힘든 서유럽에 정착하려는 일부 몰지각한 사람들도 있어 눈살을 찌푸리게 한다.

현재 러시아가 점령하고 있는 헤르손 지방과 포격을 받고 있는 미콜라이브 지방에는 2000여 명의 고려인이 거주하는 곳이다. 헤르손은 땅이 비옥하여 고려인들은 수박 농사를 많이 짓는데 우크라이나 전역에서 헤르손 수박은 명품 수박의 상징이다. 어려운 상황에서 약 400여명의 고려인이 외부의 지원으로 한국땅에 도착하여 광주와 안산의 고려인 마을에 정착했다는 보도를 접하며 안도의 숨을 쉬지만 현지에 남아 있는 사람들이 더 많아 마음이 무겁다.

34. 귀향(歸鄕)

"그대 다시는 고향에 못 가리"라는 작품 제목이 뇌리에 선명하게 남아 있다. 해금 전 고등학교 때 정지용 시인을 '정XX'이라 쓰시고 비밀시를 말씀하시듯 고향의 시를 암송하시던 고등학교 은사님의 고향은 이북이셨다. "장난삼아 어머니를 업고 너무 가벼워 참을 수 없는 눈물에 세 걸음을 옮기지 못하네"라고 쓴 일본 시인도 생각난다. 고향과 어머니는 마음속 깊이 감추어져 있다.

고향이나 다름없는 키이우를 갈 수 있을까? 전쟁 중 여행 금지구역이라 갈 수가 없었는데 얼마 전 우크라이나 한국대사관 사이트에 예외적 여권 사용 신청 안내 공고가 올라왔다. 외교부에서 심사 허락하면 4주간 방문할 수 있다는 공고였다. 신청하고는 가슴이 설레고 쿵쾅대기 시작했다. 동부 지역 전쟁은 소강상태라지만 아직 전시 중인데 갈 수 있을까? 우리가 살던 아파트는 제대로 잘 있을까? 주변이 포격 당하지는 않았는지? 4개월 넘게 집을 비웠으니 걱정이 많이 되었다.

제2의 고향 키이우에서 애들이 어려서 이맘때면 우리 가족은 간단한 점심을 싸서 드니프르강으로 자주 갔다. 한나절 수영하고 산책하다 보면 며칠 만에 얼굴이 새까맣게 탔다. 방학 중에는 푸티브카(putivka)라고 대학에서 여행권을 주어 크림반도의 시골 마을 대학 휴양소에서 3주간 지내다 왔다. 하루 세 끼 식사를 제공해 주고 TV 라디오 인터넷 이런 것이 없다 보니 독서와 수영 외에는 할 일이 없었다. 흑해 바닷가에는 100여 명의 사람들이 그 넓은 바다에서 지치도록 수영했다.

고향은 어머니의 품이다. 나이가 들어 우리는 어머니의 품을 떠나고 객지에서 타향에서 여행지에서 술을 마시며 몽상에 들고 딴짓 하다 가도 불현듯 어머니가 그리워 엉엉 소리 내어 울 때가 있다. 어머니는 고향의 품이다. 우리가 성인이 되어 외국에서 타향에서 혹은 감옥에서 어머니가 그리워 엉엉 소리 내어 울고 싶을 때 어머니는 이미 이 세상 사람이 아니다. 이순의 나이에 고아가 되어 어머니가 그리울 때는 누구를 찾아가야 하나? 70년이 넘는 세월 실향민이 된 사람들의 고향은 어디에 있는 것일까? 자동차로 2시간이면 가는 고향을 북에 두고 70년 넘게 못 가게 하는 이런 정치, 사상, 경제, UN 이런 모든 게 무슨 소용이란 말인가? 부모, 형제, 자식을 근처에 두고 못 만나게 하는 이런 처절하고 잔인한 정치 행위는 금수만도 못한 짓이다. 당장 노인들에게 고향으로 갈 수 있는 길을 열어야 한다.

나는 그나마 우크라이나 키이우로 갈 수 있다는 희망이 있다. 공항이 폐쇄되어 우크라이나를 탈출할 때 차를 타고 나와 루마니아

부카레스트에 차를 두고 왔으니 비행기로 루마니아 갔다, 차를 찾아 1000km 이상 운전하여 키이우로 가야 한다. 길고 긴 여정이지만 생각만 해도 마냥 행복하다. 30년 넘게 산 땅에서 우리 강아지와 산책하고, 편하게 음악 듣고, 책 보며, 맥주 한잔할 수 있는 제2의 고향에 가고 싶다.

먼 곳을 여행하거나, 타향에 살다 보면 미친 듯 고향에 가고 싶은 날이 있다. 특별한 것도 없는 고향. 나이 드신 분이라면, 큰 나무가 있고 서낭당이 있고 내가 흐르고 야트막한 산이 있는 고향, 인천 사람이라면 자유공원과 바다내음 나는 항구와 동인천과 신포동의 거리, 젊은이라면 아파트와 마트와 PC방과 노래방이 있는 거리. 나는 넓은 평원과 끝없이 펼쳐진 해바라기밭이 있고 생명감 넘치는 드니프르강이 흐르는 우크라이나 키이우에 가고 싶다. 고향에는 언제라도 어머니가 계실 것만 같다.

오늘은 막걸리 한 잔 마시며 나훈아 선생의 고향 노래를 들어야겠다.

35. 한국에서 살아남기

1992년 한국을 떠났으니 우크라이나 생활이 30년 넘었다. 그간 어머님과 장인 장모님이 돌아가셔서 몇 차례 와서 길어야 2~3주 머물다 갔는데 이번에는 전쟁으로 이렇게 오래 머물기는 처음이다. 초, 중, 고를 인천에서 다녔고 대학은 서울에서 다녔지만, 전철로 통학해서 군대 생활을 제외하면 인천을 떠난 적이 없는 인천 토박이인데 인천에서 산 날과 비슷하게 우크라이나 키이우에서 살았다.

3월 한국에 도착해서는 친척 댁에 머물렀는데 오래 있기도 죄송하고, 괜스레 미안하고 신세지는 것 같아 에어비엠비를 통해 숙소를 알아봤다.

방 한 칸이 하루 3만~5만 원 등 다양했다. 물론 여행자를 위한 숙소라 비싼 편이다. 한국에서는 전세 월세 전월세 등 집세가 비싸다. 우크라이나에서는 전세 개념은 없고 월세로 사는데 가구와 세간이 있는 2개 방이면 60~70m^2 아파트가 400~500달러 정도이다. 세금은 한 달 전기 수도 세금 합해서 여름에는 30~40달러 겨울에는 난방비가 추가된다. 한국에서는 보증금이 많은데 우크라이나에서는 방세의 한 달 치가 보증금이다.

우리나라같이 편리하고 깨끗하고 연결이 잘돼 있는 지하철은 드물다. 버스와의 연계도 아주 좋다. 요금은 우크라이나에 비하면 비싸고 서유럽보다는 싸다.

키이우에서는 한국 돈 300원이면 지하철을 탄다. 50회 승차권을 사면 지하철, 버스, 트롤리버스 등 모든 대중교통을 1회 250원에 탈 수 있다. 휘발유는 1ℓ에 1달러 정도였는데 여기서는 1.6달러 정도이다. 스타벅스에서 냉커피 한 잔이 5,000원이니 1달러도 안 되는 커피 마시던 사람이 쉽게 마실 수가 없다. 우리나라의 도로, 산림녹화, 쓰레기 처리는 세계적 수준이다.

음식 물가는 한국이 훨씬 비싸다. 우크라이나에서는 좋아하는 맥주 1ℓ가 1달러도 안 되는데 한국에서는 0.5ℓ가 보통 3,000원이다. 막걸리는 조금 싸다. 두부 콩나물 어묵 등 우크라이나에서 먹을 수 없었던 음식을 많이 먹었는데 꼼꼼하게 메모하는 집사람 수첩에는 한 달 교통비 음식비 잡비 세금 등이 200만 원에 가까웠다. 김치 몇 포기 하려니 배추 소금 고춧가루 마늘 파 젓갈 등 수만 원이 들었다. 고기는 kg으로 안 팔고 근으로 팔아 불편했다.

겨울옷을 입고 와서 봄 잠바와 옷 몇 벌 사니 30만 원이 넘었다. 여름옷을 사려고 여기저기 돌아보니 가게는 많은데 반바지 하나가 만원, 2만 원이었다. 자영업자 비율이 높아 골목마다 거리마다 음식점과 가게, 상점이 많다. 식자재 마트나 슈퍼마켓에 가면 엄청나게 많은 음식이 있다. 라면 종류만 수백 종이 넘는다.

닭고기 종류만 해도 옛날 통닭, 노란 통닭, 전기구이, 양념구이, 삼계탕, 멕시카나, 닭강정, 매운 통닭 등이 있고(맛은 비슷하다) 거리마다 술집이나 음식점이 저녁에는 만원이다. 확실히 우리나라 사람들은 맛의 감각이 뛰어나다. 동네마다 맛집이 있고 배달 음식 오토바이는 자정이 넘어도 아파트를 가로 지른다.

역동적이고 힘이 넘치는 우리나라에서는 연 소득이 5,000만 원 안 넘는다면 살기가 힘들 것 같다. 몇 개월 살면서 느낀 결론. 한국에서 살아남으려면 조금 먹고, 안 마시고, 대중교통 안 타고 걸으며 무조건 아낄 것, 물건을 사려면 심사숙고하여 할인하는 곳을 찾거나 중고 가게나 아름다운 가게를 이용할 것, 에어컨, 선풍기 틀지 말고 부채를 이용할 것.

그러면 왜 살지? 인간 삶의 궁극적 목표는 행복 추구 아닌가? 월급은 적어도 전쟁 전 우크라이나의 생활 수준이나 생활 만족도가 높았다고 생각하는 것은 무엇 때문일까?

36. 역귀향(逆歸鄕)

전쟁은 사람을 초라하고 옹색하고 무능력하게 만든다. 허울 좋은 교수라는 직업을 가지고 있었지만, 한국에 와서는 할 수 있는 일이 거의 없었다. 가끔 지인 만나고, 도서관 가서 책 보고, 번역하고 그동안 못 본 영화 보고 추억 여행하며 지냈다.

2월 24일 우크라이나에 전쟁이 발발하고 살아야겠다는 일념으로 탈출하여 거의 다섯 달이 지났다. 공항이 폐쇄되고 폴란드국경이 정체되어 우리는 남쪽 루마니아 국경을 통과하여 우크라이나를 빠져나왔다. 루마니아에 도착하여 임시숙소에서는 새벽까지 잠이 안 오고 심장과 손이 떨려 탈출 과정을 상세히 적어 인천일보에 올렸었다.

나올 때는 우크라이나부터 루마니아까지 온통 눈 덮인 산하였으나 한국에서는 열대야까지 덮쳐 밤잠을 설쳤다. 그동안 얼마나 많은 군인이 눈 속에 파묻혀 죽었고 지금은 더위에 숨을 헐떡이며 고통을 받고 있을까?

한국 생활에 적응이 안되고 물가가 비싸고 모든 것을 두고 온 터라 돌아갈 날만 기다렸다. 그리고 마침내 그날이 왔다. 외교부에서 예외적 여권 사용 허가가 나와 7월 말 우크라이나로 향했다. 아직도 동부전선은 교착상태이고 남부 헤르손 방면에서는 여기저기 간헐적으로 교전이 있다지만 들어가기로 했다. 한편 마음이 설레고 감개무량했지만 한편 전쟁에 대한 두려움도 있었다. 그렇게 정겹고 마음 편한 인천공항에 도착해서도 신이 안났다. 직항이 없어 터키항공을 이용했는데 비행기는 만석이었다. 이스탄불을 경유하여 부쿠레슈티에 도착했다. 한국에서는 마스크 노이로제가 있었는데 루마니아에서는 마스크 쓴 사람이 없었다. 5개월간 방치되었던 차를 찾아 시동을 거니 용케도 시동이 걸렸다.

2월 25일 탈출하여 온 길을 그대로 역으로 가는 길이었다. 부쿠레슈티부터 500여km를 달려 국경도시 수체아바를 지나 시레트 검문소에 도착했다. 그날의 아비규환은 사라지고 질서 정연하게 30분 만에 국경을 통과하여 우크라이나 땅으로 들어섰다. 왈칵 눈물이 쏟아졌다. 이제부터는 우크라이나 땅이구나... 너무 차분하고 조용하여 전시라는 말이 실감이 나지 않았다. 날은 점차 어두워지고 밤 10시부터 아침 5시까지 통행금지라 우리는 국경도시 체르놉치에서 하루 머물고 다음 날 일찍 출발했다. 키이우로 돌아가는 순서는 탈출의 역순이었다. 체르놉치 ~ 흐멜리스키~ 비니차~ 지토미르 ~ 키이우 약 550km였다. 탈출하며 우크라이나에서 마지막 주유를 하고 잠깐 쉬었던 주유소에서 주유를 하며 그날을 생각했다. 서남부 지방은 예전과 같았다. 다만 지나다니는 교량 앞뒤로 참호를 만들었고 방위군이 눈에 띄었다. 도로에 차량이 적어 속도를 낼 수 있었다. 탈출 때 기름값이 30흐리브나였는데 50흐리부나로 올랐다. 달리는 중간 넓고 넓은 해바라기밭이 눈에 들어왔다. 남서부 지방도 산이 거의 없고 끝없는 평야 지대이다. 얼마 전 폭격이 있었던 비니차를 지나 지토미르까지는 예전 여행하던 길이나 다름없었다. 지토미르에 들어서며 전쟁의 흔적이 보이기 시작했다. 탱크전이 벌어졌던 길가에는 집과 상가 그리고 큰 건물이 그대로 부서진 채로 방치되어 있었다. 이 길을 탈출할 때 역주행 하며 달리던 우크라이나 탱크와 야포를 실고 달리던 군용 트럭이 눈에 보이는 듯했다.

키이우 근교로 들어서자 더 많은 부서진 건물의 잔해들이 보였다. 키이우시 입구에는 바리케이드가 설치되어 있었고 총 든 여군이 여권을 보여 달라고 했다. 여권을 보여주고 통과하여 집으로 향했다. 5개월간 비웠던 집은 어찌 되었을까? 누군가 문을 따고 들어오지나 않았는지? 온갖 상념에 잠겼다. 그리고 아파트 앞에 섰다. 문은 그대로였다. 아무도 들어오지는 않았다고 생각하며 아파트문을 열고 들어서며 나는 무릎을 꿇고 눈물을 흘렸다. 하나님 감사합니다.

37. 키이우 산책

키이우 사람들은 산책을 참 좋아한다. 개를 데리고 산책하고, 시내 여기저기 널려 있는 공원에서 신문이나 잡지를 보고, 점심시간이나 자투리 시간에도 산책을 많이 한다. 특별한 일이 아니어도 도심 근처나 집 근처를 걷는다.

필자도 키이우에 산책코스가 여러 곳 있다. 직장에서는 빈 시간에 대학 뒤 울창한 식물원을 걷는다. 그곳에는 필자 및 여러 사람이 공들여 2019년 우크라이나에서 최초로 세운 김소월 시인 흉상과 시비가 있는데 흉상 지킴이를 자처하고 시비를 돌아보고 3~4km 걷는 산책코스이다. 다른 코스는 대학에서 오페라 하우스를 지나 황금의 문을 거쳐 성 소피아 성당과 미하일 수도원을 걷는 코스이다. 사원을 걷다 보면 마음이 순화되는 느낌이다.

예외적 여권 사용 허가를 받아 키이우에 도착하여 몇 차례 시내를 산책했다. 지하철 및 버스 등 대중교통과 거리에 외국인이 거의 없었다. 전쟁 전에는 중국인과 베트남 사람이 많았고 영어 등 외국어가 많이 들렸는데 외국어는 들리지 않고 러시아어를 사용하던 사람들도 우크라이나어를 많이 사용하고 있었다. 거리에는 건물 임대를 알리는 광고가 많았고 상가나 식당은 절반 이상 문을 닫았다. 특히 맥도날드가 모두 문을 닫아 섭섭했다.

거리 거리에는 전쟁의 승리를 기원하고, 우크라이나 군을 격려하는 문구가 여기저기 붙어있다. 도착하여 2주일이 지나도록 총소리 한번 듣지 못했고 경보 사이렌 소리는 2번 들었는데 대부분 사람이 태연하게 걷고 있었다. 이곳이 전쟁하는 나라의 수도인가 할 정도로 겉보기에는 차분하고 조용하고 안정적이다.

대학 앞에는 큰 공원이 있고 우크라이나 민족시인 쉐브첸코 동상이 있는데 동상은 모래주머니를 쌓아 올리고 나무상자로 덮어 볼

▲ 부서진 탱크위에서 노는 아이들이 천진난만하다.

▲ 러시아군이 키이우를 침공하며 사용하던 차량 발사대.

수가 없었다. 폭격에도 문화유산이나 유명 동상을 보호하려는 사람들의 노력이 눈물겹다. 우리나라 광화문 거리 같은 흐레샤칙 거리를 걸었다.

전쟁 전에는 즐겁고 기분 좋게 산책하던 코스였는데 왠지 두려움이 생겼다. 거리에는 실총을 들고 다니는 군인이 보였고 동양인이 한 명도 보이지 않아 불량배들이 해코지나 하지 않을까 겁이 났다.

우크라이나에서 꽤 비싸고 큰 츔백화점은 열려 있었지만 오가는 사람이 적었고 여성 옷 가게와 신발 가게에는 몇몇 사람들이 물건을 보고 있었다. 시청과 우체국도 열려 있었고, 독립광장에는 사람들이 꽤 많았다. 대학에서 평소 산책하던 소피아 성당과 미하일 수도원을 흐레샤칙 거리에서 올라갔다. 흥청망청하던 카페 술집 식당은 절반 이상이 닫혀 있고 가게 안에도 사람이 거의 없었다.

성 소피아 성당과 미하일 수도원 중간에는 넓은 광장이 있는데 미하일 수도원 광장에 있는 올가공의 동상은 모래주머니로 쌓여 있고 광장에는 우크라이나군에 포획된 부서진 러시아군의 탱크, 야포, 군용트럭, 차량 발사대가 전시되어 있었다. 어린아이들은 탱크와 장갑차 위로 올라 장난을 치고 놀았고 부모들은 사진을 찍었다. 초록색 자동차는 여러 발의 총탄 자국과 함께 '어린이'라는 글자가 쓰여 있었다. 애들이 타고 있으니 쏘지 말라는 표시를 무시하고 무참하게 공격당한 흔적이 뚜렷했다. 필자도 사진을 몇 장 찍다, 전쟁, 파괴, 폭발, 죽음, 고문, 학살 이런 단어가 머리를 맴돌아 힘들었다. 그리고 안드렙스카 성당 쪽으로 내려오며 카페에 잠시 앉았다.

이렇게 아름답고 조용하고 고요한 나라에서 왜 무참한 전쟁이 일어났을까? 한동안 이 도시는 내가 알던 예전의 키이우로 돌아가려면 시간이 필요할 거야... 거리 악사의 음악을 들으며 집으로 돌아오는 발걸음이 무거웠다.

38. 우크라이나 독립기념일

지난 8월 24일은 우크라이나 독립기념일이었다. 1991년 옛 소련에서 독립했으니 31주년이다. 여러 외신에서는 독립기념일에 즈음하여 러시아의 대규모 폭격이나 공격이 있을 것이라는 보도가 있었지만, 전선과 가까운 동남부 드니프로 지방에 폭격이 있어 22명이 사망한 사고 말고는 키이우에서 특별한 일은 벌어지지 않았다.

1921~1922년과 1932~1933년 우크라이나에서는 집단 아사 사건이 있었다. 땅 좋고 곡물 수확이 많은 우크라이나에서 500만 이상이 굶어 죽는 전대미문의 사건이 발생한 것이다. 이유는 공산당 정

권하에서 우크라이나 국토를 집단 농장화하고 곡물을 몰수하여 사람들이 굶어 죽었고 특히 1932~33년 스탈린 치하에서는 농민들이 반발하면 인민의 적으로 간주하여 잔혹하게 진압하였다. 그 후 우크라이나에서는 공산당과 모스칼리(우크라이나 사람들이 러시아 사람들을 비하하여 부르는 명칭)는 믿지 말라는 말이 있다.

러시아는 1917년 사회주의 혁명 후 1922년 소비에트 정권이 들어서 점차 혹은 강압적으로 15개 연방공화국을 구성하게 되었다. 러시아 우크라이나 벨라루스가 가장 먼저 연방공화국이 되었고 그 후 코카서스 3국(조지아, 아르메니아, 아제르바이잔)과 중앙아시아 5개국(카자흐스탄, 우즈베키스탄, 키르기스스탄, 투르크메니스탄, 타지키스탄) 그리고 2차 세계대전 중 몰도바와 발트 3국(리투아니아, 에스토니아, 라트비아)이 연방공화국이 되었다.

2차 세계대전 후 소련의 영향으로 동유럽이 공산화되어가자 미국, 영국, 프랑스, 이탈리아 등을 중심으로 1949년 북대서양 조약 기구 나토(NATO)를 창설하였고 소련을 중심으로 폴란드, 동독, 체코, 헝가리, 루마니아, 불가리아, 알바니아가 바르샤바 조약 기구를 1955년 창설하였다. 소련의 중앙집권이 강하고 미-소의 냉전(冷戰) 시기에는 연방 공화국의 민족문제나 독립문제가 불거지지 않았지만, 중앙집권이 흔들리고 민족문제가 일어나자 1991년 소련은 지구상에서 사라지고 그 자리에 러시아가 서게 되었다. 1990년 독일의 통일이 있었고 1991년 소비에트의 15개 공화국은 15개 나라로 각자 독립하였다. 우크라이나도 1991년 8월 24일 오랜 숙원이던 독립을 하였으며, 1991년 바르샤바조약기구는 해체되고 그 회원국이 점차 나토에 가입하여 러시아는 외견상이나 실질적으로 자존심을 구기고 위축되었다. 1990년대 러시아는 극심한 사회문제와 경제가 와해되는 지경에 이르렀고 옐친이 1999년 푸틴을 총리로 지명하고 2000년 1월 1일 대통령 권한을 이양하며 푸틴 시대가 열렸다.

1990년 독일통일 당시 동독의 KGB요원이었던 푸틴은 10년 후 2000년에 집권하여 강한 러시아를 재건하는데 성공하였다. 자유를 염원하고 민주주의를 갈망하던 우크라이나는 2004년과 2014년 국민혁명으로 정권교체를 이루어 러시아와 결별하고 유럽연합과 나토에 가입하기를 원했고 푸틴은 우크라이나 집권 세력을 신나치로 규정하고 신나치 세력을 없애고 나토의 동진을 막고 러시아 안보를 강화하며 돈바스 지역의 러시아 국민을 보호한다는 이유로 2022년 2월 24일 우크라이나를 침공하였다.

우크라이나는 독립 31주년을 맞이했지만 덩치만 큰 약소국으로 전락하여 러시아의 침공을 당했다. 우크라이나 젤렌스키 대통령은 세계 여러 나라에 도움을 요청하고 자유와 민주주의를 지켜내야 한다고 강조하고 있지만, 전쟁 6개월이 지난 현재 점차 전쟁은 세계 뉴스에서 멀어지는 느낌이다.

전쟁 와중에 키이우에 거주하며 느끼는 감정은 미묘하다. 전투에 임하는 우크라이나 사람들의 애국심과 똘똘 뭉친 모습을 보면 우크라이나가 이 전쟁을 승리로 이끌고 세계사의 주역이 되리라 희망하고 믿고 있지만, 미국을 비롯한 여러 나라에 무기를 요청하고 엄청난 인플레이션과 환율 폭등을 겪으며 독립 31주년을 맞이하는 심정이 쓰리다.

39. 러시아색 지우기

우리나라 거리 이름이나 지명은 무슨 뜻인지 잘 모르거나 애매한 경우가 있다. 한자로 써서 그 뜻을 찾아보거나 유래를 알아봐야 거리의 뜻을 알 수 있는 경우도 있다. 필자가 살던 신흥동이나 주안도 어려서는 뜻을 몰랐었다. 미국이나 캐나다 거리는 거의 영국의 복사판이다. 신대륙에 정착한 사람들이 자기 고향 지명을 붙이거나 유명인의 이름을 붙인 경우가 많다. 뉴욕은 영국 욕크(York)에 살던 사람들이 새로운 욕크라는 뜻으로 New를 붙여 뉴욕(New York)이고 맨첸스터, 보스턴, 리치몬드, 에드먼턴 등등 많은 거리나 지명이 영국과 동일한 것이 많다. 심지어 미국에 런던이라는 도시도 있다.

우크라이나 키이우의 거리는 사회주의식 이름이 많았었다. 1991년 독립 이후 혁명광장, 승리거리, 10월 혁명거리, 마르크스대로, 레닌대로, 붉은군대거리, 스탈린거리 등등이 우크라이나 이름으로 바뀌었다. 키이우 거리 이름의 특징은 시인 작가 등 문인의 이름이 많다. 우크라이나 작가 시인뿐만 아니라 러시아 작가들의 이름도 많다. 시내 중심에 있는 푸쉬킨거리, 톨스토이거리, 고골리거리, 투르게네프거리, 고리끼거리 등 우리나라에도 유명한 러시아 작가들의 거리 이름이 많다.

우리나라도 한동안 왜색을 없앤다고 언어순화도 하고 사람 이름도 일본식 이름에 많은 한자를 빼고 순수 한글 이름도 많이 지었다. 요즘은 빠께스나 벤또라고 얘기하는 사람이 없지만 필자가 국민학교(이 말도 왜색이라 하여 초등학교로 바뀌었다)에 다닐 때만 해도 일본어나 일본식 영어가 많았었다. 지금도 건설 현장이나 당구장에서는 괴상한 일본어를 많이 쓴다.

우크라이나에서도 러시아색 지우기가 한창이다. 그 중심에 비탈리 클리츠코(Vitali Klitschko) 키이우 시장이 있다. 복싱 전 헤비급 챔피언인 시장은 키가 2m가 넘는 장신으로 오래전 한번 만났는데 악수하는 주먹이 필자보다 2배는 컸다. 동생 블라디미르 클리츠코도 전 헤비급 세계챔피언으로 형제 챔피언 복서였다.

1991년 우크라이나 독립 후 레닌 동상이나 스탈린 동상 등 공산당과 관련된 구조물은 거의 철거되었다. 은퇴 후 정치인이 되어 키이우 시장에 당선된 비탈리와 동생 블라디미르 형제는 2022년 2월 24일 러시아 침공 후 군복을 입고 총을 들고 키이우 사수에 나섰다. 그리고 키이우에 있는 러시아 관련 구조물을 철거하고 거리 이름과 지명을 바꾸고 있다.

대표적인 구조물이 우크라이나 러시아 형제 동상이다. 1981년 소련 건국 60주년과 키이우 공국 1,500주년을 기념하여 세운 35m 높이의 아치와 8m 높이의 우크라이나 러시아 노동자 우정 동상이었는데 시장 클리츠코는 “러시아는 더 이상 우리의 친구가 아니며 우크라이나를 파괴하고 살육하는 적이다”라며 중장비를 동원하여 동상을 철거했고 주변에 있던 많은 사람이 환호하고 박수를 쳤다.

언론에 따르면 클리츠코 시장은 시의회의 승인이 나면 거리 이름이나 지명도 러시아식 이름을 우크라이나식 이름으로 바꾸겠다고 발표했다. 이전에 고리끼거리는 우크라이나 옛 지명인 바실킵스카거리로 바뀌었는데 사람들은 아직도 고리끼거리를 혼용하고 있다.

톨스토이거리는 더 큰 문제이다.

시내 중심에 있는 아주 오래된 거리이고 지하철역 이름으로도 쓰고 있는 세계적 문호인데 단지 러시아 작가라는 이유만으로 바꾸기가 애매하여 아직은 그대로 쓰고 있는데, 바꾼다고 해도 한동안은 톨스토이 거리로 쓰여질 것이기 때문이다. 푸틴에게 톨스토이 작품 <전쟁과 평화>의 일독을 권하고 싶다.

우리나라에서도 지명이나 거리 이름을 바꾸려면 신중하게 해야 한다. 한번 지어진 거리나 지명은 바꾸기가 쉽지 않다.

40. 전선에서 싸우는 우크라이나 스포츠 영웅들

우리 어려서 1970~80년대 스포츠 영웅은 뭐니뭐니 해도 홍수환과 차범근이었다. 대다수 사람이 어렵고 힘든 시절, 홍수환의 "엄마, 나 챔피언 먹었어"라는 말은 많은 이의 심금을 울렸다. 그리고 박스컵 축구 말레이시아 전에서 6~7분 남기고 4-1에서 후다닥 3골을 넣어 4-4로 만든 차범근은 지금도 나의 영웅이다(박스컵은 박정희 대통령컵, 킹스컵은 태국왕컵, 메르데카컵은 말레이시아 독립기념 축구대회로, 당시 숨죽이고 라디오로 중계를 들었다. 그때는 태국 말레이시아 버마가 아시아 축구 강국이었다).

우크라이나의 스포츠 영웅은 뭐니뭐니 해도 비탈리 클리츠코(Vitali Klitschko)와 안드리 쉐브첸코(Andriy Shevchenko)다. 클리츠코는 1990년 중반부터 2000년대 중반까지 세계헤비급 챔피언을 지낸 복싱 영웅으로 그의 경기가 있는 날이면 키이우시내 차량이 줄고 많은 국민이 TV 앞에서 환호했다. 쉐브첸코는 명문 FC디나모 키이우에서 축구를 하다 전성기에 AC밀란으로 가서 유럽 챔피언스 리그 득점왕과 2004년 발롱드르 상을 받은 선수이다. 클리츠코는 복싱 은퇴 후 정치에 뛰어들어 키이우시장(市長)이 되었으며 쉐브첸코는 국가 대표팀 감독을 하다 지금은 외국에서 러시아의 전쟁을 규탄하고 스포츠 외교를 하고 있다.

우크라이나는 전통적으로 축구와 복싱이 강하다. 지금은 전쟁으로 많은 선수들이 자원입대하여 총을 들고 싸우고 있지만 일부 선수들은 해외 경기가 있으면 출전하여 온 힘을 다해서 경기하고 우크라이나를 외친다. 8월 20일에 있었던 WBA·WBO·IBF 세계 헤비급 통합 챔피언 전에서 영국의 조슈아와 한판 승부를 벌인 올렉산드르 우시크는 죽을 힘을 다해 승리했다. 우크라이나 국기 색인 파란색 노란색 트렁크를 입고 나온 우시크는 경기 후 우크라이나의 승리와 조국을 믿는다고 얘기하며 모든 수익금은 전쟁을 돕는 재단에 기탁했다. 그는 전쟁이 나자 자원입대하여 총을 들었다. 주위 사람들은 전 국민에게 희망과 용기를 주는 우시크에게 링에 복귀하라고 응원했고 그는 다시 챔피언이 되었다.

지금 우크라이나의 많은 스포츠 영웅들이 전선에서 총을 들고 싸우고 있다. 외국팀에서 뛰는 선수들은 국기를 들거나 몸에 두르고 나와 우크라이나의 승리와 러시아의 침략을 규탄하고 있다. 프리미어 리그에서 뛰고 있는 올렉산드르 진첸코와 비탈리 미콜렌코 선수는 경기 때마다 우크라이나 기를 들고 나오고 인터뷰마다 우크라이나의 승리를 외친다. 세계 페더급, 슈퍼페더급, 라이트급 등 3체급을 석권했던 권투선수 로마첸코도 자원입대했고 3,000명 이상의 운동 선수들과 지도자들이 자신의 종목과 상관없이 전장으로 나갔으며 안타깝게 100여 명의 전사자가 나왔다. 바이애슬론 전 국가대표 마리셰프 선수와 프로 축구 선수 유리 챠릭, 우크라이나 복싱 챔피언 올레그 프르드기도 전사했다. 유명 선수가 아니더라도 여러 종목의 우직하고 순박하며 체력이 좋은 운동 선수들은 러시아의 침략을 받은 조국에서 운동보다는 나라와 국민을 지키려고 전선에서 싸우고 있다.

러시아 침공으로 세계 스포츠계는 러시아를 징계하고 있다. 국제올림픽위원회(IOC)와 국제축구연맹(FIFA)은 각종 대회에서 러시아 유치를 취소하고 러시아의 참가를 제한하기로 했다. 당장 올해 열리는 카타르 월드컵 대회와 독일에서 열리는 유로 2024 축구대회에서 러시아의 출전 금지를 확정했다.

우크라이나는 잦은 공습과 체육시설 폭격으로 운동시설 기반이 많이 붕괴되었고, 전쟁 와중에 우크라이나 내에서는 경기할 수 없고 간혹 해외 경기는 있지만 모든 스포츠가 거의 정지된 상황이다. 요즘은 전쟁이 소강상태에 들며 축구 리그의 무관중 경기라도 하자는 이야기가 나오고 있다. 우크라이나 운동선수들이 전선에서 자기 종목으로 돌아와 훈련하고 경기하는 모습을 보고 싶다.

41. 키이우 시내 폭격을 보며

키이우에 다시 도착하여 몇 주가 지나는 동안 여기가 전쟁하는 나라의 수도인가 할 정도로 조용하고 평온하게 지냈다. 동부 돈바스와 남부 헤르손 지역에서는 전쟁이 계속된다지만 키이우에서는 가끔 공습경보 소리를 들어도 거리를 다니는 사람들은 당황하거나 무서워하지 않고 태연하게 생활하고 있었다. 대학 수업은 온라인이라 주로 집에서 지내며 수업하고 생활했다.

2022년 10월 10일 오전 8시 15분경, 8시 20분이 첫 수업이라 준비하고 있었는데 멀리서 폭발음이 들렸다. 잠시 후 수업을 시작하여 몇 분이 지났는데 키이우에 사는 학생들이 심각한 어조로 "교수님 지금 키이우 시내에 미사일이 떨어져 뉴스를 봐야 합니다" 하길래 십 분간 휴식하고 필자도 뉴스를 봤는데 경악하지 않을 수 없었다. 바로 이 수업이 대면 수업이었으면 우리는 이 폭발사고 중심에 있을 뻔했다. 우리가 공부하는 노란색 문과대학과 빨간색 본관 건물이 계속 화면에 나오고 근처에 있던 교육부 건물도 창틀까지 박살 난 채로 화면에 나왔다.

블라디미르 거리와 쉐브첸코 거리가 교차하는 사거리에 미사일이 폭발하여 대학교 유리창과 문틀이 날아가고 평상시와 같이 출근하던 수십 명의 사람이 피투성이가 되어 쓰러졌다. 이 거리는 필자가 출근하던 길이었고 시내 중심으로 근처에 지하철역 4개(대학교 역, 톨스토이 역, 황금의 문 역, 오페라극장 역)가 있고 우리나라 광화문 같은 흐레샤칙 거리가 300m 거리이고 대통령 집무실이 1km 이내이고 세계인류문화유산인 소피아 성당과 페테르스카 수도원이 2 km 반경에 있는 곳이다.

대학교 사거리뿐만 아니라 필자가 수업이 없으면 산책하던 공원 안에 있는 어린이 놀이터에도 미사일이 폭발하여 큰 구덩이와 함께 놀이 기구가 망가지고 주변 민가의 유리창이 모두 깨지고 파편과 유리창에 다친 사람들이 피를 흘리며 붕대를 감고 있었다. 이 놀이터는 우리 애들이 어려서 놀며 아빠 퇴근을 기다리던 곳이고, 바로 옆 옛사진관 커피숍은 우리 부부의 데이트 장소이고, 공원내 오파나스 식당은 귀한 손님이 오면 모시던 곳이다.

우리 대학 근처뿐만 아니라 키이우 중앙역과 가까운 고층의 비즈니스센터(그곳에는 삼성전자와 삼성연구소가 입주해 있다) 근처도 미사일 공격으로 건물 일부와 외부 유리가 부서졌고, 몇 개월 전 키이우 시장이 철거한 우크라이나 형제 동상 바로 옆 다리도 공격을 받았다.

10월 8일 크림대교 폭발사고 이후 필자는 내심 걱정했다. 푸틴이 다리 건설을 지시했고 완공 후에는 대형 트럭을 직접 몰고 운전하며 건넌 다리인데 누구의 짓인지는 몰라도 폭발을 당했으니 푸틴으로서는 자존심 구기고 복수심에 불탔을 것이다. 그래도 한 나라의 대통령으로서 미사일 공격을 지시하고 복수했다고 얼굴을 붉히며 이야기하는 수준 이하의 인간이다.

지금 진행되는 우크라이나 러시아 전쟁은 국가 간 전쟁이라기보다는 푸틴 개인의 전쟁이다. 이 세기의 독재자를 견제하거나 조정하거나 진정시킬 수 있는 사람이 없다. 야당도 없고 언론도 없고 입법 행정 사법부 모두 그 수하의 하수인들이다. 22년 이상 집권하며 권력을 휘두르고 젊은이들을 죽음의 전장으로 몰고 가는 현대판 짜르(왕)에 대해 순종하는 러시아 국민들이 불쌍하고 안타깝다.

전쟁에도 법도가 있는 것이다. 비무장의 민간을 살상하는 행위, 점령지의 약탈 행위, 여성에 대한 강간, 고문행위, 포로학대, 집단학살 등은 어떤 전쟁에서도 용서할 수 없는 전쟁범죄 행위이다. 러시아 군이 점령했던 우크라이나 전 지역에서 민간인 살상, 강간, 약탈, 고문, 집단 학살의 증거들이 나오고 있다. 푸틴은 명분이 없는, 왜 이런 추악한 전쟁을 수행하고 있는 것일까? 푸틴이 증오한다는 히틀러와 틀린 점이 무엇인가? 푸틴은 거의 히틀러의 빙의다.

42. 아! 체르노빌

1986년 4월 26일 새벽 1시경 우크라이나 수도 키이우에서 북서쪽으로 100여 km지점의 체르노빌 원전폭발사고가 있었다. 수많은 소방대원 군인 경찰 과학자들이 투입되어 사고를 수습하는 과정에서 피폭되어 많은 사람이 죽거나 평생 후유증을 안고 살고 있으며 사고가 발생한 지 36년이 지난 지금도 진행형의 사고이다. 사망자는 적게는 몇 천 명에서 환경보호 단체인 그린피스(Greenpeace)에서는 풍향에 따라 전 유럽으로 확산된 방사능 물질로 피폭 인원을 수백만명으로 계산한다. 사고 이틀 후부터 사고 주위 주민의 소개(疏開)가 시작되었고 소련당국은 체르노빌에서 경미한 원자력 발전소 폭발사고가 있었다고 발표했지만 고르바초프가 실권하고 소련이 지구상에서 사라지는 단초가 되었고 인류최악의 원자력 발전소 사고로 역사는 기록한다. 당시 소련의 가장 큰 국경일인 5월 1일 노동절과 5월 9일 대독 승전기념일 행사를 위해 쉬쉬하며 폭발사건의 은폐에 급급했던 소련 정부와 달리 무조건 체르노빌에서 멀리 피하라는 근무자들의 전화로 입에서 입으로 사고가 전달되어 일반인들도 어느 정도 알고 있었지만 그해 5월 1일 키이우에서는 죽음의 퍼레이드가 진행되었다.

필자는 1992년 키이우에 도착하여 지금까지 살고 있다. 처음 도착했을 때부터 버섯이나 방목하는 소고기를 피하고 물은 사 먹으라는 조언을 들었다. 1992년 키이우 시내 빠돌 지역에 체르노빌 박물관이 문을 열었다. 키이우에 오는 지인들에게 꼭 가보라고 권하는 박물관이다. 박물관에는 체르노빌 반경 30km이내 사라진 마을 이름이 깃발처럼 나부끼고, 원전 사고로 숨진 이들의 사진과 이름이 빼곡히 적혀 있다. 그리고 히로시마와 나가사키 어린이들이 쓴 편지와 그림이 눈길을 끈다. "방사능 피해 없는 세상에서 살고 싶어요", "방사능에는 국경이 없어요"... 요즘은 전쟁으로 관광객이 없지만 아이러니하게도 전쟁 전에는 체르노빌 관광이 꽤 인기가 있었다.

러시아와의 전쟁에서 다시 한 번 핵발전소 폭발과 핵무기 사용의 위험이 언론에 나오고 있다. 러시아군이 점령하고 있는 자포리자 원자력발전소 근처에서 폭발이 발생하여 양쪽이 서로 책임을 미루고 있다. 그리고 수세에 몰린 푸틴이 핵무기를 사용할 수 있다는 보도가 나오며 다시 국경으로 향하는 피난민이 줄을 잇고 있다. 키이우에 있는 필자도 어디로 가야 할 지, 그대로 남아있을 지 고민 중이다. 유럽은 나라와 나라 사이 거리가 가깝고 접경이 많다. 우크라이나만 하더라도 러시아 몰도바 루마니아 슬로바키아 폴란드 벨라루스 헝가리와 접경을 이루고 흑해 400~500km 건너에는 터키와 조지아가 있다.

요즘은 핵무기보다 드론에 의한 발전소나 민간시설에 대한 공격으로 키이우에는 공습경보가 자주 울린다. 발전소나 민간 시설 공격은 전쟁이라기 보다는 테러이다. 시도 때도 없이 공습경보가 울리고 내성이 생긴 보통 사람들은 경보에도 아랑곳하지 않고 일상 생활을 영위하고 있다. 발전소 공격으로 전력 생산량이 많이 줄어 4시간, 5시간씩 지역별로 단전이 자주 일어나고 있다.

단전뿐만 아니라 온수와 난방이 아직 없어 추워지는 날씨에 집에서도 내복과 두툼한 옷을 입고 있다. 21세기에 어두운 저녁 전기레인지가 작동하지 않아 미리 해 둔 식은 밥을 가스버너로 데워 초를 켜고 식사할 때면 처량한 생각이 든다. 그나마 수도 키이우는 나은 편이고 지방 도시는 아예 전기, 수도, 가스가 끊어진 곳도 많다니 이 지긋지긋한 전쟁이 빨리 끝나기를 기도할 뿐이다.

푸틴이나 러시아 군 장성들도 1986년 당시는 소련연방공화국의 일원으로 체르노빌 원전사고를 기억할 것이다. 누구든 원자력발전소 폭발 사고를 일으키거나, 핵무기를 사용한다면 인류의 재앙이 될 것이며 그 자신도 살아남지 못할 것이다. 역사에서 배우지 못하는 나라나 인간의 미래는 없다.

43. 우크라이나 전쟁 250여 일을 지내며

푸틴의 명분 없는 전쟁으로 우크라이나-러시아 전쟁이 250일이 넘었다. 이 전쟁은 러시아의 전쟁이 아니라 푸틴의 전쟁이다. 그가 생각했고 계획했고 명령을 내렸다. 지금 러시아에서 푸틴은 독재자이며 차르(왕)이다. 하원격인 국가 두마와 상원격인 연방평의회가 있지만 푸틴이 지시한 사항이 한번도 거부된 적이 없는 거수기이다. 야당도 없고 그에게 반대하는 사람은 죽거나 감옥에 간다. 반대하는 언론은 폐쇄되고 진실을 전하는 언론도 없다.

전쟁이란 나라의 사활을 건 총력전인데 푸틴은 특별군사작전이라 명했다. 아마도 우크라이나 지역에서 러시아 군인들이 작전을 한다는 뜻이리라. 그렇지만 우크라이나 입장에서는 국가와 국민의 생존이 달린 절박한 전쟁이다. 우크라이나 군은 국가와 국민을 지킨다는 절체절명의 과제를 안고 싸우는 용사들이고 러시아 군은 왜 전쟁을 하고, 어느 지역인지도 모르고 전선으로 밀려 나온 군인들이다. 그러니 이 전쟁의 결과는 뻔하다.

우크라이나 군은 직업 군인도 많지만 러시아의 침략으로 대부분 자원입대한 군이고 대통령부터 이등병까지 한마음으로 싸우는 용사들이다. 러시아군도 직업군인들과 징집병이지만 푸틴의 명령으로 나온 군인들이다. 푸틴의 징집령으로 징집을 피해 달아나다 잡힌 군인도 있다. 우크라이나에서는 수백만의 난민(주로 여성, 어린이, 노인)이 주변국으로 나갔지만 러시아 탈출자들은 징집대상의 젊은이들이다.

우크라이나 텔레비전과 라디오는 전시체제로 여러 방송국이 공동으로 방송하고 있다. 대학생이나 선생님은 징집대상이 아니지만 많은 학생과 선생님이 전선으로 나갔다. 여성들은 위장막을 짜고 음식과 군용품을 만들고 있다. 60세 이상의 노인 지원군도 많다. 방송에 나온 최연장 지원군은 76세의 할아버지이다.

러시아 수도를 비롯한 주요 도시는 전쟁과 상관없다는 듯이 살고 있다. 키이우는 지역별로 하루 8~12시간 정전 속에 살고 있다. 일부

온수와 난방은 다시 나오지만 언제 끊길지 모르는 상황이다.

우크라이나 동부와 남부 4개 주(루간스크, 도네츠크, 헤르손, 자뽀리자) 병합 선언은 푸틴의 코미디이다. 멀쩡한 집에 힘센 강도가 들어와 내가 필요하니 방 한 칸 내 놓으라는 억지나 마찬가지이다. 평화롭게 잘 살던 땅에 미사일과 대포를 쏘고 우리 땅이라고 우기는 몰염치의 극치다. 21세기 우크라이나 땅에서 벌어지는 비극이다. 푸틴 말대로라면 폴란드 옆 칼리닌그라드는 독일 땅, 알래스카는 러시아 땅, 중국 연변은 한국 땅, 사할린은 일본 땅이다.

키이우에서 만난 99% 사람들은 우크라이나 영토 회복과 러시아 침략자를 몰아내야 한다는 목표에 정치권의 여야, 남녀노소가 따로 없다. 이렇게 전 국민이 똘똘 뭉친 일은 이전에 본적이 없다. 국제사회에서도 러시아를 지지하는 나라는 벨라루스, 북한, 시리아, 이란 정도이다. 중국이나 인도도 전쟁을 멈추어야 한다는 신호를 보내고 있다. 이런 상황에서 전쟁을 지속한다는 것은 미친 독재자의 자기 최면이다. 푸틴 자신이 증오한다는 히틀러와 비슷한 모습으로 변하고 있다는 것을 푸틴 자신만 모르는 것 같다.

전쟁은 끝내야 하지만, 휴전협상은 말도 안 되는 언어도단이다. 강도가 몰래 들어온 집에서 나가면 되는 것이지 무슨 협상이 필요한가? 그 강도는 집에서 나가고 법의 절차에 따라 재판을 받으면 그만이다. 그래서 이 전쟁은 우크라이나가 질 수 없는 필승의 전쟁이다.

44. 작은 국가 연대

우크라이나에서 30여 년 살았지만 인접국 루마니아를 가본 적이 없다. 이번 전쟁으로 우크라이나를 탈출하며 경유하는 바람에 가 본 루마니아는 나름 멋진 나라였다. 막연히 독재자 차우셰스크의 나라, 농업국이고 유럽연합(EU) 나라 중 후진국으로만 생각했다. 누군가 아는 만큼 보인다고 했는데 공부를 하면 할수록 흥미가 넘치는 나라다.

오래전 필자는 친구와 발칸 반도를 여행하고 아드리아해에서 수영한다는 버킷 리스트(bucket list)를 적었다. 그들 나라의 종교 역사 인종 민족 언어를 이해하는 데 많은 시간이 필요할 것 같다. 그래서 요즘도 시간만 나면 마크 마조워(Mark Mazower)의 발칸의 역사(The Balkans A Short History)를 메모하며 읽고 있다. 발칸의 여러 나라 이름을 정확히 기억한다면 지리와 지명의 상식이 높은 사람이다. 구 유고연방이었던 세르비아, 슬로베니아, 몬테네그로, 크로아티아, 마케도니아, 보스니아 헤르체고비아, 코소보 그 아래 알바니아, 불가리아 그리스와 터키의 일부 그리고 위쪽 루마니아가 발칸반도의 나라들이다.

우크라이나를 탈출하여 루마니아를 경유하여 우리나라에 와서는 3월 한 달은 무료하게 지냈는데 4월부터는 온라인 수업을 하라는 공문이 메일로 왔다. 한국에서는 인터넷이 빨라 수업하기는 좋았는데 6시간의 시차가 있어 불편했다. 5월 들어 우리 부부는 좀 더 가깝게 우크라이나로 가고 싶었다. 우크라이나가 여행 4단계 여행금지국이라 들어갈 수는 없고 시차가 없는 루마니아에서 한 달 살기를 결심했다. 루마니아 중부 시골마을 바카레스티에 에어비앤비(Airbnb)를 통해 숙소를 예약했다. 200여 가구가 사는 마을인데 인터넷이 있었다. 도착한 날, 키가 큰 젊은이가 넓은 마당을 청소하고 있었다. 숙소는 동화 속에 나오는 작은 집이었다. 마당이 600m^2는 족히 넘었는데 온갖 과일 나무가 있고 푸른 잔디가 깔려 있었다. 차나드라는 젊은 주인은 친절하고 손님에게 최대한 편리하게 지낼 수 있도록 노력하는 사람이었다. 간단한 인사를 하고 열쇠를 받고 집안 설명을 해주고 그는 멀리 자신의 집으로 떠났고 우리 부부만 시골마을에 남았다.

루마니아는 드라큐라의 나라 아닌가? 그리고 두 집 건너 교회 옆에는 공동묘지가 있어 무서운 생각이 들었다. 다음날 아침 일찍 눈을 뜨고 어떻게 이 시골에서 지낼까 생각했는데 아침부터 들리는 소리는 개, 닭, 소, 말소리, 바람소리, 가끔 아이들 소리, 멀리 자동차와 기차 소리가 다였다. 슬라브계통의 동유럽어는 어느 정도 이해가 가능한데 루마니아어와 헝가리어는 전혀 알아 들을 수가 없었다. 차나드는 일주일에 한 두번 와서 이런 저런 이야기를 나누었다. 서로 어설픈 영어로 이야기했는데 언어의 장벽이 있었음에도 서로를 이해할 수 있었다.

차나드는 헝가리 루마니아 이중국적자이다. 유럽의 지형은 전쟁이 끝날 때마다 엄청난 변화를 동반했는데 발칸지역은 특히 심했다. 지금도 루마니아에는 구헝가리 지역에 백만 명 이상의 헝가리인들이 살고 있다. 우연히 우리가 거주했던 시골 바카레스티는 헝가리인이 80% 이상 사는 하르기타주로 차나드 외할아버지가 사시던 곳을 차나드가 숙소로 개조하여 숙박업을 하는 곳이다. 동양인을 처음 본다던 그의 어머니도 초등학교 때 배운 영어와 러시아어를 동원하여 옛일을 회상하고 아버지를 이야기하며 눈물을 보이는 순수한 사람이었다. 우리가 우크라이나에서 온 것을 알고는 텃밭의 시금치 파 마늘 등 온갖 야채와 사과를 주시고 헝가리 음식을 주셨다. 우리가 떠나던 날 아침에도 와서 음식을 주시고 200레우(한화 5만원)를 손에 쥐여 주셨다. 차나드는 난민 규정을 살펴보고 우크라이나에서 온 사람에게는 집세를 받지 않겠다고 했다.

우리는 우크라이나의 전쟁 그리고 루마니아와 한국에 관하여 이야기하며 간단하게 결론을 지었다. 노 워, 노 푸틴, 피스 인 더 월드. 문법이 맞든 안 맞든 우리 사이에는 작은 국가 연대가 이루어졌다.

그래도 삶은 계속 된다

45. 그래도 삶은 계속된다

요즘 키이우 사람들 일상은 정전시간표를 보는 것으로 시작된다. 매일 아침 에너지회사 사이트에 들어가면 지역별, 거리별로 그날의 정전 시간이 나온다. 21세기에 전기 없이 사는 방법을 터득 중이다. 다행인 것은 계속 정전이 아니고 지역 단위로 3~4시간 정전이었다 다시 전기가 들어오고 나가는 순환제 방식이다. 3~4주 지나니 숙달되어 생활에 불편함은 있지만 별 이상 없이 지내고 있다. 병원 학교 연구소 등 전기가 꼭 필요한 곳도 예외 없이 정전이 실시되어 소형 발전기가 불티나게 팔리고 있다. 러시아의 전기나 상수도 시설 등 기간산업 파괴는 전쟁이 아니라 테러이다. 테러가 극심해도 삶은 계속된다.

국제시장이란 영화를 보면 70여 년 전 한국전쟁 중 부산 국제시장을 중심으로 좌판을 벌이고 치열하게 사는 사람들의 모습이 그려져 있다. 21세기에도 우크라이나에 그런 모습이 있다. 전시 중인 우크라이나 키이우에서 12월 초 키이우 벼룩시장에 가보았다. 딱히 필요한 물건이 있는 건 아니었지만 사람들은 어떻게 지내는지 궁금했다. 모자 장갑과 두툼한 외투를 입은 사람들이 거리를 가득 메우고 좌판을 벌이고 온갖 물건을 사고팔고 있었다. 전문적으로 장사하는 사람도 있었고 자신의 물건을 가지고 나와 파는 사람 등 엄청난 물건이 거래되고 있었다. 날씨가 춥고 전선에서는 포탄이 날아도 삶은 계속된다.

필요한 물건이 있어 대형 쇼핑몰에 갔었다. 전쟁 중이지만 여성옷 가게와 화장품 가게 그리고 보석 상점의 불빛이 어느 가게 보다도 밝게 빛났다. 이 난리통에 옷과 화장품과 보석이라… 씁쓸하게 돌아서는데 한 무리 군인들이 떠들썩하게 지나갔다. 전선에서도 향수와 보석이 필요할까? 전쟁 중에도 아름답게 화장하고 보석과 액세서리를 추구하는 여성의 삶은 계속된다.

요즘 키이우 지하철 운행 간격 시간이 부쩍 늘었다. 보통은 2~3분에 한대씩 오던 지하철이 10~15분씩 길어졌다. 키이우 지하철은 1960년에 개통되었다. 우리나라 지하철 1호선이 1974년 개통되었으니 우리나라보다 먼저 지하철이 달렸다. 노선은 간단하다. 빨강 초록 파란색 노선 모두 세개 선이고 역은 총 52개이다. 깊은 지하역은 100m 넘게 내려간다. 전쟁 중 공습경보가 있으면 좋은 대피소 역할을 한다. 키이우 지하철을 타면 많은 잡상인이 밴드, 약, 달력, 볼펜 등을 판다. 그리고 기타나 아코디언을 연주하며 구걸하는 사람이 많이 늘었다. 어쩌랴 전쟁 중에 생활은 팍팍하고 지하철은 달리고 삶은 계속되는데…

2월 24일 전쟁 후 패스트푸드 점이 거의 모두 문을 닫았다. 특히 맥도널드는 키이우 사람들에게 특별한 장소이다. 키이우 어린이에게 부모님이 차려 주시는 맥도널드 생일파티는 최고의 자랑이자 기쁨이었다. 연인이나 젊은이들의 만남의 장소였고, 허기진 젊은이나 사업가들의 식당이었고 나이 드신 분들이 치즈버거 하나 시키고 한나절 앉아 있어도 괜찮은 곳이었고, 화장실이 흔치 않은 키이우 거리에서 당당히 화장실을 무료로 갈 수 있는 장소였다. 전쟁 와중에 많은 가게나 음식점이 문을 닫았지만 지난 11월부터 키이우에는 맥도널드, KFC, 도미노피자 등이 서서히 문을 열고 있다. 전쟁 중이지만 먹어야 하는 삶은 계속된다.

에피센트르라는 건축자재몰에 갔다. 30만점이 넘는 건축재료를 팔고 있었다. 전쟁 중이지만 집을 수리하고 새로 단장하는 사람으로 만원이었다. 모두 전쟁으로 망가진 집을 고치는 것은 아니리라. 그 옆 넓은 코너에는 크리스마스 장식용품이 산같이 쌓여 있었다. 전쟁 중에도 아기 예수님의 탄생을 기뻐하고 성탄절을 축하하고 집안을 장식하며 크리스마스를 맞이하리, 구석 코너에 지난 5월에 전사한 제자가 작년에 선물한 크리스마스 장식품이 초라하게 놓여 있었다. 죽음속에서도 삶은 계속된다.

46. 개

인간과 가장 친한 동물이면서도 온갖 욕에는 개가 들어가 있다. 우리나라뿐만 아니라 세계 여러 나라가 비슷하다. 우크라이나에서 가족이 몇 명이냐고 물으면 개나 고양이를 포함해서 이야기하는 사람이 많다. 그만큼 동물을 사랑하고 가족같이 지낸다는 뜻이다. 요즘은 우리나라도 반려동물 천만 시대이고 많은 사람이 개나 고양이를 키우지만 우리 어린 시절만 해도 개는 그저 식용 재료이고 고양이는 쥐를 잡기 위한 도구였다.

10여 년 전에 아들이 개를 한 마리를 사왔다. 러시안 스패니얼 개로 침대에서 같이 자고 같이 먹었다. 얼마 후에는 치와와 라는 멕시코 산 소형견을 선물 받아 키웠는데 귀가할 때면 그 녀석들 모습이 어른거렸다. 그러다 러시안 스패니얼 럭키가 8살에 암에 걸려 죽었는데 얼마나 상심했는지 몇 날을 울며 우울하게 지냈다. 그리고 다시는 개를 키우지 않으리라 다짐을 했다. 그러다 2년 전에 아들이 럭키와 비슷한 러시안 스패니얼 개를 선물해서 지금까지 키우고 있는데 아프면 동물병원 데려가고 약 먹이고 아침, 저녁 대소변하라고 산책시키고 자식과 비슷하다.

지난 2월 24일 전쟁이 발발했을 때도 개들 때문에 피난을 갈까 말까 망설이다. 마침 루마니아 국경 근처 학생이 임시로 맡아주겠다고 해서 출발했었다. 학생이 수시로 개 사진도 보내주고 동영상도 보내주었는데 몇 개월 후 만났을 때 개는 오줌을 지리며 붕붕 뛰며 좋아했었다.

우크라이나에는 고급 견종이 많다. 개는 다 비슷하다고 생각하지만 개를 키우는 사람들은 자신의 개에 대한 자부심이 대단하다. 그리고 이야기할 때 개나 고양이 이야기를 많이 한다. 그리고 개를 키우는 사람들끼리는 동지애가 있다. 우리동네에서 개를 키우는 사람들은 모두 서로서로 알고 지내고 서로 개이름도 거의 다 기억한다.

코로나 사태로 인간이 많이 외로웠다. 모임도 줄고 재택근무도 많아졌고 온라인 회의나 수업이 대세였다. 집에 있는 시간이 많아지자 여기 사람들이 개와 고양이를 많이 샀다. 우리집 근처에서도 개를 키우는 사람이 많이 늘었는데 전쟁이 터지자 피난 가는 사람 중에는 자신의 반려동물을 데리고 가는 사람도 있지만 가는 도중 버리는 사람도 있었고 아예 버리고 떠나는 사람도 많았다.

우크라이나 전쟁으로 동물들도 수난이다. 주변국에서는 입국하는 동물들에 마이크로 내장칩을 무료로 시술해 주고 동물 여권이 없는 개도 입국시켜 개여권을 만들어 준다는 뉴스도 접했다. 그렇지 않아도 동네에는 집 없는 개가 많은데 개나 고양이를 버리고 떠난 주인들 때문에 집 없는 개나 고양이가 넘쳐나고 있다. 며칠 전 겨울비가 오는데 비싼 셰퍼드 한 마리가 목줄을 달고 쓰레기통을 뒤지고 있었다. 어느 주인이 피치못할 사정으로 버렸던지, 길을 잃어버려 주인과 헤어졌으리라.

전쟁은 인간도 비참하게 만들지만 동물도 참혹하게 만든다.

47. 동네 폭격

10~20km 밖에서 폭격이 일어도 소리가 들린다. 지난해 2월 24일 우크라이나 전쟁이 나고 새벽부터 온종일 포격 소리를 들었다. 러시아군의 민간이 학살이 벌어졌던 부차와 이르펜이 집에서 20~25km 거리인데도 폭격 소리가 심해 피난을 결심했었다. 지난해 10월 10일 시내 폭격도 꽤 큰소리로 들었다. 군사시설이 아닌 대학, 병원, 아파트, 쇼핑몰 등의 폭격은 테러이다. 특히 전기, 상수도 시설 등의 기간 산업 공격은 전쟁 범죄이다.

우크라이나에 있는 사람들의 핸드폰에는 공습경보 앱이 깔려 있다. 우크라이나 전역에 공습이 시작되면 바로 비상벨 소리가 들린다. 요즘은 뜸하지만 연말 연초까지 하루가 멀다고 공습경보 사이렌이 울렸다. 아파트 옥상 꼭대기나 학교, 관공서 등 웬만한 높은 건물에는 사이렌 소리를 알리는 스피커가 달려 있어 시내 어디에 있든 공습이 시작되면 공습경보 소리를 듣는다. 소리만으로도 겁에 질려 대피소로 피하는 사람도 있고 면역이 되어 하던 일을 계속하거나 거리를 활보하는 사람도 있다. 강제하거나 통제하는 사람은 없다.

이번 전쟁으로 많은 사람이 죽었고 지금 이 시각에도 전선에서는 양국 군인들이 수십 명 수백 명이 죽으면서 전쟁이 벌어지고 있는데 필자가 근무하고 있는 키이우국립대학도 큰 피해를 보았다. 코로나와 겹쳐 거의 2년째 온라인 수업을 하고 있는데 수업의 질도 떨어질 뿐 아니라 학생들 학업 발전도 눈에 띄게 떨어졌다. 수업뿐만 아니라 지난 10월 공습에는 본관과 문과대 사이에 미사일이 떨어져 창틀과 문이 부서지고 여러 명이 다쳤는데 지난 연초 폭격은 의과대학과 체육대학 사이에 드론이 떨어져 역시 창틀과 문이 부서지고 건물의 일부가 파손되었다. 새벽 공습이라 인명 피해는 없었지만, 대학 당국은 피해 복구를 위해 졸업생 동문 등 여러 사람에게 모금을 시작했고 정부에서도 어려운 시기이지만 대학 및 병원 등 공공시설의 피해 복구를 우선하라고 대통령이 직접 발표했다.

키이우 국립대학은 본관과 문과대가 시내 중심에 있고 단과대학으로 국제관계대학과 제2캠퍼스로 의과대, 공과대, 체육대, 생물학부 등이 독립하여 떨어져 있는데 학생 기숙사와 교수아파트가 제2캠퍼스 근처에 있다. 필자의 집도 이 근처에 있는데 2023년 1월 1일 새벽 폭발은 필자의 집에서 1km 반경에서 발생한 것이다. 폭발음에 놀라 깨었고 창문이 흔들리고 우리 개들이 몇 분간 흥분하여 짖을 정도로 소리가 크고 무서웠다. 이전에는 공습경보가 발령되면 막연히 어딘 가에 미사일이나 드론이 떨어지겠구나 하던 생각이 바뀌었다. 내 머리 위에서 또는 우리 아파트에도 떨어질 수 있다는 생각이 들었다. 무차별로 떨어져 폭발하는 드론을 우크라이나 사람들은 가미카제 드론이라고 부른다.

드론이 떨어진 캠퍼스 운동장은 우리의 주요 산책로이다. 아침저녁으로 개와 함께 산책하는 곳이고 우리 아이들이 어려서 운동하던 곳이었고 동네와 대학의 구분이 없어 동네 사람들이 공원같이 산책하고 쉬는 곳이다.

민간을 겨냥한 미사일이나 드론의 공격은 명백한 테러이고 전쟁범죄이다. 우크라이나의 상황이 시시각각 전 세계로 타전되고 인터넷에서 공유되는데 러시아인들은 침묵하고 있다. 정교회 새해인 1월 14일 드니프르시 아파트 폭격으로 45명이 사망하고 79명이 다쳤다. 젤렌스키 우크라이나 대통령은 방송에서 "러시아인들이여 당신들은 어째서 비겁하게 침묵하는가? 테러리스트들이 저지르는 이 테러를 모르는가, 당신들이 침묵한다면 당신들도 똑같은 어려움을 당할 날이 있을 것이다"라고 말했다.

▲ 대학홈페이지에서 켑쳐 멀리 필자의 아파트가 보인다.

48. 재탈출

작년 2월 24일 우크라이나 전쟁 후 탈출하여 한국에 도착해서 고등학교 동창생을 만났는데 이 친구가 농담으로 "너는 전쟁을 경험한 유일한 동문이다" 해서 웃은 적이 있다. 한국전쟁이 1953년 휴전되었으니 전쟁을 겪은 사람은 점차 줄어들고 이제 우리나라에서 전쟁을 경험한 사람은 베트남전 참전 용사들인데 이분들 연세도 70이 넘으셨다. 필자는 전쟁을 경험했다 기 보다는 그곳에서 공부하고 학생들 가르치다 날벼락을 맞은 꼴이다.

연초 키이우 우리 동네 폭격 후 많은 생각을 하게 되었다. 우크라이나는 현재 여행경보 4단계 여행 금지 구역이라 예외적 여권 사용을 신청하여 한 달씩 허가를 받아 거주 연장해 왔는데 이번 폭격으로 잠시 소나기 피하는 심정으로 다시 떠날 결심을 했다. 한국에서는 그렇게도 그리던 땅이었건만 무서워지기 시작했다.

전쟁 중에도 2023년 1월 24일 2학기가 시작되었다. 2학기도 온라인 수업인데 매일 4~5시간씩 순환적으로 정전이라 줌(ZOOM)을 통한 인터넷 수업을 하기가 어렵고, 교수가 전기가 들어와서 수업해도 학생이 전기가 없으면 출석률이 떨어지는 곤경에 처해있다(요즘은 핸드폰을 충전하여 수업에 들어오는 학생도 있다). 그래서 필자는 루마니아로 재탈출을 생각하게 되었다. 폴란드, 헝가리, 슬로바키아 등 유럽의 인접한 여러 나라를 갈 수 있지만 루마니아는 시차가 없고 지난번에 머물렀던 루마니아 중부지방 시골 마을에 메일을 보냈더니 필요하면 언제든지 미리 연락하고 오라는 답장을 받았다. 언제 돌아올지 모르니 한국 음식과 양념을 넣었고, 옷 몇 벌과 약품, 책

몇 권 등 최소한으로 피난 용품을 챙겼다. 10시간 이상 운전해야 하는 부담은 있었지만 떠나기로 결심했다. 우크라이나 루마니아 국경은 전쟁 초기같이 혼란스럽지 않고 조용하고 차분했다. 전쟁을 피해 나가는 사람보다 오히려 귀국하는 차량이 더 많아 보였다. 순서대로 국경을 통과하는데 약 40분 정도 소요되어 루마니아로 넘어왔다.

국경을 넘으니 한없이 평화롭고 조용해서 부러웠다. 1월 가장 추운 달이지만 눈(雪)은 없고 푸른 잔디와 숲이 끝없이 펼쳐져 있었다. 사실 예전만 하더라도 우크라이나 사람들은 주변의 폴란드 루마니아 몰다비아 사람들을 약간 무시하고 하대했었다. 지금이야 전쟁으로 사정이 바뀌었지만 폴랴키(폴란드인), 루만(루마니아인), 몰다반(몰다비아인)으로 불렀는데 약간 낮추어 부르는 의미가 있다.

루마니아 국경에서 중부지방 산속과 숲으로 4시간 이상 운전하여 바카레스티(Vacaresti) 시골 마을에 다시 도착했다. 옛 가요에 정들면 고향이라고 시골 마을 근처에 오니 마음이 놓이고 안도의 숨을 쉬었다. 개들도 이 마을을 안다는 반응을 했다. 도착하니 주인 차나드와 그의 어머니가 집을 청소하고 있었다. 동화 속 작은 집이 우리가 거처해야 할 숙소였는데 망명객의 심정으로 방으로 들어섰다. 언제 돌아갈지도 모르겠고, 전쟁은 어찌 진행될지도 모르겠고, 우리의 운명은? 우크라이나의 앞날은? 하고 많은 나라 중 하필 우크라이나에서 공부하고 가르치다 이 지경에 이르렀으니 답답하고 한숨만 나왔다. 그리고 독주 몇 잔 마시고 잠이 들었다.

그날 국경을 넘으며 정지용 선생의 고향이라는 시가 사무치도록 가슴에서 흐느꼈다.

고향에 고향에 돌아와도
그리던 고향은 아니러뇨.
산꿩이 알을 품고
뻐꾸기 제 철에 울건만.
마음은 제 고향 지니지 않고
머언 항구로 떠도는 구름.
오늘도 뫼 끝에 홀로 오르니
흰 점 꽃이 인정스레 웃고,
어린 시절에 불던 풀피리 소리 아니 나고
메마른 입술에 쓰디쓰다.
고향에 고향에 돌아와도
그리던 하늘만이 높푸르구나.

49. 전쟁 1년 넘긴 우크라이나 러시아 전선

우크라이나와 러시아의 접경은 약 2,000km이다. 지금은 조용하지만 러시아 동맹이며 적극적으로 돕고 있는 벨라루스 접경이 약 900km이니 우크라이나는 거의 3,000km를 적들과 붙어있는 형국이다. 벨라루스 쪽과 우크라이나가 탈환한 하리키브를 제외하더라도 2023년 3월 현재 전선은 약 1,000km 펼쳐져 있다. 오래전부터 떼려야 뗄 수 없는 지리적 여건이다. 예전에는 거의 국경이 열려 있어 비자

없이 상호 왕래하던 곳이며 우크라이나 러시아 벨라루스에는 많은 친인척이 엉켜 있다. 지금 교전이 벌어지는 루한스크나 도네츠크 지방은 러시아어 강세 지역이었지만 러시아 침략 후 어디를 가도 우크라이나어를 쓰려고 노력하고 있다.

우크라이나에서는 전쟁 발발 후 총동원령이 내려져 18~60세 남자들은 입영대상이지만 학생, 선생님, 의사, 구급대원, 공무원, IT산업 종사자 등 특수직 종사자, 장애아가 있는 사람, 3명 이상의 자녀가 있는 사람 등이 군 면제 대상이다. 그런데 시내를 거닐다 보면 많은 젊은이를 보게 된다. 이 모든 사람이 군 면제 대상은 아니라고 생각한다. 군 면제 대상이지만 자원입대하여 전선에 나가는 사람도 많고 그중에는 전사한 제자와 동료 교수도 있다.

러시아도 병력을 증강하기는 마찬가지이다. 지난해 9월 부분동원령을 선포하여 약 30만의 젊은이를 모집했고 현재 115만 병력을 150만으로 증강하는 절차에 들었다. 1,000km의 전선을 운용하려면 아무리 많은 군대가 있어도 쉽지는 않을 것이다. 인구 1억4000만의 러시아는 면적이 1,700만km²로 우리나라보다 170배 땅이 크다. 우크라이나 영토는 60만km²이고 인구는 4,200만(수백만의 난민이 유럽에 퍼져있다)으로 규모만 보면 다윗과 골리앗의 싸움이다. 그러나 덩치만 크다고 싸움에서 이기는 것은 아니다.

푸틴이 작년 2월 24일 전쟁을 시작하며(그는 전쟁이 아니라 특별군사작전이라 했다) 친나치 세력 축출, 돈바스 지역 러시아인 보호, 나토(NATO) 동진 및 우크라이나의 나토 가입 저지가 목표였다. 푸틴의 생각에는 오류와 모순이 혼재한다. 우크라이나에 신나치 세력은 없다. 돈바스 지역에 러시아인이 있지만 그들은 러시아계 우크라이나 국적의 우크라이나인들이다. 모스크바 대학생 간담회에서 푸틴은 "지금 전선에는 많은 미군과 나토군이 싸우고 있으며 그들이 우크라이나군을 조정하고 있다"고 말했는데 우크라이나 전선에 자원해서 온 국제군단을 제외하면 외국군은 없다. 독일과 미국의 탱크 지원을 2차세계대전에서 패한 독일의 신나치군이 다시 러시아를 공격하려 한다고 호들갑을 떨었다.

우크라이나 국민이 뽑은 정권을 신나치 정권이라면 푸틴정권은 무슨 정권인가? 영구 집권하려고 헌법을 고치고, 입법 사법 행정부를 자신의 거수기로 만들고 정적을 죽이고 감옥에 가두고 언론을 탄압하는 세계 최악의 독재정권이다. 푸틴이 어떤 이유를 들던 군대를 물리고 전쟁을 멈추어야 한다. 나토(NATO)의 동진이 불안하다면 러시아가 나토에 가입하고 유럽연합(EU)에 가입하면 된다. 유럽은 우크라이나를 적극적으로 지원해야 한다. 러시아가 승리한다면 다음은 몰도바, 장기적으로 폴란드 헝가리 루마니아 그리고 발트 삼국이 위험하다.

우크라이나의 영토 회복 없는 휴전이나 협상은 없다고 대통령부터 모든 사람이 입을 모으고 있다. 우크라이나 사람들은 알고 있다. 이번 전쟁에서 이기지 못하면 무릎 꿇고 살든지 죽을 것이라는 사실을. 그래서 온 국민이 전쟁 1년이 지난 현재 백년전쟁도 불사한다는 결의를 보이고 있다.

50. 내년 우크라이나 러시아 대통령 선거

예전 우리나라 영수 철수같이 우크라이나 러시아에는 볼로쟈(러시아어: 발로쟈), 사샤, 이고르, 세르기(세르게이) 등이 흔한 이름이다. 우크라이나어로 볼로디미르 젤렌스키 대통령이나 러시아어로 블라디미르 푸틴 대통령이나 성은 다르지만 같은 이름이다. 두 사람 다 어려서는 약칭인 보바나 발로쟈로 불렸을 것이다.

2000년 집권한 푸틴은 24년째 집권하고 있다. 3선 연임 금지 규정에 막혀 2008년에는 자신의 심복인 메드베데프를 대통령으로 앉히고 자신은 총리직에 있으면서 대통령을 부하같이 부렸다. 4년 후에는 아예 대통령 임기를 6년으로 늘리고 연임 규정을 없애 죽을 때까지 집권하려고 작정하고 있다(6년 중임 규정이 있지만 현직대통령은 예외 조항을 넣어 2036년까지 집권이 가능하다). 헌법에 따라 2018년부터 다시 집권했으니 내년에 대통령 선거를 한다.

우크라이나 대통령은 5년 중임이다. 지금까지 두 번 연속 대통령을 한 사람은 2대 쿠치마 밖에 없다. 매 5년마다 대통령 선거를 하여 정권을 바꿨다. 문제는 드니프르 강을 중심으로 서부와 동부로 나뉘어 지역을 기반으로 치열한 싸움을 했다. 초대 크랍츄크(집권기간 1991~1994년)는 우크라이나 독립을 이루었고 자신이 임명한 쿠치마 총리에게 패해서 연임에 실패했고 쿠치마(1994~2005년)는 동부지역을 기반으로 연임에 성공했고 당시 러시아 집권자인 푸틴과는 호형호제하던 사이였다. 쿠치마 집권 시 유셴코(친서방, 서부지원)와 야누코비치(친러시아, 동부지원)도 총리를 했는데 2005년 대선에서 둘이 처음 붙어 야누코비치가 당선됐다가 불법 선거 논란으로 재선거를 하여 유셴코(2005~2010)가 집권했다. 당시 부정 선거 시위를 오렌지 혁명이라고 한다. 유셴코는 초대 총리로 율랴 티모셴코를 지명했는데 그 후 자신의 정적이던 야누코비치를 총리에 임명하였고 2022년 전쟁의 원인을 제공했다.

유셴코 후 도네츠크 출신인 야누코비치(2010~2014)가 집권했는데 그는 친러 성향으로 국민이 바라던 유럽연합(EU) 가입을 미루고 친러로 기울며 유로 마이단혁명으로 일컫는 시위가 일어 야누코비치는 러시아로 도망가고 친서방 정권이 들어서게 되었다. 이에 푸틴은 2014년 3월에 크림을 점령했고 곧 동부지역에서 도네츠크와 루간스크가 독립을 선포하고 러시아의 지원을 받아 우크라이나와 전쟁에 들어갔다. 이미 2014년부터 간헐적으로 전투가 일어 1만5000명 이상의 사상자가 나왔으며 이번 전쟁과 연계되어 계속 전쟁이 이어지고 있다.

그 후 집권자가 포로셴코(2014~2019)로 재벌이며 초콜릿 왕이다. 포로셴코도 친서방 정책을 펴며 반러 정책을 폈는데 부정부패 의혹이 일며 2019년 대선에서 현 젤렌스키에게 압도적으로 패배했다. 방송인이며 배우에서 일약 대통령이 되어 러시아와 전쟁을 수행하고 있는 젤렌스키 임기도 내년이면 끝나고 우크라이나도 2024년에 대통령 선거가 실시된다. 우크라이나 대선 후보는 지금까지 대통령이 임명했던 총리 중 세력을 키워 후보로 나오는 전통이 있다.

내년 선거가 치러진다면 우크라이나나 러시아나 이변이 없는 한 젤렌스키와 푸틴은 재집권하리라 예상한다. 우크라이나는 언론의 자유가 있고 자유와 민주주의에 대한 염원이 높아 지금까지 헌법 개정 없이 어느 정도 공정하고 자유롭게 대선을 치렀다. 그러나 푸틴은 이번 전쟁의 위험을 감수해야 할 것이다. 지금까지 힘을 우위로 국민을 억누르고 정치선전을 했지만, 다수의 말 없는 러시아 국민은 알고 있다. 왜 침략전쟁을 일으켰는지? 왜 양국의 젊은이들이 이 전쟁에서 죽어야 하는지? 푸틴은 왜 이리 오래 집권하는지?

51. 피난 생활

작년 2월 24일 러시아의 침공으로 시작된 전쟁으로 많은 우크라이나 사람이 세계 여러 지역으로 피난을 갔다. 특히 폴란드, 루마니아, 헝가리, 몰도바, 슬로바키아 등 인접국에 피난민이 가장 많다. 이어 유럽 전역으로 퍼졌으며 멀리 캐나다, 미국, 호주, 남미 등 전 세계로 약 800만 명이 나갔고 국내 피난민도 600만 정도로 추산하고 있다. 우리나라에도 우크라이나 고려인 1,000여명이 입국하여 피난생활을 하고 있다.

설움 중에서 집 없는 설움과 배고픈 설움이야 말로 가장 큰 설움일 것이다. 어린 시절 신흥동에서 세 들어 살던 어머니는 뛰지 마라, 소리치지 마라, 싸우지 말라고 신신당부하셨다. 그 시절 밀가루와 고구마가 거의 주식이었다. 철없는 막내는 밀가루 음식 싫다고 밥 달라고 졸랐고 자식들 쌀밥 배불리 못 먹이는 어머님은 속도 많이 상하셨을 것이다.

우크라이나 난민에 대하여 처음에는 세계 여론이 동정적이고 호의적이었다. 극적인 장면도 많이 나오고 추위에 전쟁을 피해 나온 사람들에게 거주지와 음식을 제공하고 있다. 학생들에게는 교육 기회를 주고 직업도 알선하고 있으나 전쟁 1년이 지나며 전쟁의 피로가 쌓이고 세계의 물가가 요동치면서 전쟁 초와는 많이 다른 양상이 보인다. 피난민 지원이 모든 사람에게 제공되는 것은 아니다. 유럽 주요 도시의 경찰서 산하에 난민센터가 있어 난민 등록을 하고 등록증을 받아야 한다.

유럽의 30여개 솅겐지역(Schengen Area) 나라는 한국인이 보통 90일간 무비자로 생활할 수 있다. 90일 이후에는 그 나라에서 출국하든지 나갔다 다시 들어와야 한다. 우리도 루마니아 입국 90일이 가까워지며 걱정되어 물어물어 하르기타주 경찰서를 찾았다. 짧은 영어로 온 이유를 말하니 우크라이나어 통역을 데리고 나왔다. 난민 인터뷰를 했는데 40분 이상의 인터뷰에서 별의별 질문을 다 했다. 그리고 사진을 찍고 지문을 채취하고 난민 증명서를 주며 담당 경찰관이 "당신들은 전쟁이 끝날 때까지 루마니아에서 거주할 수 있는 권리가 있다"는 말을 듣고 안심을 했다.

1970년초 초등학교만 나오신 어머님이 논두렁 밭두렁이 즐비하고 역전 뒤로 염전이 있는 주안으로 이사를 생각하신 것은 혁명적 사건이었다. 주안집은 30여평의 집으로 쪽방이나 다름없는 신흥동 셋집에 비하면 대운동장이었다. 안방과 건넌방은 우리 가족이 사용하고 아랫방은 세를 주어 어머니는 드디어 집주인이 되셨다. 집에서 공놀이도 하고 친구도 데려오고 고래고래 소리를 질러도 어머니는 흐뭇하게 보셨다.

한국전쟁 당시 부산으로 피난 간 많은 사람은 판잣집을 짓고 방 한 칸 얻으려고 무진 고생을 했을 것이고 아이들도 온갖 놀림과 고초를 겪었을 것이다. 외국 난민 생활은 일단 언어가 단절된 상태에서 고립된다. 며칠은 주변 지형도 익히고 가게도 찾아보고 난민 등록하고 정신없이 지나는데 몇 주 지나고 한 달 두 달 지나면서 미래에 대한 온갖 불안과 회의가 몰려온다. 나라마다 틀리지만 유럽 여러 나라에서는 생활비로 최초 6~10주 동안 개인에게 주당 40~50유로를 지급한다. 이 돈으로 먹거리도 사기 어렵다. 공동주거지나 기숙사 생활은 공동 취사와 공동욕실을 이용하다 보니 아이들이 달린 가족에는 불편함이 크다. 운이 좋아 아파트 방 한 칸을 얻는 경우는 큰 행운이다. 일부는 자신이 가지고 나온 돈으로 싼 방을 빌리기도 한다.

피난민이 여성과 어린이가 많다 보니 성폭력 사건이나 어린이 인신매매 등의 사건 사고가 끊이지 않는다. 피난민에게 집 없는 설움과 배고픈 설움이야 어쩔 수 없지만 아이들에게만은 희망을 주었으면 한다.

52. 집단학살의 현장 부차(Bucha)에서

3월 말 필자는 루마니아에서 키이우로 돌아왔다. 전기도 어느 정도 안정을 찾았고 전쟁은 동부지역에서 계속되고 있지만 키이우에는 공습경보가 많이 줄어서 계속 피난지에 머물 수만은 없었다. 키이우에 도착하여 가장 먼저 찾아간 곳은 러시아군 점령지에서 집단학살이 벌어졌던 부차였다.

부차로 가는 길에는 아직도 포탄에 맞고 불탄 여러 건물이 그대로 있어 마음이 아팠다. 작년 4월, 5월 부차 집단학살 보도가 나면서 마음속에 큰 빚이 있었다. 부차, 이르펜, 호스토멜은 키이우에서 북서쪽 20~25km 지점의 소도시로 전쟁 후 치열한 전투가 벌어졌는데 이곳이 뚫렸으면 수도 키이우가 함락되고 우크라이나는 러시아의 수중으로 들어갔을 것이다. 부차, 이르펜은 이제 영웅도시 칭호를 받고 있지만 집단학살의 상처와 기억은 역사에 오래 남을 것이다.

작년 2월 24일 러시아군이 벨라루스를 통해 침공하여 3일만에 호스토멜과 부차를 점령했다. 절체절명의 순간이었다. 우크라이나군은 키이우로 넘어오는 이르핀 다리를 끊었고 재블린(Javelin)를 매고 근접하여 러시아 탱크를 부수기 시작했다. 우크라이나군에게는 다른 방법이 없었다. 목숨 바쳐 러시아군을 막았다. 필사적인 방어로 러시아군은 키이우 진입이 어려워졌고 3월 말 퇴각하기 시작했다. 그러니까 2월 말부터 3월 말까지 러시아군은 점령지에서 천 이백여명이 넘는 민간인을 집단학살한 것이다.

부차의 점령군이 가장 먼저 실시한 것은 관공서 학교 등을 접수하여 관련 서류를 통해 우크라이나 군인, 경찰, 공무원과 가족을 색

▲ 학살 피해자 시신이 우크라이나 부차 공동묘지에 재안치 된 모습.
/사진=김석원

출하는 작업이었다. 이어 점령지역 사령관의 지시나 묵인 하에 각 아파트 및 개인집을 돌며 방화와 약탈이 진행되었다. 필자가 방문한 부차의 한 가정도 문이 뜯기고 금품 및 물건의 약탈이 있었다고 주인 아주머니는 계속 눈물을 흘리며 설명했다. 보급이 부족한 점령군은 3~4명씩 떼를 지어 아파트나 개인집에 거주하며 부차 지역을 통제했다. 그들은 무자비하게 비무장 민간인을 살해했으며 반러 친우 인사들을 색출하여 모진 고문을 자행하고 살육했다. 시신의 손발이 묶이고 고문 흔적이 뚜렷했다고 증언자들은 말한다. 이 민간이 학살에 참여한 자들이나 지휘계통에 있었던 자들은 국제전범재판소에서 엄격한 처벌을 받아야 할 것이다.

3월 말 러시아 점령군은 부차지역에서 철수하기 시작했다. 우크라이나의 이순신 장군같은 발레리 잘리즈닉 우크라이나군 총사령관은 중요 군사 시설을 전쟁 전에 비밀리에 옮겼고, 러시아군의 보급로를 차단하며 지형지역에 익숙한 우크라이나군을 침략군에 근접시켜 치열하게 전쟁을 치러 큰 성과를 거두었다.

러시아군 퇴각 후 부차 및 인근지역 여기저기서 민간인의 시신이 발견되었다. 시신이 너무 많아 사람들은 매장할 곳을 못 찾아 성 안드레이 교회 마당에 쌓아 놓았다. 시 당국과 사제 간 합의로 122구의 시신을 교회 마당에 임시 매장하였다. 전세계에 타전 되어 학살의 근원지로 보도된 곳인데 이후 시신들은 공동묘지에 재안치 되었다. 122구 사체 외에도 천여구의 시체가 부차, 보로단카, 호스토멜 근처에서 나뒹굴었으며 살아있는 사람들은 죽은 자의 시신을 처리하느라 1년이 지난 지금도 트라우마에 시달리고 정신병을 앓을 정도가 되었다.

▲ 2023년 4월 9일 학살 피해자 시신이 임시 안치되었던 성 안드레이 교회 마당에 조화가 놓여 있다. /사진=김석원

▲ 평화로운 부차 마을 전경. /사진=김석원

민간인 학살 1년여가 지난 시점에서 필자는 부차지역에 가서 하염없이 눈물을 흘렸다. 인간이 얼마나 더 잔인해질 수 있는 것인가? 인간이 인간을 고문하고 죽이는 이 살벌한 전쟁은 세계 여러 곳에서 어찌하여 계속되는 것일까?

2023년 3월 31일 대학살이 벌어졌던 소도시 부차에서는 온 오프라인으로 50여 개국 정상이 참석한 부차 정상회담이 열렸다.

53. 키이우의 일상

우크라이나 전쟁이 나고 모든 축일이나 공휴일은 잠정 중단되고 긴장의 연속이었다. 그러나 지난주(4월 16일) 우크라이나 정교회 부활절은 오랜만에 여러 사람이 교회 앞에 길게 줄을 서서 정성껏 만든 부활절 음식과 빵을 담은 바구니를 신부님의 성수와 함께 축복받는 하루였다.

우크라이나 사람들이 크게 생각하는 명절은 신년 1월 1일(정교회 새해 1월 14일), 3월 8일 여성의 날, 부활절, 5월 1일 노동절, 5월 9일 대독 승전기념일, 8월 24일 독립기념일, 12월 25일 성탄절(정교회 성탄절 1월 7일)이다. 특히 정교회 새해와 부활절은 우리나라 설날과 추석같이 여러 사람이 고향을 찾고 친인척을 만나 덕담하고 술 한잔하는 날이다.

전쟁 후 모든 일상이 파괴되었다. 포탄이 날아들고 사람들이 죽는 판국에 축일이나 공휴일은 아무 의미가 없었다. 피난 떠나고 공습경보에 방공호를 찾는 일의 연속이었다. 특히 작년 10월부터 전기 가스 등 폭격은 테러였는데 혹한의 겨울을 겨냥하여 국민의 전쟁 의지를 꺾으려는 의도가 역력했다. 우크라이나 국민은 어려움 중에도 일상을 이어 나갔다. 전쟁 이전의 생활은 사치였다. 전쟁 초기에는 주류판매가 금지되었으나 요즘은 오전 11시부터 저녁 7시로 제한되고, 밤 11시부터 새벽 5시까지 통행금지이고, 대중교통의 간격도 길어졌고, 물가는 급격히 올랐다. 그렇지만 사람들은 이를 악물고 일상을 영위한다. 지난겨울 기간시설 폭격에도 여러 사람이 불만 없이 일치단결하여 이겨냈다. 4시간마다 반복되는 정전에도 개인 발전기를 돌리고 난방기를 줄이고 일상생활을 포기하지 않았다. 겨울 혹한에 온수가 끊겨 불편했지만, 서로서로 의지하며 따뜻한 마음의 불을 지폈다.

사람들은 알고 있다. 일상을 포기하는 것은 적이 바라는 것이고 일상을 유지하고 살아가는 이유는 우리가 적을 두려워하지 않고 생활에서 이긴다는 것을, 그래서 모든 국민이 극한 상황에서도 일상을 유지하고 곧 전쟁이 끝나고 평온의 날이 오리라는 사실을 믿었다.

우리나라에는 잘 알려지지 않은 날이지만 오래전부터 구사회주의권 나라들은 3월 8일 여성의 날을 큰 국경일로 축하했다. 날씨는 쌀쌀해도 여성들은 노출의 옷을 입고 꽃 자랑하며 거리를 활보했었다. 작년 여성의 날은 방공호에 숨기 바빴고 올해도 아무 행사 없이 평일과 다름없이 지냈다. 그러나 부활절은 달랐다. 수도사들은 최전선으로 나가 병사들에게 성수를 뿌리고 우크라이나의 승리를 기도하며 군인들을 위로했다.

전쟁은 저강도 장기전을 예고하고 있다. 러시아가 철군하지 않는 한 우크라이나가 휴전할 수 없고, 푸틴 입장에서도 수만의 희생자를 내고 아무 소득 없이 철수할 수 없는 상황이다. 이미 양측은 깊은 수렁으로 빠져들고 있다.

다음 주 5월 1일 노동절부터 9일 대독 승전기념일까지 학교는 봄방학이고 직장은 휴가다. 작년에는 러시아의 폭격과 지뢰매설로 대평원에 농산물을 많이 심지 못했지만, 올해는 가정마다 시골집이나 다차(여름집)에 가서 감자 토마토 양파 양배추 등 많은 농작물을 심으리라, 그래서 유럽 대평원의 나라, 유럽의 빵 바구니 나라, 유럽 농산물 최대 수출국 우크라이나가 그 명성에 맞게 풍년을 기약하리라...

우크라이나는 아직도 온라인 수업이다. 필자는 수업이 끝날 때마다 우크라이나의 영광, 영웅에게 영광을(Слава Україні, Героям Слава) 외친다. 그러면 학생들도 크게 따라 한다. 학생은 수업하고 직장인은 일하고 장사하는 사람들은 가게를 열고 일상을 유지하려고 노력한다. 그 길만이 지난한 전쟁에서 우리를 지키고 승리한다고 믿는 것이다.

54. 눈물의 종강

4월 말 4학년 학생들 종강이 있었다. 6월 말 졸업을 준비하기 위해 종강하고 졸업 시험 보고 학위 논문 심사 때문에 일찍 수업을 마쳤다. 이번 졸업하는 4학년 학생들은 1학년 때 얼굴을 보고 코로나와 전쟁으로 3년간 비대면 수업으로 졸업하는 것이다. 마음이 아팠다. 어떤 학생은 폴란드에서 프랑스에서 피난 중 수업을 들으며 종강에 참석했다.

예전 우리나라 졸업식은 눈물바다였다. 1절 빛나는 졸업장을 타신 언니께 꽃다발을 한 아름 선사합니다. 물려받은 책으로 공부를 하며 우리는 언니 뒤를 따르렵니다. 2절 잘 있거라 아우들아 정든 교실아 선생님 저희들은 물러갑니다. 부지런히 더 배우고 얼른 자라서 새 나라의 새 일꾼이 되겠습니다. 3절 앞에서 끌어주고 뒤에서 밀며 우리나라 짊어지고 나갈 우리들 냇물이 바다에서 서로 만나듯 우리들도 이 다음에 다시 만나세. 1절을 재학생이 부르고 2절을 졸업생이 부르고 3절은 다 함께 부르며 눈물바다가 되었다. 그리고 졸업식 후 학교 근처 중국집에서 짜장면을 먹고 졸업식이 끝났다.

"여러분 코로나와 전쟁 때문에 몇 번 얼굴도 못 보고 종강입니다. 대학원에 진학하는 학생은 다시 보겠지만 이제 우리의 수업은 여기서 끝입니다. 코로나와 전쟁에도 우리는 살아남았습니다. 제일 중요한 것은 건강입니다. 아무리 어려워도 살아남고 이겨내야 합니다." 마음 약한 솔로미야와 리자가 찔끔 눈물을 흘렸다. "이렇게 어려운 상황에서 수업하는 여러분에게 선생으로서 좀 더 잘해주지 못해 미안합니다. 언제 어디에서나 죽지 말고 살아서 다시 만나 환하게 웃을 날을 기다립니다"하고 이야기를 하자 한 명 두 명 눈물을 흘리기 시작하더니 십여 명이 모두 울음을 터트렸다. 선생인 필자도 눈물을 흘렸다. 화창한 봄날 전쟁과 코로나로 지친 심신에 학생들 가슴속에는 울음이 가득했다.

전 세계 거의 모든 대학이 대면 수업이지만 우크라이나 대학은 아직 비대면 수업이다. 봄기운이 완연한데 많은 교수 학생들이 전선으로 나갔다. 기숙사는 예비병사의 숙소로 쓰이고 캠퍼스는 연병장이 되었다. 캠퍼스의 낭만이나 웃음은 사라진 지 오래다.

소련 시절 모스크바대학 상트페테르부르크대학 키이우대학은 3대 명문대학으로 연구 수준이 세계 유수의 대학과 어깨를 나란히 했지만, 1991년 소련이 15개 연방에서 15개 국가로 독립하면서 대학도 위기를 맞이하게 되었다. 상호 공동 연구도 없어졌고 논문이나 책 등의 교류도 급격히 줄어 연구의 폭이 아주 작아졌다. 구소련 시절 국가 계획 경제에 따라 교수나 연구자에게 주어지던 많은 혜택이 없어지며 선생들이 택시 기사로 사업가로 외국기업으로 자리를 옮겼다.

독립 후에도 교직원의 사무적이고 관료적인 태도는 여전했지만, 대학에는 낭만과 멋이 있었다. 그러나 급료가 줄어 대학의 우수한 인재들이 빠져나가며 어려움을 겪었고 이제 키이우대학은 전시(戰時) 속에 깊은 동면에 들었다. 이런 우울한 시대 배경 탓인지 학생들도 생기가 많이 없어졌고 결강도 잦고 학업도 많이 떨어졌다. 선생으로서 학생들에게 용기와 웃음을 주고 싶었으나 역부족을 느낀다. 그래서 그런지 올 종강에서는 많은 학생이 눈물을 흘렸다.

세계의 학제가 모두 똑같지는 않다. 우크라이나는 초중고를 합해서 11년 제로 운영하고 대학은 4년제다. 9월 1일이 신학기이고 다음해 1월 말 2학기를 시작하여 6월 말 1년을 마치고 7·8월은 방학이다. 엊그제 입학한 것 같은 학생들이 곧 졸업이다. 남학생은 군에 갔다 오고 여학생은 졸업하여 애를 낳으면 어른 티가 확 나는데 전쟁으로 학생들이 일찍 어른이 된 것 같다.

전쟁 1년이 지나며 학생뿐만 아니라 우크라이나 사람들 가슴에는 슬픔, 울음, 분노, 비탄, 증오가 가득하다. 표시하지 않고 일상을 유지하며 웃을 뿐이다.

55. '다차', 여름집에서

예전에 우크라이나는 5월 1일 노동절부터 대독 승전기념일인 9일까지는 봄철 휴가였다. 얼마 전 대통령 영(令)으로 5월 8일을 조국수호의 날, 5월 9일은 유럽의 날로 지정했다. 러시아와 차별을 두어 8일은 나치로부터 조국을 수호한 날이고 9일은 전 유럽이 이전의 전쟁을 기억하며 평화를 기원하는 날이다.

이 기간 우크라이나 키이우 사람들은 보통 다차라는 여름집에서 지낸다. 부활절 이후에 땅을 갈고 씨를 뿌려 여름방학이나 휴가철 그리고 가을걷이까지 많은 사람이 주말에는 다차에서 생활한다. 나이 드신 분들은 아예 도심을 떠나 5월부터 9월까지 다차에서 지내기도 한다. 소련 시절 보통 직장인들은 정부로부터 아파트도 받고 교외에 200~300평 정도의 땅을 무상분배 받아 농막을 짓고 여름을 지냈다. 농막에는 보통 깊은 지하실이 있어 가을걷이가 끝나면 여러 가지 수확물을 저장하고 겨우내 먹는다.

필자도 키이우 교외 30여km 지점에 오래전에 허름한 다차를 마련해 봄부터 가을까지 주말을 지냈다. 다차에는 사과나무, 배나무, 오래된 호두나무, 포도 넝쿨, 체리나무, 자두나무가 있고 봄이면 이곳 시장이나 가게에서 사기 어려운 깻잎, 부추, 쑥갓, 아욱, 상추씨를 한국에서 구해 심었다. 본격적으로 농사를 짓는 것은 아니고 주말에 가서 고기 구워 먹고 돌아보고 쉬다 왔다. 돌보지 않아도 봄 여름에는 체리 오디 자두가 열리고 가을에는 사과 배 포도와 호두가 열려 먹었는데 재래종이라 맛은 없지만 김치에 사과와 배를 넣으면 절묘한 맛을 낸다. 야채는 빨리 자라지만 아무리 땅이 좋아도 거름이나 비료가 없으면 수확이 빈약하다는 것도 알았다.

코로나와 전쟁으로 모든 일상생활이 엉망이 되었다. 전쟁 초기에는 한국으로 피난 갔다 왔고 그 후 루마니아에서 피난 생활하느라 작년에는 다차에 한 번도 못 갔다. 다차에 가 본지도 오래고 잊고 지냈는데 얼마 전 다차 이웃에게서 전화가 왔다. 관리비가 우리 돈으로 한 달 4,000원에서 6,000원으로 올랐으며 곧 수도를 연결할 예정이니 수도를 틀어 놨으면 잠그라는 고지였다.

부활절 후 5월 초 다차에 다녀왔다. 교외로 나가는 길에는 군인들이 경계하고 검문했다. 다차에 도착하니 잡풀이 무성하고 작년에 풀 베기를 하지 않은 갈대들이 말라서 보기 흉하게 서 있어 낫으로 자르고 불을 질렀다.

우리 마을 다차 촌에는 양쪽으로 14채가 있는데 5채는 교외 전원주택으로 멋지게 집을 지었다. 시내에서 차로 30분 거리라 그곳에서 거주하는 사람들이고, 몇 채는 우리 다차 포함하여 40년이 넘은 오래된 농막이고, 몇 채는 주말에 사람이 살 수 있을 정도로 수리한 집이다. 다차 주변에는 마차도 다니고 1970~1980년대 생산된 자동차도 다닌다.

이전 공산당 시절 부(富)는 부패와 범죄의 부산물이라고 생각했다. 부동산 투기는 생각도 할 수 없었고 상업은 사회주의법에 따라 엄격히 규제되었다. 집도 다차도 정부에서 지급하고 중요 생필품은 쿠폰을 받아 국영 상점에서 구입했다. 큰 전자제품이나 자동차는 구매 신청하고 기다렸다 순서대로 샀는데 부정부패가 심해, 힘 있고 인간관계 좋은 사람이 먼저 샀다. 그러다 1991년 독립 후 급격히 자본주의화 되며 돈은 우상이 되었고 인간 가치 기준의 지표가 되었다. 빈곤한 사람은 착하고 사회주의 원칙에 따라 산다는 생각에서 무능하고 힘없는 바보로 취급됐다.

이제 다차는 부의 상징이 되었다. 사회주의 시절 부동산으로 재산을 축적하는 것은 불가능했지만, 전쟁 이전까지만 해도 키이우 전체가 아파트 개발로 분주했고 교외에 전원주택 짓는 것이 유행이었다. 부동산 투기로 돈 버는 방법을 터득하는 중이다.

56. 한강의 기적 드니프르강의 기적

2차세계대전 패전국들은 모두 잘살고 있다. 독일 일본 이탈리아를 생각하면 수백 수천만을 죽음으로 몰고 간 나라는 어찌하여 잘살고 전쟁에서 큰 피해를 보고 수난과 역경을 겪은 몇 나라는 아직도 많은 어려움을 겪으며 가난에서 헤어나지 못하는지 역사의 아이러니이다.

오래전에 한, 중, 일 선생들이 만나 논쟁을 벌인 적이 있었다. 8월15일을 일본 선생은 종전일이라 하고 중국 선생은 전승일이라 했고 필자는 광복절이라 했는데 세 명이 어느 정도 영어 러시아어 한자를 아는지라 답답하면 한자를 써가며 열을 올리고 큰소리했다.

중국 선생과 필자는 피해국 국민으로 어느 정도 공감이 있었고 일본 선생은 고군분투했다. 필자의 결론은 역사교육이 중요하다는 것을 뼈저리게 느꼈다. 일본 선생은 문학박사 학위를 받은 사람이지만 식민지 문제, 위안부, 강제 동원, 일본의 중국침략, 난징대학살, 진주만 공습 등에 대해 아는 것이 거의 없었다. 역사교육을 안 받았다는 것이다. 중국 선생은 사회주의와 공산주의에 집착하고 자본주의와 미국을 적으로 생각하는 듯했다. 필자는 무의식적으로 반사회주의 반공 반일적인 생각을 하고 있었다. 한, 중, 일 3국의 국경일에는 차이가 있는데 8월 15일을 국경일로 하는 나라는 우리나라밖에 없다.

우크라이나 전쟁 후를 생각한다. 21세기에 벌어진 무력 침략으로 어마어마한 피해와 인명 살상을 당했다. 언젠가 이 전쟁은 끝날 것이다. 언제가 될지는 아무도 모른다. 많은 전문가는 장기전이 될 것이라고 이야기하고 있지만 필자는 푸틴이나 젤린스키 자신도 모른다고 생각한다. 전후의 상황도 어떻게 흘러갈지 아무도 알 수 없다. 폭격으로 부서진 학교, 유치원, 대학, 병원, 공장, 체육시설, 관공서, 사무실, 쇼핑몰, 개인집, 아파트, 상가, 교량, 철도, 항만, 공항, 도로와 전기 가스 상하수도 등의 기반 시설 등 이루 셀 수 없을 정도로 피해가 크다. 특히 치열한 교전이 벌어졌고 지금도 벌어지고 있는 바흐무트, 마리우폴, 헤르손, 자포리자 등은 시의 절반 이상이 파괴되어 사람이 살 수 없을 정도의 지역이 되었다. 큰 피해 상황을 복구하려면 천문학적인 비용이 들 것이다.

2020년 기준 한화로 100조원이 안 되는 국가 예산을 쓰는 나라에서 전후 복구 비용은 우크라이나 정부는 1,300조원, 세계은행에서는 약 1,000조원이 들것이라고 예상한다. 한국을 방문하는 우크라이나 경제각료나 정치인들은 한결같이 한강의 기적을 이야기한다. 70년 전 전쟁으로 폐허가 된 땅에서 어떻게 이렇게 발전했는지 경탄한다. 한국전쟁이 한창이던 70여 년 전 우크라이나는 한국보다 훨씬 잘사는 나라였다. 우리나라가 외국의 원조로 연명하던 시기 그들은 문화생활을 하며 인생을 즐겼다. 시간이 지나 우크라이나는 러시아의 침략을 당해 전쟁을 하고 있으며 세계 여러 나라에 무기 지원과 도움을 요청하고 있다.

우크라이나 러시아 전쟁은 미국과 유럽의 무기 지원을 받은 우크라이나가 러시아를 상대로 대리전쟁을 하는 양상으로 흐르고 있다. 애초에 불법 침략한 푸틴의 치명적 잘못이다. 우크라이나는 영토 회복을 목표로 하지만 미국은 이 기회에 러시아 북극곰을 잡을 작정이다. 미국이나 유럽에서 요즘 도와주는 전쟁 지원금의 1/10만 전쟁 전에 도와주었다면 우크라이나는 EU의 한 나라가 되었을 것이다. 우크라이나는 몰도바 알바니아와 함께 유럽 빈국 중 하나이다. 전쟁이 언제 끝날지 모르지만 부정부패를 일소하고 전후 재건 사업을 성공적으로 진행하길 바라는 마음이다. 우크라이나는 비옥하고 넓은 영토와 많은 자원을 가지고 있으며 문맹률이 낮은 잠재력이 큰 나라이다. 전쟁이 끝나고 20, 30년 후 키이우를 가로지르는 드니프로 강의 기적을 고대한다.

57. 대한민국과 우크라이나의 해외동포

인천에 재외동포청이 출범하여 해외에 사는 한민족 구성원에게는 삶의 새로운 전기가 마련되었다. 전 세계 어느 나라든지 외국에서 산다는 것은 외롭고 힘들지만 한편 재미있고 흥미로운 일이다. 역사적으로 살펴보면 외세의 침략을 당하거나 한 나라의 힘이 외국으로 팽창할 때 이민자가 많이 생겼다. 우리나라는 조선 말부터 일제 강점기에 많은 사람이 해외로 나갔다. 전국적으로 이주자가 많았지만, 평안도 지방에서는 주로 중국으로 함경도에서는 러시아로 이주했다. 1902년에는 하와이로 최초의 미국 이민자가 인천에서 출발하여 몇 년 사이 7,500여 명이 하와이에 정착했다. 이분들 후손이 요즘 흔히 말하는 조선족이고 고려인이고 재미교포들이다.

외교부에 의하면 현재 우리나라 해외 한민족은 750만 정도로 추산하고 있다. 미국(250만) 중국(230만) 일본(80만) CIS지역(50만)

유럽(70만) 중남미(10만) 아시아(50만) 아프리카(1만) 중동(2만 5,000) 등 전 세계 거의 모든 지역에 우리 한민족이 살고 있다. 해외에 사는 사람들도 각양각색이다. 거주국 국적자가 있고 영주권자, 사업가, 유학생, 선교사, 지상사 직원 등 여러 사람이 해외에서 살며 근무하며 공부하고 있다. 중국과 CIS지역 그리고 일본에 사는 동포들은 역사의 풍랑 속에서 운명적으로 해외에 거주하는 경우가 많으며 미국 캐나다 호주 남미 등지에는 1960년대 이후 더 잘 살고자 이민을 하신 분들이고 유럽이나 아시아 쪽에는 사업차 거주하는 분들이 많다.

19~20세기 주변 외세의 침략과 수탈을 당한 우크라이나도 해외이민자가 많다. 특히 1·2차 세계대전과 2차대전 후 소비에트 정권이 강화되며 많은 사람이 해외로 빠져나갔다. 가장 많은 우크라이나인이 거주하는 외국은 지금 전쟁을 하는 러시아로 약 400만이 있으며 미국(200만)과 캐나다(100만)에도 많은 수의 우크라이나 이민자가 있다. 러시아에는 예전 연방공화국 시절 러시아로 직장을 배정받거나 더 나은 삶을 찾기 위해 간 사람들이고 러시아 외에도 구소련 지역에는 약 300만의 우크라이나인이 퍼져 있다. 주변 동유럽에 약 250만 브라질 아르헨티나 등 남미에 150만이 거주한다. 우크라이나 외교부 통계에 의하면 1,500만의 우크라이나인이 세계 곳곳에서 생활하고 있다. 1991년 독립 이후에는 서유럽에 허드렛일로 나간 사람들도 많으며 특히 요즘 전쟁으로 조국을 떠난 피난민도 수백만이다.

캐나다의 우크라이나 이민사를 보면 드넓은 우크라이나 대평원에 살던 사람들은 자신의 조국과 비슷한 캐나다 대평원에 공동체를 형성했다. 특히 캐나다 중부 앨버타, 서스케치원, 메니토바 주에는 우크라이나 교회와 학교가 있으며 우크라이나어 신문 잡지 서적이 발행되고 아직도 우크라이나어를 사용하는 인구 비율이 높다, 교육열이 높은 우크라이나 자손들은 캐나다 여러 대학에 우크라이나 연구소를 세웠고 전문직 종사자가 많으며 부총리이며 재무장관인 크리스티아 프리랜드(Chrystia Freeland)를 비롯한 유력 정치인들도 있다. 그들은 우크라이나 음식을 즐기고 우크라이나 축일이나 공휴일에는 전통 복장을 한다.

우크라이나 교포들은 세계 곳곳 35개국에 128개의 민족시인 쉐브첸코의 동상을 세웠다. 2004년 부정선거를 이겨낸 오렌지혁명에서, 2014년 반러 친유럽 마이단혁명에서 쉐브첸코 시를 외우며 싸웠던 용사들은 지금 참호에서 전선에서 쉐브첸코 시를 외우며 러시아군과 싸우고 있다. 얼마 전 러시아군에 잡혀 담배 한 대 피우고 '우크라이나의 영광, 영웅에게 영광(Слава Україні! Героям слава!)'을 외치고 죽은 용사를 보며 필자는 눈물을 흘렸다. 조국 자유 독립을 위해 담배 연기에 스러진 영웅이여....

캐나다와 미국이 어려운 상황의 우크라이나를 적극적으로 돕는 이유 중 하나이다.

58. 미국에서 우크라이나를 생각한다

미국에는 총기사고와 마약과 동성애자 그리고 노숙자가 많다는 선입견이 있었다. 그래서 미국에는 가고 싶은 생각이 없었는데 미국에서 박사과정 중인 딸이 비행기표를 예매하는 바람에 방학 중 미국 LA에 도착했다. 딸은 미국을 객관적으로 봐야 한다고 이야기하며 아직도 미국은 세계 최강이며 가장 잘사는 나라라고 강조했다. 전쟁 중인 나라에서 지옥과 천당을 오간다며 우크라이나에서 온 부모를 환대해 주었다.

도착해 보니 노숙자가 많았다. 다리 밑이나 그늘진 곳에 텐트 치고 사는 사람들이 보였고 낡은 캠핑차에서 지내는 사람도 있다. 아직 총기 사건을 경험하지는 않았지만, 맘속에는 항상 걱정이 있다. 동성애는 이야기 자체가 금기사항이라고 말하는 딸내미는 동성 커플은 자기 주변에도 교수 학생 할 것 없이 많다는 것이다. 마약은 펜실베이니아주에 있는 켄싱턴 마약 거리같이 흔하게 보이지는 않지만, 내부적으로 만연해 있으며 거리에 합법적인 대마초(cannabis) 판매소는 자주 보였다.

우크라이나에서 30여 년 살면서 한 번도 총격 사건이나 마약을 보지 못했다. 물론 마약이나 총기류가 어딘가에는 있겠지만 잘 보이지 않는다. 동성애자도 있지만 웬만한 사람들은 동성애를 부정적으로 이야기했다. 우크라이나에서 노숙인들은 "범쥐"라고 부르는데 대학이나 공원 근처에 있지만 텐트를 치고 살지는 않는다. 며칠 지내며 유명 관광지보다는 미국 보통 사는 사람들이 다니는 대학교, 도서관, 시장, 가게, 술집, 식당, 은행 등을 다니며 미국 생활을 체험하고 공부하는 중이다. 물가는 훨씬 비싸다. 우크라이나에서는 1ℓ 맥주가 1달러 정도인데 미국은 0.33ℓ 맥주가 2~3달러, 술집에서는 9~10달러이다.

한 달 정도 짧은 기간 살며 결론을 내기는 어렵지만 이 나라는 부동의 중산층이 나라를 이끈다고 생각한다. 서두에 언급한 총기, 마약, 동성애자, 노숙자 문제는 이 거대한 나라의 일부분이다. 세계 어느 나라에나 사회적인 문제나 이슈는 넘쳐나기 마련이다. 다수의 말 없는 중산층은 아직 미국이 세계의 경찰국가 노릇을 하고 불의의 전쟁을 용납하지 않으며 정의로운 나라가 되도록 무게 중심의 축을 잡는 사람들이다.

미국은 우크라이나 전쟁에 한화 100조원 이상을 도와주었다. 미국노숙자는 약 60만 정도라니 이 돈이면 노숙자 문제를 해결할 수 있지 않을까? 미국 3억3천만의 인구 중 노숙인이 60만 정도라니 꽤 높은 비율이다. 문제는 날씨가 온화하고 살기 좋은 캘리포니아 지방에 17만명이 몰려 있다는 것이다. 아침에 산책하는 거리에는 우크라이나 깃발을 걸어 놓은 집이 있다. 어느 우크라이나인이 멀리 미국으로 난민같이 왔으리라....

대학은 완전 자율 자유 자체였다. 어느 대학이나 도서관 식당 가게에 자유롭게 출입했고 도서관에서는 어떤 책도 볼 수 있었다. 식당은 넉넉했다. 양이 많고 웬만한 음료는 무제한 리필이 가능했다.

미국 체류 중 1주일가량 뉴욕과 뉴저지에 다녀왔다. 같은 나라이지만 LA와 뉴욕은 3시간의 시차가 있고 비행기로 5시간 이상을 날아갔다. 참 넓은 나라다. 자유여신상이나 센트럴파크는 멋졌지만, 흑인들의 거친 언행은 동양인을 주눅 들게 했고 거리가 지저분하고 버스정류장이나 공공장소에 지린내가 많이 났다. 고층 건물이나 도심의 웅장함은 뉴욕을 다시 보게 했다. 워싱턴은 미국의 수도이지만 뉴욕은 세계의 수도이다.

거리에서 숙소에서 다니는 곳마다 우크라이나 생활이 오버랩(overlap)되었다. 미국은 천국인가? 우크라이나는 지옥인가? 아니다. 내가 경험하고 살던 우크라이나는 오히려 천국이다. 물가가 저렴하고 사람들이 순박하고 자연이 좋고 사계절이 뚜렷한 나라, 지금 전쟁 중 어려움을 겪고 있지만 이 전쟁이 끝나면 우크라이나는 세계사에 우뚝 서리라는 순박한 꿈을 꿔본다.

59. 큰 나라가 전쟁에서 꼭 이기는 것은 아니다

군사전문가도 아닌 필자가 전쟁에 대해 자주 이야기하는 것은 우크라이나에 운명처럼 거주하며 전쟁을 겪고 있기 때문이다. 저강도 장기전을 예고하며 우크라이나-러시아 전쟁은 계속되고 있다. 많은 TV 라디오 방송이 통합되어 아침에 일어나면 전쟁뉴스를 접하고 잠들기 전에 전쟁뉴스를 보고 잠이 든다. 공습경보가 울리면 대피소로 피하지는 않지만, 불안한 마음에 일이 손에 잡히지 않고 요즘은 방학이라 수업이 없지만 학기 중에는 수업도 할 수가 없었다.

우크라이나 전 국민이 푸틴과 러시아를 적으로 간주하고 필사 항전을 하는 요즘, 현대 벌어졌던 큰 나라와 작은 나라의 몇몇 전쟁을 생각한다. 미국이 베트남전쟁에 본격적으로 참전하는 1964년부터 1975년까지 엄청난 인명과 전비를 들였지만 결국 패배하고 말았다. 핵폭탄을 가지고 있는 세계 최강의 미국은 왜 베트남전쟁에서 물러났을까? 미국뿐만 아니라 한국 태국 호주 필리핀 뉴질랜드 등 세계 여러 나라가 직간접적으로 참전하여 냉전 속에서 전쟁을 수행했다. 묘하게 지금의 우크라이나 전쟁에서 러시아 쪽에 가까운 중국, 북한, 벨라루스(소련의 연방이었다) 등이 당시에 북베트남을 도왔다. 이란은 팔레비 왕조 이후 반미 정권으로 돌아섰다. 당시 존슨이나 닉슨 미국 대통령은 아시아 한쪽의 작은 나라의 전쟁에서 미국이 순식간에 이기리라 생각했는지 모른다. 그러나 전쟁은 몇몇 지도자의 마음대로 되는 것이 아니다.

푸틴은 3일 만에 우크라이나를 점령하고 친러정권을 세우려고 했다. 웃기는 코미디다. 당시에는 절체절명의 순간이었지만 지금 생각하면 세상에 이렇게 어리석은 지도자도 드물 것이다. 전 국민이 똘똘 뭉치면 어느 강대국도 작은 나라를 점령하기가 쉽지 않다. 푸틴은 조지아 전쟁에서 체첸전쟁에서 시리아 내전에서 크림점령에서 많은 재미를 보았다. 그렇지만 우크라이나전쟁에서는 아니다. 우크라이나 전 국민이 결사 항전하고, 눈앞에 펼쳐지는 침략전쟁에 미국 및 유럽의 여러 나라가 우크라이나를 돕고 있다. 한국과 일본도 예외는 아니다. 푸틴은 완전한 오판을 했다.

체첸인들은 옛 소련공화국에서 특별한 존재였다. 각 나라에는 유난히 지방색이 강한 지역이 있는데 체첸인들은 옛 소련에서 특이한 공화국이었다. 운동이나 여타 경기에서 지고는 못 배기는 사람들이고 똘똘 뭉쳐 러시아인 백 명이 열 명 체첸인을 못 이긴다는 우스갯소리가 있다. 1994년부터 2009년까지 이어진 전쟁에서 결국 푸틴의 입지를 살리고 진압되었지만, 체첸전쟁은 아무리 큰 나라도 작은 공화국에 고전할 수 있음을 증명했다.

아프가니스탄전쟁은 소련을 해체하는 원인이 되었다. 1979년부터 1989년까지 이어진 소련과 아프가니스탄 전쟁은 복잡한 역사적 배경과 원인이 있는데 소련당국은 친소정권을 세우려 전쟁에 참여했지만 10여 년 전쟁 후 퇴각하고 해체되어 러시아가 되었다. 당시에도 소련은 핵무기를 보유한 세계최강 군사력을 가지고 있었지만 베트남전에서 미국이 물러난 것과 유사하게 퇴각하였다.

2001년 9월 11일 미국의 심장 뉴욕 무역센터가 무너지고 수천 명이 사망하는 테러가 벌어졌다. 조지 부시 대통령은 알카에다 조직과 빈 라덴을 향해 전쟁을 선포하고 아프가니스탄을 공격하였다. 그 후 미국은 아프가니스탄 탈레반 정권을 무너트리고 친미정권을 세웠지만 그 후 지지부진하게 전쟁이 흐르는 가운데 탈레반이 다시 세력을 확장하고 2021년 미군이 완전히 철수하며 20여 년 전쟁을 끝내고 탈레반이 다시 정권을 잡았다. 아프가니스탄에서 전쟁한 소련이나 미국이나 핵무기를 가지고 있었고 세계 1, 2위의 최강 전력의 군대였지만 모두 패배했다.

역사적으로도 큰 나라가 작은 나라를 침략하여 실패한 경우는 많다. 러시아가 우크라이나의 손목을 아무리 비틀어도 우크라이나는 죽지 않는다.

60. 무책임한 공인들

우크라이나 전쟁에 관하여 소위 전문가라는 정치학자나 전직 대사나 시사평론가의 이야기를 들어보면 엉뚱한 소리를 하거나, 서구의 뉴스를 재생산하거나 한쪽으로 기울어서 이야기하는 사람이 간혹 있다. 우크라이나의 존폐가 걸린 중대한 문제에서 이럴 것이다 또는 이렇게 할 것이다, 이렇게 해야 한다, 저렇게 해야 한다고 이야기하는데 맞는 것이 거의 없다. 좀 더 냉철하고 냉정한 사고가 필요하다.

백 살이 넘은 키신저는 동부와 크림반도를 내주고 전쟁을 끝내야 한다고 이야기하고 있다. 요즘은 우크라이나의 나토 가입을 반대하지 않는다며 전쟁에서 러시아가 패배하면 세계질서의 황폐화가 올 것이라는 망언을 하고 있다. 키신저가 누구인가? 한마디로 폴리페서(polifessor)이다. 그가 똑똑하고 연구를 많이 하고 70년대 미국 국무장관을 하며 미국 외교를 쥐락펴락했지만 50년 전 이야기이고 그는 거의 치매에 가까운 노인이다. 그런 노인이 한 나라의 전쟁에 관하여 왈가왈부하는 것은 맞지 않는다. 그저 원로로 푸틴에게 전쟁을 멈추고 세계평화에 기여하라는 이야기 정도 해야 한다.

언어학자 촘스키(Noam Chomsky)는 인정하지만, 사회학자나 정치평론가로서의 촘스키는 인정할 수 없다. 특히 우크라이나 전쟁에 대한 그의 사고는 예전 리영희 선생을 기억나게 한다. 80~90년대 운동권의 정신적 지주였고 중국을 숭배하고 모든 악은 미국에서 나왔다는 그의 신념이 지금도 옳은 것인지 묻고 싶다. 촘스키는 이번 우크라이나 전쟁의 원인이 미국에 있다는 궤변을 하고 있으며 핵전쟁을 피하기 위해서는 우크라이나가 양보해야 하고 푸틴의 길을 열어줘야 한다고 하니 이게 제정신의 사람이 할 말인가? 전 세계가 무엇이 두려워 세계 최악의 독재자 침략자에게 무릎을 꿇으라는 이야기인가? 94세 치매 노인이 한 이야기를 금과옥조같이 떠받들며 책으로 엮고 헌정하는 사람도 있으니, 우크라이나에서 전쟁을 겪으며 사는 사람으로서 이해하기 힘들다. 우크라이나에서 매일 공습에 떨며 민간인의 죽음을 목격하는 상황에서 원로 석학이라는 사람이 할 소리는 아니다.

이 전쟁은 푸틴이 일으킨 영토 야욕 전쟁이다. 그 이상도 그 이하도 아니다. 푸틴은 우크라이나의 동부와 남부를 러시아 영토에 편입해 옛 제정 러시아의 영광을 취하려는 21세기의 차르이다. 히틀러도 폴란드를 공격하며 그럴듯한 이유를 붙였다. 사실 푸틴의 논리는 유아적이고 단순하다. 크림반도나 우크라이나 동부 남부는 예전에 러시아 영토였다. 그러니 그 지역을 러시아에 편입하겠다는 것이다. 그렇지만 현재 국제법이 있고 영토 영공 영해 보존의 현대 법을 완전히 무시하고 약소국을 먹겠다는 독재자의 악행이다.

푸틴은 우크라이나가 핵무기를 포기하며 미국 영국 러시아와 맺은 부다페스트 안전보장 각서를 완전히 무시하는 무법자이다. 나토가 러시아를 침략할 수 있다고 생각하는가? 독재자의 의심이며 과대망상증이다. 우크라이나의 신나치 정권을 몰아내고 핍박받는 러시아인을 구한다는 것도 헛소리이다. 그들은 러시아계 우크라이나 인이며, 국민이 뽑은 우크라이나 정권을 신나치로 규정하는 것은 푸틴 정권이 나치 정권과 비슷한 독재정권이라는 뜻이다.

푸틴! 당신 뜻대로라면 알래스카는 러시아의 영토이다. 1867년 720만달러에 러시아가 미국에 판 것은 무효다. 원래 러시아 영토였고 너무 싸게 팔았으니, 그곳을 점령하는 것이 더 대의명분이 있다.

이번 전쟁으로 한 세대가 지나기 전에 우크라이나는 푸틴과 러시아를 용서할 수 없다. 전선이 아닌 아파트와 병원과 학교 상가를 폭격하고, 날마다 시내에 미사일과 가미카제 드론을 발사하는 테러리스트이며 전쟁범죄자인 푸틴은 우크라이나인에게는 히틀러나 다름없다. 어제도 키이우에는 세 차례의 공습경보가 있었다.

61. 전쟁의 일상화

매일 아침 눈을 뜨면 전쟁 며칠째라는 생각을 한다. TV화면에도 매일 전쟁 며칠이라는 표시가 있다. 이제 전쟁은 키이우 사람들의 일상이 되었다. 날마다 공습경보가 울리지만, 공습경보에 면역이 된

▲ 우크라이나 키이우에 일요일마다 열리는 동네 야외시장 /사진=김석원, 2023.8.

사람들은 하던 일을 계속하던지 구시렁댄다. 지하철은 다니지만, 버스는 정지하고 승객들은 하차하여 공습경보가 해제될 때까지 그늘에서 쉰다. 큰 가게는 문을 닫고 손님은 밖으로 나간다. 보통 1시간 정도면 공습경보가 해제되어 일상생활이 계속된다.

키이우 물가는 어느 정도 안정되었다. 1달러 환율이 38흐리브나로 1년 이상 유지되고 있다. 전쟁 이전보다는 올랐지만, 야외시장에 가보니 감자는 1kg 400~600원(1흐리브나를 40원으로 환산한 수치), 주식인 빵 800원, 양파 킬로 당 500원, 돼지고기1kg 6,000~8,000원, 오이 800~1,000원, 가지 800원, 호박 600원 수박 1kg 800원, 참외가 2,200원이다. 요즘은 야채와 과일이 제철이라 싸다.

▲ 우크라이나 키이우에서 가장 큰 베사랍스키 시장, 날씨가 더워 손님이 별로 없다 /사진=김석원, 2023.8.

우크라이나에서 외국에 가려면 인접국으로 가서 나간다. 모든 공항이 폐쇄되어 주로 폴란드로 나가지만 루마니아나 헝가리로 나가는 사람도 있다. 키이우에서 폴란드 바르샤바 공항까지 800km를 대중교통을 타든지 자신의 차로 가서 비행기를 타야 한다. 필자는 1,000km 이상 운전하여 루마니아로 가서 나갔다 왔다. 예전에는 폴란드 루마니아 헝가리 나가는 것도 큰일이었는데 요즘은 예삿일이다. 이런 수고를 무릅쓰고 많은 사람이 외국에 나갔다가 오고, 외국인이 키이우를 방문한다(대통령이나 수상도 마찬가지다). 먼 거리를 경유하여 외국에 나가는 것도 일상화됐다.

얼마 전 대학으로부터 9월 1일 새 학기부터 대면 수업을 준비하라는 반가운 연락을 받았다. 코로나와 전쟁이 겹쳐 근 3년간 온라인 수업을 했는데 몇 년 만에 학생들을 만난다는 생각에 가슴이 설

▲ 우리나라 광화문 거리 같은 우크라이나 크레샤칙 거리 /사진=김석원, 2023.8.

렌다. 우리나라를 비롯한 거의 모든 나라에서는 이미 대면 수업이 진행되었지만, 우크라이나는 전쟁으로 조금 늦었다. 서서히 모든 면에서 전쟁이 일상화되며 학교 수업도 정상화되고 있다.

키이우의 주요 교통은 버스, 지하철, 트롤리버스(무궤도전차), 트람바이(궤도전차)가 있는데 배차 시간도 짧아졌고 요금도 예전 그대로 320원이다. 서유럽이나 한국에서 대중교통 이용할 때마다 우크라이나를 생각하고 비싸다고 생각했는데 여기 생활을 하다 보면 교통비가 싸다는 것도 잊고 지낸다.

지난 몇 주간 주말마다 시내와 대학 근처 그리고 강변을 산책했다. 산책 중 공습경보가 몇 번 있었지만 이내 정상화되고 모든 사람은 자기 일에 열중했다. 이곳이 전쟁하는 나라의 수도인가 할 정도로 평온하고 조용했다. 공습경보가 자주 울리는 것은 다른 도시에

▲ 우크라이나 드니프르 강변에서 휴식을 즐기는 사람들 /사진=김석원, 2023.8.

공습이 있어도 공습경보가 울리기 때문이다.

요즘 이상 기온으로 낮 기온이 30도가 넘는 날이 많아졌다. 보통 8월 중순을 넘기면 서늘한 바람이 부는데 계속 열대야고 덥다. 토요일에 드니프르강변에 가보았다. 전쟁 전과 마찬가지로 수많은 인파가 물놀이에 여념이 없었다. 키이우 사람만 아는, 강 중간 나체섬에도 사람이 많았다. 우리나라 광화문 거리 같은 흐레샤칙 거리도 예전과 비슷하게 사람들이 다니고 평화로웠다. 외국인은 거의 없었지만 현지인들은 많았다.

필자는 우크라이나에서 외국인이지만 전쟁이 일상화되는 이런 삶이 두렵다. 1,000km 펼쳐져 있는 전선에서는 오늘도 양쪽 군인들의 사격과 포격이 난무하는데 전쟁을 잊은 듯 사는 평범한 사람들에게 어느 날 갑자기 아파트나 거리에 미사일이라도 떨어지면 어찌할지? 이 전쟁이 언제 끝나, 진짜 우크라이나 사람들이 자신의 삶을 찾고 일상생활을 영위할지...

62. 새 학년 새 학기

우리나라에서는 3월 초에 입학식이 있지만, 유럽의 대다수 학교는 9월 1일이 새 학년 새 학기이다. 우크라이나도 예외는 아니다. 구소련권 국가는 모두 9월 1일이 새 학년이다. 평범한 일상이 누군가에게는 특별한 일이 되는 경우가 있다. 코로나-19로 2020년부터 입학식도 수업도 비대면이었다. 작년에는 뜻하지 않은 전쟁으로 몇 개월 휴강했다가 온라인 수업이 진행되었는데 평범한 입학식과 대면 수업

▲ 키이우국립대학 앞 쉐브첸코 동상 모습. 폭격에 대비해 모래 주머니를 쌓고 큰 나무상자로 덮었다.

은 우크라이나 학생들과 선생님들에게는 특별한 일이 되었다.

올해는 전시 중이지만 필자가 근무하는 대학에서도 9월 1일 입학식을 하고 대면 수업으로 개강한다는 연락을 받고 마음이 설레었다. 초·중·고등학교나 대학교나 학생이나 선생님들은 배움터에서 만나고 수업하며 지내는 것이 최고의 행복이고 즐거움이다. 개강하고 열흘 정도 흘렀다. 평생을 대학에서 학생들을 가르쳤는데 요즘은 하루하루가 새롭고 소중하다. 지난 3년간 코로나와 전쟁으로 온라인수업을 했다. 출근도 없이 재택근무로 줌(ZOOM)을 통해 수업하니 학생들의 실력도 많이 저하됐다. 전쟁으로 탈출하고, 외국에서 난민 생활을 하고, 가깝게 폭격 소리를 듣고, 힘든 시간을 견디고 많은 학생이 수업에 왔다. 아직도 일부 학생이 외국에 나가 있지만 우크라이나에 있는 학생들은 거의 수업에 참석했다. 할 말도 많았고 학생들끼리 떠들고 웃고 왁자지껄한 분위기가 좋았다.

9월 1일 키이우에 있는 거의 모든 학교가 입학식을 진행하고 수

▲ 키이우국립대 3학년 학생들과 함께 강의 도중 기념 촬영. 학생들 얼굴이 밝다.

업을 시작했다. 제2도시 하리키우에서는 지하철역 지하에 교실을 만들고 초등학생들이 수업한다는 뉴스도 나왔고 어린 학생들에게 전시 행동 요령을 가르치고 방공호에 대피하는 훈련을 하는 등 어수선한 분위기는 전체 우크라이나가 마찬가지다.

키이우에서는 많은 학생이 전통 옷을 입고 등교했고 부모님들도 걱정은 하면서도 꽃 한 송이 손에 들고 학교로 향하는 사람이 많았다. 입학식에서 초등학교 1학년 신입생은 11학년 형이나 오빠의 목말을 타고 종을 흔든다. 그래서 여기 신문이나 방송에서는 "첫 번째 종소리"라는 제목으로 새 학기를 알리고 축하했다.

전쟁이 가깝게 진행 중인 동부와 남동부 쪽은 입학식이 생략된 곳이 많았다. 이번 전쟁으로 특히 학교와 병원이 큰 피해를 보았다. 우크라이나 전역의 1,300여 학교가 완파되었고 전체적으로 3,000여 개 (대)학교가 피해를 보았으며 1,500여 개의 의료시설이 폭격 피해를 보았다. 교실이 사라진 학교에서는 지하실과 야외 학습을 하고

▲ 우크라이나 키이우국립대학교 4학년 학생들과 함께 20여 년 만에 강의실에서 사진을 찍었다(오른쪽 앞 필자).

있으며 무기한 휴교를 한 학교도 있고, 인터넷이 살아있는 지역에서는 온라인 수업도 있고, 인터넷이 취약한 지역에서는 선생님의 방문 수업도 있다.

학교와 병원이 큰 피해를 본 이유는, 러시아 침략군들은 학교와 병원에 우크라이나 군인들이 무기를 비축하고 군사작전을 하며 군인들이 숨어있어 폭격한다고 하는데, 필자가 가본 키이우에 있는 어느 학교에도 군수물자나 군인이 있는 곳은 한 곳도 없었다. 러시아 침략군들은 왜 학교와 병원과 심지어 유치원에 폭격하는지 알 수가 없다. 우크라이나 측에서는 학교 파괴 행위를 우크라이나의 정체성을 몰살하려는 침략군의 작전이며 점령지의 많은 어린이를 유괴하여 러시아화 교육을 하고 장기적으로 우크라이나를 공격시키려는 공작이라고 말한다. 국제형사재판소도 푸틴을 점령지 어린이 강제 이주 죄목으로 체포 영장을 발부했다.

아무리 전쟁이라지만 공부하는 학생들만은 공부하고 뛰어놀 수 있으면 좋겠다. 아무리 전쟁이라지만 유치원 학교 병원만은 드론이나 미사일 공격이 없으면 좋겠다. 전쟁을 일으킨 당사자들도 초등학교에 입학하던 아련한 추억이 있을 것이다. 대학에 입학하던 향수와 기억이 있을 것이다. 그때의 각오와 희망과 기대가 아직도 가슴에 남아있을 것이다.

63. 우크라이나 국립 오페라 하우스

며칠 전 학위 지도 교수님이신 우크라이나 어머니와 오페라 하우스에 다녀왔다. 동부 전선에서는 전쟁이 진행되고 있지만 수도 키이우는 가끔 공습경보는 울리지만, 어느 정도 일상생활이 정상화되고 있다. 전쟁 전, 오페라 하우스에서는 월요일만 빼고 6일간 공연을 했는데 전쟁 이후에는 1년여 휴관했다가 얼마 전부터 금, 토, 일요일 3일간 공연을 한다. 키이우에 있는 우크라이나 국립오페라 하우스는 1867년 처음 공연한 이후 우크라이나 오페라의 성지가 되었다. 전쟁 이전, 인구 300만의 키이우에서는 오페라, 연극, 음악회, 뮤지컬, 발레, 서커스, 무용, 패션쇼 등 200여 크고 작은 공연이 저녁 7시에 일제히 시작되었다.

28년 전에 교환교수로 이곳에 오신 K교수께서는 주말마다 오페라 하우스 표를 사시고 공연을 봤는데 당시 우리 돈 2,000~3,000원 표를 끊으시고는 "이거 완전히 돈 버는 일이야"하고 좋아하셨다. 한창 관광객이 많을 때는 입장료도 오르고 온갖 화려한 옷을 입은 여성들과 외국인이 많았다. 어느 학생은 4층 제일 뒷자리 표를 싸게 샀다가 1막이 끝나면 1층 빈자리에 가서 보기도 했다. 어느 날 우크라이나 어머니와 애들과 '라 트라비아타(La Traviata)' 오페라를 보러 갔다. 왼쪽에 앉았던 아들은 지루했든지 졸고 있었는데 오른쪽 어머님을 보니 눈물을 흘리고 계셨다. 동유럽의 웬만한 나라에는 역사가 오래된 오페라 하우스가 많이 있다. 헝가리 체코 폴란드 루마니아 등에서는 수준 높은 오페라를 볼 수 있는데 관광객도 많고 가격이 올라 중간 좌석 표가 100달러 이상이다.

이번 고골의 "디칸가 근교 마을의 야회" 발레 공연 전 안내방송이 있었다. 휴대전화기의 소리를 끄시고 공연 중 공습경보가 울리면 공연이 중단되며 관객들은 지하의 방공호로 대피하라는 안내였다. 좌석은 만원이었다. 전쟁에 피로하고 지친 사람들이 잠시나마 손뼉 치고 웃는 모습이 흐뭇했다. 모시고 간 어머니도 오랜만에 발레를 본다고 좋아하셨다. 특히 고골 작품에 관심이 많으시고 소논문도 몇

▲ 우크라이나 국립 오페라 하우스 건물

편 쓰신 어머니는 열심히 작품 설명을 설명하셨는데 아는 얘기지만 열심히 들었다.

키이우의 구도시에는 1800년대 건물이 줄지어 있는데, 건물 입구에는 동판에 18XX년 건축된 국가 지정 보존 건물이라는 글이 쓰여 있으며 그 집에 살았던 시인 작가 음악가 화가 등 유명인의 흉상이 연대와 함께 설치되어 있다.

우크라이나 국립 오페라 하우스 건물은 1867년 건축되어 지금까지 오페라 발레 음악회가 공연되고 있으며 1899년 재건축되었다는 동판이 있다. 그 옆에는 우크라이나 유명 작곡가 리센코의 동상이 있는데 이 동상도 폭격에 대비해 모래주머니를 쌓고 큰 나무상자로 덮여 있다. 극장 규모 면에서는 1810년 개관했다가 화재로 1887년 재개관한 오데사 국립오페라 극장이 좀 더 크고, 유네스코(UNESCO) 세계문화유산인 서부지역 르비우 구도심 중심부에 1897년 건축된 르비우 오페라 발레 극장이 우크라이나의 3대 오페라 발레 극장이다.

전쟁으로 24개 주마다 있던 오페라 발레 극장과 필하모니도 많이 위축되었다. 젊은 단원 중에는 전선에 자원입대하여 전사하거나 부상한 단원도 있고, 전선과 가까운 주에서는 공연이 없고, 전선과 멀리 떨어진 서부와 대도시에서는 주말 공연이 진행되고 있다.

공연 전 안내 방송이 있었는데 공연 말미에 진짜 공습경보가 발령되어 모든 관객이 뿔뿔이 흩어지는 서글픈 진풍경이 있었다. 원래 공연이 끝나면 모든 출연진과 관객이 하나 되어 기립박수를 치고 출연진은 인사하고 관객은 브라보를 연호하고 출연진이 다시 나와 인사하고 꽃을 주고받는 전통이 깨졌다. 빨리 전쟁이 끝나고 진정한 일상을 영위할 날을 기다린다.

64. 전선의 고착화

요즘 키이우는 전쟁 전과 다름없이 생활하고 있다. 하루에도 몇 번씩 울리던 공습경보가 10월에는 한 번밖에 없었다. 전시 합동 방송에서는 하루 종일 전쟁 상황을 보도하지만, 민영 방송사에서는 축구, 농구, 배구 등 스포츠 방송도 재개하였고 드라마와 영화도 방송하고 있다. 거리에는 맥도날드, KFC, 도미노 피자 등 많은 음식점, 카페, 술집이 문을 열었다.

키이우에서 600~700km 떨어져 1,000여km 펼쳐져 있는 전선이, 길고 추운 겨울을 앞두고 숨 고르기에 들어간 느낌이다. 또한 이스라엘과 팔레스타인 전쟁에도 민감한 반응이며, 미국이나 서구의 지원이 이-팔 전쟁으로 영향을 받지나 않을까 노심초사하고 있다.

2014년 마이단 혁명으로 친러정권이었던 야누코비치 전 대통령이 러시아로 도망가고 푸틴은 바로 크림을 점령하고 우크라이나 동부지역을 전쟁으로 몰아넣었다. 우크라이나의 크림지역과 동남부 지역은 러시아계 우크라이나인이 700만명이 넘고 러시아어 강세 지역이었다. 러시아의 지원을 받은 분리주의자들이 도네츠크와 루한스크에서 전선을 형성하고 스스로 도네츠크와 루한스크 공화국의 독립을 선언하며 전쟁했다. 거리상으로 600~700km 떨어져 있었고 동부지역 외에는 공습경보나 폭격이 없어 키이우 사람들은 먼 지역의 전쟁으로 생각했다. 2014년부터 전면전이 일어나기 전까지 양측은 1만5,000명 이상의 사상자가 나왔으며 그때부터 계산하면 거의 10년째 전쟁을 하는 것이다.

그러다 작년 2월 24일 전면전을 시작하며(푸틴은 특별군사작전이라 명했다) 러시아는 도네츠크 공화국과 루한스크 공화국을 승인하였다. 그리고 전쟁 중 점령지에서 엉터리 선거가 있었고 2022년 9월 크렘린궁에서 푸틴은 헤르손, 자포리자, 루한스크, 도네츠크의 러시아 연방 편입을 선언했다. 러시아가 임명한 4개 주의 주지사와 함께 축배를 들며 만세를 외쳤다. 러시아는 현재 우크라이나의 영토 15% 약 10만km²를 점령하고 있다. 러시아연방의 하원 격인 국가두마와 상원 격인 연방평의회에서는 단 한 명의 반대도 없었고 러시아 헌법재판소는 만장일치로 4개 주의 러시아연방 편입을 승인했다.

전쟁이 1년 9개월을 맞으며, 우크라이나가 영토의 일부를 내주고 휴전해야 하는 상황이 올지도 모른다는 불길한 예감이 든다. 전 세계적으로 전쟁의 피로도가 많이 쌓여 있다. 최대 지원국인 미국은 내년 대통령 선거와 하원을 주도하는 공화당과 상원 다수당인 민주당의 불화로 언제 지원이 약화할지 모른다. 유럽 여러 나라는 겉으로는 유럽의 안보와 자유와 민주주의를 위해 우크라이나를 도와야 한다지만 나라마다 사정이 있다. 그리고 헝가리나 슬로바키아처럼 친러시아 정권이 나타나기도 한다. 이-팔 전쟁으로 세계의 시선이 중동으로 쏠리고 있다.

우크라이나 국내적으로도 미미하지만 왜 이렇게 전쟁을 오래 하는지 회의감이 나타나기 시작한다. 전쟁 초기 젤렌스키 지지율은 90%

가 넘었다. 대통령의 참모나 내각은 강경 일변도이며 우크라이나를 침략한, 테러 국가인 러시아와 대화는 없다는 기조에는 변함이 없다. 여기에 고질적인 병역 비리와 부정부패는 어려운 전쟁을 더 어렵게 만들고 있다.

우크라이나 전쟁은 노회한 푸틴의 전략으로 끝날 공산이 있다. 전선에서는 포병에 의한 포격전과 드론이 난무하는 가운데 러시아군이 점령한 4개 주를 방어하며 몇 년에 걸친 장기 소모전으로 간다면 우크라이나는 진퇴양난에 빠질 수도 있다. 우크라이나군은 애국심과 나라를 구해야 한다는 절박한 심정으로 전선에 있지만 미국을 비롯한 지원국의 도움이 약해져 전쟁물자가 달린다면 아무리 사기가 높아도 비극적 결말이 일어날 확률이 있는데 지금 전선의 고착화는 이런 조짐의 서막 같아 안타깝다.

65. 술, 평화를 꿈꾸며

며칠 전 수업 시간에 한국어의 한 글자 단어를 찾아보았다. 아름다운 말이 많아 연속 감탄하며 학생들에게도 같이 찾아보자고 해서 많은 단어를 써보았다. 봄, 길, 꽃, 산, 강, 달, 땅, 돈, 쌀, 책, 숲, 별, 시, 창, 물, 삶, 땀, 피, 혼, 꿀 그리고 학생들에게 필자가 좋아하는 한 글자 단어는 술이라고 이야기해서 모두 웃었다. 슬라브 계통 언어는 음절이 길다. 5~6음절의 단어가 많다.

술은 우크라이나 사람이나 한국 사람이나 모두 좋아하는 것 같다. 술에 취하면 버릇도 여러 가지다. 말을 많이 하고 잠을 자거나 심하면 정신을 잃기도 하는데 취객 중에는 습관적으로 싸우려는 사람, 용변을 보는 사람, 욕하는 사람, 우는 사람, 웃는 사람, 갑자기 뛰는 사람, 고함치는 사람, 노래하는 사람 등 주벽도 여러 형태다.

세계적으로 술을 안 마시는 나라는 없겠지만 이슬람국가에서는 일반가게에서는 술을 팔지 않고 허가받은 가게에서만 술을 판다. 캐나다와 유럽의 일부 지방에서도 주류 판매점에서만 술을 팔고 시간제한이 있는데 그런 지방을 여행하면 애주가들은 큰 불편을 겪는다.

우리나라같이 술에 관해 거의 무한대의 자유와 넓은 관대함이 있는 나라도 그리 많지는 않다. 유럽에서는 공원이나 거리에서 음주하면 벌금 대상이다. 필자도 폴란드 어느 도시공원에서 무심히 맥주를 마신 적이 있었는데 관리인이 계속 마시면 신고하겠다고 해서 못 마신 적이 있다.

옛 중국 문헌에 우리 민족에 관하여 음주가무를 좋아한다는 표현이 있다는데 맞는 말 같다. 우리나라보다 노래방이 많은 나라는 없을 것이다. 24시간 편의점, 슈퍼마켓, 쇼핑몰에서는 언제든지 술을 살 수 있다. 술을 마시면 1, 2차는 기본이고 노래방을 가기도 한다.

우크라이나에 살면서 한국인 못지않게 술을 좋아하는 사람들이 우크라이나 사람이라는 것을 알았다. 전쟁 전에는 우리나라와 마찬가지로 가게에서 언제든지 술을 살 수 있었다. 전쟁 직후에는 모든 주류 판매가 일시적으로 중단되었고 요즘은 오전 11시부터 오후 9시까지 시간제한을 두고 주류를 판매한다. 웬만한 식당이나 술집에는 가라오케라는 작은 노래방이 있는데 우리나라보다는 수가 적지만 꽤 많다.

우리나라에서는 술을 담가 마시는 사람이 많지 않지만, 우크라이나 중소 도시나 시골에 가면 집집이 포도주와 사마곤이라는 독주를 만들어 마신다. 포도주는 집마다 포도를 심어, 포도주로 소비하는 것이고 사마곤은 우크라이나 증류주로 도수가 40~50도, 간혹 60~70도 술도 있다. 집마다 50~100ℓ 오크통에 수백 ℓ씩 만들어 마시는데 술맛이 집집 마다 다르다.

우크라이나 지방마다 고유한 맥주가 있다. 24개 주에 수십 종류의 지방 이름을 붙인 맥주가 있으며, 제조 방법과 재료에 따라 약간씩 차이가 있는데 유럽 못지않게 맛이 뛰어나다. 여기 사람들은 독일과 벨기에 맥주를 좋아하는데 필자는 우크라이나 지방 맥주가 좋다. 가격도 훨씬 싸다. 0.5ℓ 외국 맥주가 보통 우리 돈 1,200~1,300원인데 우크라이나산 2.4ℓ 큰 맥주가 우리 돈 2,000원 정도다.

우크라이나에서 술을 마시면 먼저 노래하고 춤추는 사람은 대개 여자다. 노래는 왠지 구슬프다. 특히 여러 사람이 부르는 노래는 어느 땐 절규하듯이 슬프다. 술은 거의 생활화되어 있다. 직장에서 책상 서랍에 술을 두고 보드카 100ml씩 마시는 사람이 많고, 점심시간에 한두 잔 하는 것은 예사다. 우리나라에서는 저녁에 술집이나 식당에서 술을 마시지만 여기서는 거의 집에서 마신다. 거리에서 술에 만취하여 비틀대는 사람이 거의 없다. 특히 겨울에는 동사 위험이 있어 경찰이 신경을 많이 쓴다. 우리나라에서는 "다음에 식사 한번 하자"라는 인사를 하는데 여기 사람들은 "다음에 백 그램(100 ml) 마시자"가 인사다.

66. 박물관

박물관은 문화의 척도이고 보석이다. 얼마 전까지도 그런 중요성을 몰랐다. 어려서는 박물관에 관하여 아예 관심이 없었고 가본 적도 없다. 몇 해 전 한국에 가서 신흥동 1가 6번지하고 비슷한 수도국산 달동네 박물관을 보고, 김일 레슬링 하던 날 "테레비 좀 보여주세요" 하면 "발 닦고 오너라" 하시던 인배형 어머니가 생각났다. 지금은 고인이 되신 우리 어머니가 수도국산 박물관을 보셨으면 엄청나게 좋아하셨으리라....

우리나라 같이 역사가 오래고 전통과 문화 수준이 높은 나라에 박물관이 그리 많지 않은 것은 유감이다.

작년에 피난 갔던 루마니아 시골 마을은 200여 가구가 사는데 박물관이 2개 있었다. 학교 옆에 그 마을의 전래와 지난날 행사, 돌아가신 신부님과 마을 어른들의 이름 및 사진이 있는 마을 향토 박

▲ 불가코프 메모리얼 박물관(흉상 얼굴에 붉은 스프레이가 뿌려져 있다)
(사진 김석원)

물관과 우리가 머물던 집 주인이 개인적으로 헛간을 개조하여 3, 4대 조상 때부터 쓰던 물건과 사진 등을 전시한 개인 박물관이 있었다. 우크라이나에는 인구 만 명 정도 되는 소도시나 시골에 가도 여러 박물관이 있다. 친구가 사는 가이보른은 인구 만여 명의 작은 도시이지만 그 지방 출신의 유명한 목공예 작가의 작품을 모아 놓은 박물관이 있다.

대영박물관에 가면 그 규모나 작품에 압도되어 도대체 어디서부터 둘러보아야 할지를 모른다. 그만큼 영국민의 자존심과 자부심을 느낄 수 있다. 지난여름 둘러본 미국의 박물관이나 미술관도 규모나 작품 수에서는 세계 정상급이다. 뉴욕의 메트로폴리탄 미술관에서는 빈센트 반 고흐, 클로드 모네 등 세계적인 예술가 사이에 독립적으로 전시된 백남준 선생님 전시실에서는 발걸음이 떨어지지 않았다. 그런데 서구 자본주의 나라에는 상술이 발달하여 박물관에서 선물이나 기념품을 팔아 돈을 쓰게 만든다.

역사가 오래고 문화가 넘쳐나는 키이우에는 300개 이상의 박물관이 있다. 역사, 문화, 미술, 건축, 자연사, 문학, 예술 작품 박물관 외에도 작가 시인 음악가 화가 등 유명인이 태어나거나 살던 집은 기념(메모리얼) 박물관이다. 그 외에도 특이하고 기념하고 보존해야 할 수많은 박물관이 있다. 우리나라에도 이색 박물관이 많지만 우크라이나에서 필자가 가 본 특이한 박물관에는 실험실 박물관(물리 화학 생물 등), 꿈 박물관(심리 및 잠에 관한 박물관), 화장실 박물관, 잘 안 쓰는 물건 박물관, 장난감 박물관, 약국 박물관, 물 박물관, 하수구 박물관, 비밀경찰(KGB) 박물관(범죄 및 고문 기구 등 전시), 빵 박물관, 해파리 박물관, 소리 박물관(많은 오디오 모음), 체르노빌 박물관, 고물상 박물관(쓰레기로 분류되는 물건들 모음), 구소련시대 물건 박물관... 등 많은 박물관이 있는데 이번 전쟁으로 폭격받은 곳도 있다.

▲ 거리박물관
(사진 김석원)

필자가 좋아하는 키이우 안드렙스카 언덕은 거리 자체가 박물관이다. 18세기에 지어진 큰 교회가 우뚝 서 있고 길바닥은 울퉁불퉁한 돌길이다. 주변에는 키이우의 몽마르트르라 할 수 있는 화랑이 늘어서 있으며 온갖 기념품 판매소가 있다. 언덕 위에서는 드니프르강 전경이 보이고 구도심이 훤히 보인다. 그리고 이 거리에도 박물관이 있다. 교회 자체가 박물관이고, 우크라이나 출신이지만 러시아어로 작품을 썼던 미하일 불가코프 생가 박물관에는 그의 흉상이 붉은색 스프레이로 칠해져 있다. 러시아어로 작품을 쓴 그에게 불만을 품은 누군가 화풀이를 했으리... 언덕 밑으로 내려오면 거리 박물관이 있는데 19세기 물건들과 생활상을 볼 수 있는 곳이다. 근처에는 골동품과 구소련시절 오래된 물건을 파는 행상들이 있다. 그리고 우리 집에도 집사람이 수집한 작은 박물관이 있다.

▲ 필자의 집 박물관

우리나라나 우크라이나나 박물관이 고리타분한 물건만 전시하는 곳이 아니라 어린이에게는 놀이방, 젊은이에게는 공부방, 노인에게는 쉼터가 됐으면 하는 바람이다.

67. 우크라이나에서 2023년을 돌아보며

올 한 해도 거의 지나 며칠 후면 2024년 새해다. 올 한해는 공습경보 속에서 지낸 한 해였다. 전쟁하는 나라지만 전선이 멀어 직접 전투행위를 보지는 못했지만 수시로 공습경보가 울려, 두려움과 혹시나 하는 공포로 지낸 한 해였다. 공습경보나 무작위 폭격도 전쟁이다.

2022년 2월 24일 러시아군의 전면 침공으로 키이우에서 살기가 어려웠다. 외교부에서도 우크라이나 전역을 여행 금지 지역으로 발령하여 모든 교민은 속히 우크라이나를 떠나라고 권고했고, 러시아군이 키이우 20km 가까이 접근하며 우리는 루마니아로 탈출했다가 한국으로 갔고, 7월에 예외적 여권 사용이 허가되어 루마니아를 통해 우크라이나로 돌아와 생활했다.

그러다 올겨울 초 단전 단수가 자주 있고, 연초 동네 공습이 있어 다시 루마니아로 탈출했다가 3월에 돌아와 계속 생활하고 있다. 어느 땐 긴 시름 속에, 깊은 한숨 속에 생활하며 지낸 1년이다.

전 세계 많은 나라 중에서 하필 우크라이나에서 공부하고 학생들을 가르치다 전쟁을 겪게 될 줄은 꿈에도 생각 못 했다. 공부도 학생 가르치는 일도 자의로 한 일이니 남 탓할 수도 없고 운명이려니 생각하고 시련이라면 시련을 견디는 중이다.

1992년 이곳에 올 때만 해도 우리나라에서 여러 사람이 우크라이나를 우즈베키스탄과 우루과이와 혼동하는 사람이 있었다. 다행히 지금은 그런 사람은 없다. 이렇게 전 세계 뉴스에 우크라이나가 많이 나오기도 처음이다.

필자에게 우크라이나는 운명이고 사랑이다. 한국에서 산 날보다 우크라이나에서 산 날이 많아졌고 국적은 한국이지만 우크라이나 땅에서 호흡하며 물을 마시고 살고 있으니 내 나라와 다름없다.

올 한해 전선은 지지부진했다. 2022년 말 우크라이나군은 빼앗겼던 헤르손과 하르키우를 탈환하며 기세를 올렸다. 몇 개월간 전쟁은 소강상태였다가 2023년 6월 초에 총공세를 한다고 떠들었다. 비등한 군사력으로 어떻게 총공세를 할지 필자는 내심 걱정을 많이 했다. 결론은 총공세는 실패였다. 군사작전이란 은밀하고 기습적이며 적이 모르게 행동해야 하는데 언론에서부터 우크라이나의 총공세를 보도하고 대통령 및 군 지휘부도 총공세를 부인하지 않았다. 제공권을 빼앗긴 상태에서 천 킬로 펼쳐져 있는 전선에서 어떻게 총공격한다는 것인지 답답했다. 아니나 다를까 우크라이나군은 많은 병력을 잃었고 전진은 더뎠다. 러시아군은 견고하게 방어 진지를 굳혔고 우크라이나에 오는 무기체계를 알고 선제공격했으며 일진일퇴를 거듭하며 오늘에 이르고 있다.

친러시아 성향의 한국 지인은 러시아는 질 수 없는 전쟁이고 우크라이나는 이길 수 없는 전쟁이라고 이야기해서 필자와 심하게 말싸움했다. 21세기에 힘 있는 강대국이 힘없는 나라를 침략하여 영토를 빼앗고 자국에 합병하는 일이 벌어진 현실이 아직도 믿기지 않는다.

올 9월 신학기는 3년 만에 대면 수업이 시작되었다. 현재 키이우 대학교는 1학년 학생만 온라인 수업이고 모든 학생이 대면 수업이다. 러시아군 점령지 학생이 몇 명 있는데, 어떻게 입학했는지 물어보니 점령지에서 인터넷을 통해 지원하여 입학했으며 줌(ZOOM)으로 수업하는 것이다. 러시아군은 루한스크 도네츠크 자빠로즈 헤르손 일부를 점령하고 있지만 완전히 통치하는 것은 아니다. 임시로 군대가 점령하고 있지만 점령지 주민들도 자신들이 우크라이나인이고 우크라이나 땅이라는 것을 알고 있다.

곧 12월 말까지 시험이 끝나면 올 한해도 지나고 2024년 새해다. 전쟁 중에 고생한다고 생각하면서도 수많은 사망자와 전선의 군인들을 생각하면 전쟁을 견디는 일은 어려움도 아니다. 660일을 넘긴 전쟁이 언제나 끝날지, 3년 1개월 1,129일간의 한국전쟁을 생각하면, 전쟁이란 정말 지긋지긋하고 더러운 정치형태란 생각을 지울 수 없다.

통곡의 벽

68. 통곡의 벽

예루살렘에는 통곡의 벽(Wailing wall)이 있다는데, 세상 여러 곳에 통곡의 벽이 있다. 우리나라 휴전선 철책이야말로 가장 상징적이고 비극적인 통곡의 벽이다. 철책 근무 시절 새들은 철책 위로 훨훨 날아다니는데 초소에서 소총을 들고 느끼던 비애를 다시 생각하고 싶지 않다. 철책에서 먼저 군 복무를 하신 형님은 별자리에 관한 책을 보내달라고 부탁하신 낭만주의자였다. 1970~80년대 박종철이 고문으로 죽은 남영동 대공분실이나 많은 민주인사가 취조당하고 고문당하던 보안분실의 높은 벽은 가족이나 친구들에게는 통곡의 벽이었다.

아우슈비츠의 전기가 흐르는 철망 벽은 수용소에 있었던 유대인들에게는 통곡과 절망의 벽이었을 것이다. 헛구역질하고 눈물을 흘리며 아우슈비츠를 둘러보던 때가 생각난다. 아들은 차라리 안 보겠다고 휴게실로 도망갔다. 소련 시절의 강제수용소나 남미, 아프리카, 아시아의 독재자들이 사상범들을 가두는 감옥은 부모님이나 친구들에게는 통곡의 벽이자 죽음의 벽이었다.

키이우에는 500여 개가 넘는 교회가 있지만 그중 역사적이고 아름다운 교회로는 10~11세기 건축된 성 소피아 사원과 빼체르스카 수도원 그리고 안드렙스카 교회와 성 미하일 교회가 있다. 그중 미하일 교회 입구 벽에는 새로이 키이우 통곡의 벽이 생겼다. 보통 추모의 벽이라지만 나는 통곡의 벽이라 칭한다. 2014년 몇몇 동부지역 전투 사망자의 사진을 걸고 수도사들이 애도하고 기도하며 시작된 벽은 2022년 2월 러시아의 침공으로 사망자가 급증하며 사진이 나

날이 늘고 있다. 지금은 교회 벽 거의 끝까지 사진이 붙어 있다. 우크라이나나 러시아는 자국의 전사자 수를 정확히 발표하지 않지만, 사진으로만 봐도 수만 명이 넘는다.

그중에는 나의 제자도 있고 제자이자 동료 교수였던 사람도 있다. 누군가의 아버지, 아들, 손자, 어느 미망인의 남편 사진이 걸려있다. 키이우를 방문하는 여러 나라 대통령 및 수상들이 경배하고 헌화하는 곳인데 그 사람들뿐만 아니라 매일 매일 여러 사람이 자기 가족과 지인 선후배 친구 애인과 남편을 찾는 곳이다. 드문드문 여 전사자도 보인다. 특히 이승 사람이 아닌 사진은 잘생겼고 아름답다.

필자에게 우크라이나 전쟁은 다른 나라의 전쟁이 아니다. 내 친구들과 동료들이 참전했고 나의 제자들이 전쟁에서 죽음이 되어 돌아오는 길목에서, 못난 선생으로 통곡하는 전쟁이다. 그래서 시간이 날 때마다 이 통곡의 벽을 찾아 눈물을 흘리며 지나친다.

제자 세르기이는 나에게 이야기했다. “선생님 저는 죽으러 전쟁에 갑니다. 저의 조국을 위해 제 목숨을 바치겠습니다.” 목숨보다 더 중요한 것이 어디 있으랴, 살아서 만나자던 약속은 깨지고 그는 키이우 통곡의 벽에 한 장의 사진으로 남았다. 전쟁이 2년 가까워지며 통곡의 벽에 붙이는 사진이 늘어 이제는 공간도 좁아지고 있다. 얼마나 더 젊은이를 죽음으로 몰아, 이 통곡의 벽에 그들의 사진을 붙일 것인가.

전선에서 병사의 시체를 처리하는 근무자는 이제 눈물도 말랐다며 우크라이나든 러시아든 죽은 병사들의 시신에 숫자를 쓰고 신원 파악하는 일이 너무 괴롭고 힘든 일이라고 고백한다.

전쟁은 많은 사람을 죽음으로 몰아간다. 특히나 젊은이들이 눈에 많이 띈다. 20~30대의 화사한 젊음이, 교활한 정치인들의 덫에 걸려 죽음의 굴레로 말려든다. 어느 군인은 철모에 어머니 사진을, 애 아버지 군인은 젖은 지갑에 아기 사진을, 어느 젊은 군인은 가슴에 애인 사진을 품고 죽는다.

왜 인간이 인간을 살육하는 전쟁은 그치지 않는 것일까? 이스라엘에서 가자 지구에서 우리나라 철책에서 미얀마 산중에서 시리아에서 아프리카 분쟁지에서....

나도 통곡의 벽에 나의 사진을 걸고 싶다.

69. 사라지는 소련 공민들

혁명 시인 마야콥스키를 좋아하던 시인 친구는 자신은 소련 공민이라고 이야기하고 우크라이나 독립 후에도 낫과 망치 문양이 있는 붉은색 구소련 여권을 가지고 다녔다. 구소련권에는 우리나라같이 주민등록증이 없고 2개의 여권이 있다. 하나는 국내용으로 거주지 등록이 되어있는 여권이고 하나는 해외 여행할 때 쓰는 여권이다. 우리나라에서는 주민등록증 외에도 운전면허증이나 직장 증명서도 통하지만, 만약 구소련 지역 경찰이 심문하면 꼭 여권을 내밀어야 한다.

지난주 옛 지도교수님 생신이라 생일잔치에 다녀왔다. 20년 넘게 해마다 초대되는 잔치인데 이 모임은 소련 공민의 모임이다. 1990년대 말 필자가 처음 갔을 때 만났던 사람들의 면면이 심상치 않다. 교수님 아버님은 예전에 서부 지역 르비브지방 제1서기였다. 어머님은 교장선생님을 하셨고, 교수님 사돈인 토마라 여사는 전 경제대학 총장, 교수님 친구인 소피아 선생님은 우크라이나 아카데미회원, 타냐 아주머니도 교수를 역임했고 그녀의 아버지는 구소련 시절 국회의원을 하셨다. 사촌 동생 세르기이는 국가 공훈 연극배우고 언니 슈라 아주머니는 도서관장을 하셨고 그녀의 남편은 문화부 차관을 하셨으며 남동생은 독일 대사를 했고 그의 부인은 유명 시인이다.

생일잔치에서는 많은 꽃과 선물이 오가고, 성대한 음식이 마련된 자리에 앉으면 제일 어른이신 교수님 아버님이 딸의 생일을 축하하며 레닌과 스탈린 어록을 몇 마디 하고 건배를 했다. 돌아가며 한마디씩 덕담을 하는데 푸시킨과 마야콥스키의 시를 암송하고, 간혹 노래도 불렀다. 그리고 술이 돌고 음식을 먹으며 소련 시절의 이야기로 정신없이 빨려들었다. 그들의 전성기는 브레즈네프(재임기간 1964~1982)시대이며 당시 향수에 젖어 건배했다.

세월에 장사 없다고 시간은 흘러 교수님의 아버지 어머니를 시작으로 주위 분들이 돌아가셔서 10여 년 전부터 초대 인원이 줄기 시작하더니 올해는 교수님, 연극배우 세르기이 이웃 타냐 아주머니와 우리 부부 그리고 도우미 아주머니까지 모두 여섯 명이 모였다. 생일잔치라기 보다 조촐한 저녁 식사 모임 같았다. 쟁쟁하던 소련 공민 여러분이 돌아가셨다.

아파트 근처 대학 기숙사에는 우리끼리 돌쇠라 부르는 관리 아저씨가 있었다. 어느 날 우연히 이야기를 나누었는데 소련 군대의 부사관으로 35년 근무하다 마지막 근무지가 대학 군사학교였는데 모시던 상관이 정년퇴직하며 기숙사 총감독으로 오면서 기숙사 관리인으로 따라왔다는 것이다. 며칠 전에도 청소하는 아저씨를 보았는데 얼마 전 돌쇠 아저씨 부인이 운동 가는 나에게 하소연을 했다 "콜랴가 뇌졸중으로 죽었어" 전쟁으로 의료 환경이 안 좋은 상황에서

응급차를 불러 병원에 갔지만 이틀 만에 돌아가셨다는 것이다.

우리 시골집 다차 이웃인 사샤 아저씨는 손기술 좋은 물리학자다. 체르노빌 핵발전소 폭발 사고에도 투입되어 훈장을 받았는데 그 후유증인지 무거운 물건을 못 들고 몸이 좀 약하셨다. 그러나 다차를 재건축하려는 의지는 강해서 시골집을 2층으로 올리려고 작업했는데 완공도 못 하고 며칠 전 돌아가셨다. 부고를 듣고 장례식장을 찾았다. 우리나라같이 밤샘하지는 않고 시신을 관에 누인 상태에서 약 1시간 정도 추도사를 하고 신부님이 기도하고 매장지로 향했다. 깨끗하고 창백한 사자(死者)의 얼굴을 그렇게 가까이서 본 것은 처음이다.

구소련 지역의 나이 70이 넘으신 어른들은 1990년 이전에 모두 소련 공민이었다. 코로나로 전쟁으로 많은 사람이 죽었고 지금도 열악한 의료체계 아래에서 죽고 있다. 그나마 구소련 공민들은 공화국마다 구시대 유물인 사회주의라는 공통분모가 있었는데 이분들이 모두 돌아가면 15개로 독립한 각국은 자신의 길을 갈 것이다. 더 많은 분쟁 분열 갈등과 함께.

70. 부정부패를 일소하라

구 사회주의 국가는 유난히 부정부패가 심하다. 중국 러시아 베트남 우크라이나 중앙아시아 등지에서는 음반이나 책의 불법 복제가 당연시된다. 저작권도 무시한다. 지구의 절반을 차지한 세력이 평등한 세상, 실업자·매춘·범죄 없는 세상을 꿈꾸었다. 그런데 속으로 곪아 터져 이 지구상에서 사라져 유일하게 북한만이 노동당, 사회주의, 공산주의를 읊조리고 있다.

필자는 우크라이나에서 운전할 때 면허증 밑에 우리나라 돈 만 원 정도를 가지고 다녔다. 위반을 안 해도 수시로 교통경찰이 차를 세우는 통에 경찰이 세우면 그냥 만 원을 주고 통과했다. 어느 날은 두 번 단속에 걸린 날도 있다. 그러다 전쟁 후부터는 뜸하더니 요즘 다시 단속이 심해지고 있다.

예전에 우크라이나에서 일류 대학교에 입학하려면 3,000달러가 정가였다. 학비를 미리 내는 계약 입학이 있지만 입시 담당자나 윗선에 3,000달러를 주면 등록금 면제 장학생으로 입학할 수 있었다. 1년 학비가 1,500달러이니 4년 학비 6,000달러를 일시불 반값으로 내고 입시관계자와 부모는 윈윈하는 것이다. 시간이 흐를수록 방법은 교묘해졌다. 학점은 보통 과목당 100~200달러였다. 그냥 돈을 주는 것이 아니라 그 정도의 선물이나 편지지에 돈을 넣었다.

예전 이곳 관리들의 부정부패 행태는 다양했다. 운전면허증 200달러, 식당 인허가 1만 달러, 줄 없이 병원 예약 진료 20~30달러, 외국인 영주권 취득 8,000~1만 달러 심지어 공항에서 긴 줄에서 나와 직원에게 10~20달러를 주면 맨 앞으로 나와 출국심사를 했다. 모든 민원실에는 긴 줄이 있다. 눈치껏 돈을 주거나, 안면이 있거나, 윗사람과 연관이 있어 담당자에게 연락하면 줄 없이 일을 처리한다.

얼마 전 우크라이나 대통령은 자기 재산을 공개하고 고위 공직자들도 재산을 공개하라고 지시했지만, 그 후 소식은 없다. 국회의원, 고위공무원, 장성, 장·차관들이 부패 고리에 놓여 있다. 공직자들의 공식 월급은 1,000달러가 안 되지만 고급승용차와 호화주택이 즐비하다.

우리나라도 예전에는 부정부패 비리 천국이었다. 필자 초등학교 시절에는 담임 선생님 과외가 있었다. 신흥동에 살던 교통경찰 집안에는 현금이 넘친다는 소문이 있었다. 관공서나 병원이나 인허가가 필요한 곳과 특히 교도소, 세무서, 경찰서 등에는 알게 모르게 돈이 오갔다. 오죽하면 1970년대 김지하 시인은 오적이라는 시를 쓰고 감옥에 갔을까.

며칠 전 우크라이나 정보국은 국방부 고위 관리들과 무기 제조업체 간 비리로 10만 발의 박격포탄 구매계약 체결을 하고 한화 530억 원 대금을 선불 지급했지만, 무기는 제공되지 않았다고 발표했다. 현재 우크라이나는 전쟁으로 비상계엄 하 정국이다. 작년 8월에도 징집담당자들의 병역 비리로 대통령은 24개 주 전 지역 병무청장을 해임했다. 유럽 전역에 50만 이상의 우크라이나 병역대상자가 난민으로 나가 있다. 전시 비상계엄으로 18~60세의 남성들은 외국으로 나갈 수 없으나 온갖 방법으로 나간 것이다. 5,000달러에서 1만달러를 주면 멀쩡한 사람도 정신이상자가 될 수 있고 군에 갈 수 없는 장애인을 만든다.

전쟁 후 미국, 유럽, 한국, 일본 등은 군사, 재정, 인도적 지원 등 한화로 300조 원이 넘는 금액을 도와주었다. 이 지원이 투명하게 제대로 전달되는지 의구심을 품는 사람들이 늘고 있다.

전쟁 중인 나라의 부정부패는 필패(必敗) 요인이다. 오래전 장개석 군대에 지원되는 무기가 며칠 후에 모택동 군대로 넘어갔다는 우스갯소리는 당시 장개석 군대의 부정부패가 얼마나 심했는지 말해준다. 결과는 장개석 군대의 패배로 이어졌고 그들은 대만으로 쫓겨났다. 우크라이나의 부정부패와 병역 비리가 계속된다면 이 전쟁은 점점 더 어려워질 것이다.

71. 3월 8일 여성의 날을 아십니까?

옛이야기1 - 하느님께서 여러 민족에게 땅을 나누어주시려고 모일 모시 하느님의 뜰에 모이라고 분부하셨다. 모일 모시 하느님께서 모든 족속에게 땅을 나누어주시고 쉬고 있는데 술을 좋아하는 우크라이나 민족 대표가 헐레벌떡 뛰어들었다. “하느님 술을 마시다가 늦었습니다. 우리 민족에게도 땅을 주십시오”라고 간청했다. 자비하신 하느님은 더는 줄 땅이 없다고 말씀하셨지만 우크라이나 민족 대표는 계속 눈물을 흘리며 애걸복걸하였다. 이에 하느님은 한숨을 쉬며 “내가 쓰려고 남겨 놓은 땅이라도 주어야겠구나”하고 주신 땅이 현재 우크라이나의 대평원이다.

옛이야기2 - 여러 민족에게 땅을 나누어주신 하느님께서 이제 부인을 맺어주시려고 모일 모시 하느님의 뜰에 모이라고 분부하셨다. 모일 모시 하느님께서 모든 족속에게 부인을 맺어주시고 다산과 평화를 기원했는데 술을 좋아하는 우크라이나 민족 대표가 뒤늦게 헐레벌떡 뛰어들었다. “하느님 술을 마시다가 늦었습니다. 우리 민족에게도 부인을 맺어주십시오”라고 간청했다. 자비하신 하느님은 더는 여자가 없다고 말씀하셨지만 우크라이나 민족 대표는 계속 눈물을 흘리며 애걸복걸하였다. 이에 하느님은 한숨을 쉬며 “내 아내로 남겨 놓은 여자라도 맺어 주어야겠구나” 하고 맺어주신 여인이 우크라이나 여자라 한다.

오래전부터 비옥한 흑토지대의 대평원은 때로 이웃 나라들의 사냥감이 되었고 그 전쟁으로 많은 남성은 죽었으며 여성들은 노예보다 못한 삶을 살았다.

봄 여름 대학에서 수업하다 보면 눈을 어디에 두어야 할지 모를 때가 있다. 필자가 근무하는 인문대학에는 여학생이 80% 이상인데 보통 학생들도 모델이나 여배우 같다. 세계 여러 나라를 다녀보았지만 한국 여성 외 우크라이나 여성보다 아름다운 여성은 별로 보지 못했다.

우리나라에는 잘 알려지지 않지만 구 사회주의 나라에서 3월 8일은 ‘여성의 날’로 성대하게 축하 행사를 한다. 구소련권에서는 3월 8일 전후로 술자리 건배는 보통 남성들이 모두 일어나서 정중히 “여성을 위하여”로 한다. 길고 긴 겨울을 지내고 3월 초 계절이 봄으로 바뀌면서 좀 쌀쌀하지만 많은 여성이 노출의 옷을 입고 한 아름 꽃을 들고 거리를 활보하는 날이다. 심지어 유치원에서도 아버지들이 아들에게 맘에 드는 여자애 주라고 꽃을 사주기도 하고, 모든 직장에서는 여성 직원 수에 맞추어 꽃과 선물을 준비하고, 연금 생활하는 할아버지들도 할머니들에게 꽃을 선물하는 날이다. 그야말로 남녀노소 모두의 축일이다.

2022년 2월 24일 전쟁이 나는 바람에 그해 여성의 날은 아무 행사 없이 치열한 전투 속에 지나갔다. 수도 키이우가 백척간두에 놓여 시 외곽에서 치열한 전투가 벌어졌다. 2023년은 러시아군을 키이우 외곽에서 몰아냈고 빼앗겼던 하리코우와 헤르손 지방을 되찾으며 승전의 축제 분위기에서 여성의 날에 많은 사람들이 꽃을 주고받았다. 전쟁이 2년 지나며 키이우에서 600~700km 떨어져 있는 전선에서는 치열한 공방이 벌어지고 있지만 키이우 분위기는 전쟁전과 비슷하다. 여러 상점에 선물이 넘치고 꽃가게가 이번 주 초부터 활기차다. 대중교통 광고판이나 거리에는 여성들이 좋아하는 화장품, 보석, 선물권 등의 광고가 전쟁 전과 다름없다.

전쟁 2년이 지난 2월 25일 우크라이나 젤린스키 대통령은 약 2시간에 걸쳐 사전 각본 없이 국내외 언론과 치열하게 인터뷰를 했다. 인터뷰 중 그는 약 3만1000여명의 전사자가 있었다고 뼈아픈 사실을 이야기했다. 그중에는 꽃다운 나이의 젊은 여군들도 있다. 화사한 봄날 몇 송이 꽃을 들고 가슴 설레며 거리를 활보해야 할 젊은 여성들이 지금도 최전선에서 총을 들고 전투에 임하고 있다. 그래서 올 여성의 날은 마냥 축하하고 기뻐할 수만은 없다.

72. 용감한 우크라이나 여군

지난 3월 8일은 국제여성의 날이었다. 전시 중이라 국가적인 행사는 없었지만 여러 사람이 꽃을 주고받았다. 대학에서도 모든 여선생님과 교직원에게 작은 선물과 꽃을 주었고 남학생이 여학생에게 튤립을 선물했다. 필자는 전선의 여군을 생각하며 우울했다.

우리나라 스포츠에서도 예전에는 여성들이 큰 활약을 많이 했는데 우크라이나에서도 올림픽이나 세계 선수권에서 두각을 나타내는 선수들은 남성보다 여성이 많다.

나라가 어지럽고 힘들 때면 여성들도 남성 못지않게 사회참여를 하곤 했는데 이번 전쟁으로 더 많은 여성이 전선에 나가게 되었다. 2004년 오렌지혁명과 2014년 마이단(광장) 혁명에서도 여성들이 맹활약했다.

소련에서 독립한 1991년 우크라이나 여군의 존재는 미미했는데 군무원과 여군을 합해서 만 명 정도가 근무했다. 당시만 해도 군대는 남성들의 소유물같이 여겨져서 전투병과에는 여군이 없었고 의무 행정 취사 재봉 등 비전투 보직을 받았다.

이미 2014년부터 러시아 지원을 받은 의용군을 가장한 반군들이 동부 돈바스 지역에서 전투를 일으켜 15,000여 명의 사상자를 내면서 점차 여군들도 전투에 참여하는 비율이 높아졌다. 여군은 전투에 참여할 수 없다는 법규정이 2016년 개정되었고 아직도 남녀의 성차별은 일부 남아있지만 2018년 법률적으로 남녀 차별을 없앴다.

마침내 2022년 2월 24일 러시아군의 전면 침공이 시작되었다. 키이우에서 100km 북쪽의 벨라루스를 통해서 밀고 내려왔고 남쪽 크림반도 쪽에서 올라왔으며 동쪽 돈바스에서도 진격했다. 전쟁 초기 조국을 구해야 한다는 일념으로 지원자가 물밀듯 몰렸다. 예비역들은 군 경험이 있어 바로 전선에 투입되었지만, 지원자 중에는 여성들도 상당수 있었는데 기초적인 군사훈련을 시작하였다. 정규군과 비정규군으로 나뉘었는데 체력이 좋은 여성들이 정규군에 편입되어 전선으로 나갔고 비정규군은 지역방위군으로 편성되어 위장막과 화염병 등 군수품을 만들고 지역 경계를 했다.

요즘 최전선으로 나가는 여군은 저격병 전차병 포병 보병 등 이전 남성들이 맡아 수행하던 작전을 똑같이 수행하고 있으며 최전선 참호에서 전투하는 여군도 있고 재블린을 메고 러시아 탱크에 근접하여 폭파하는 여군도 있다. 최근에는 신체적으로 남성과 차이가 없는 드론 병과에도 상당수의 여군이 포진하고 있으며 많은 성과를 내고 있다.

전체적으로 우크라이나 여군은 유럽에서 가장 많은 6만5,000여 명이 있다. 장교(약 8,000) 부사관(약 1만3,000) 일반병(약 3만) 그리고 방위군(약 1만5,000)이 전후방 전역에서 근무하고 있는데 그들 중 만여 명은 오늘도 최전선에서 전투에 임하고 있으며 많은 전과를 세우고 있다. 전선의 사상자가 늘어나면서 앞으로 더 많은 여군이 전선으로 나가리라 예상된다.

이제 여성용품이 지급되고 방탄조끼나 철모도 여성들에게 맞게 제조하여 보급하고 있다. 여군에는 대학이나 군사학교에서 군사교육을 받은 장교도 있지만, 학생, 주부, 여러 직장인, 배우, 모델, 운동선수 등 거의 모든 직종의 여성들이 자원입대하여 전선에서 싸우고 있다. 집 근처 대학 군사학교에 얼굴이 앳된 어린 여학생이 등에 총을 메고 종종걸음 하는 모습을 볼 때면 마음이 짠하다.

현재 우크라이나는 비상계엄 하 정국으로 18~60세 남성은 외국여행이 제한되며 27세 이상의 남성은 군 징집 연령이다. 지난 2년간 많은 인명 피해를 입은 정부는 아직은 남성만 징집하고 있지만 전선의 상황이 더욱 악화한다면 강제 징집은 아니더라도 여성도 군에 동원할 수 있는 조처를 할 가능성이 높다. 아름다운 우크라이나 여성들이 가정으로, 사랑하는 사람 곁으로 하루속히 돌아오기를 기원한다.

73. 우크라이나 자동차

자동차의 목적은 운송이다. 구소련에서는 이 명제가 충실히 이행되었다. 몇 종의 자동차가 변화 없이 40~50년 생산되고 이용되었다. 자본주의 나라의 여러 자동차가 발전을 거듭하고 있었지만, 구소련 자동차는 가속 페달과 브레이크가 있으면 그만이었다. 1990년대 초 우크라이나에 도착해 보니 자동차는 거의 라다(Lada) 지굴리(Zhiguli) 볼가(Volga)라는 구소련 시대 오래된 차였다.

라다와 지굴리는 1967년 생산되기 시작하여 2012년 단종 될 때까지 3000만 대가 넘게 생산되어 구소련 공화국과 동유럽에 퍼졌다. 아직도 중앙아시아나 우크라이나 시골에는 이 자동차가 다닌다. 그 위 고급 자동차가 볼가이다. 볼가는 1956년 생산되기 시작하여 2010년에 단종되었는데 부의 상징이자 권위주의를 대표하는 차였다. 이 차들은 아직도 부속품이 넘쳐나고 차주들은 자가 정비 및 수리를 한다.

구소련권을 여행해 본 사람이라면 이런 자동차를 한두 번은 이용했거나 봤으리라. 지금은 한국에서 선생을 하는 친구는 모스크바에서 볼가 자동차를 몇 년간 몰았는데 자기를 자동차 정비공이라고 얘기했다. 한국에서는 10년 이상 타는 차가 많지 않지만, 우크라이나에서는 10~20년 된 차는 보통이다.

2000년 애들이 학교에 갈 나이가 되었고, 차가 필요하여 알아보니 우크라이나에서 생산하는 자동차가 있었다. 이름은 타부리아(Tavria), 가격은 새 차가 2,000달러였다. 우크라이나 사람들도 싫어하는 차, 자전거보다 못한 차, 공장에서 사서 집으로 오는 중간에 고장 나는 차, 온갖 냉대와 업신여김을 당하는 차를 사기로 결심했다. 우크라이나 사람들이 싫어하니 한국사람이라도 좋아해 보자고 얘기했지만, 사실 돈이 부족해서 그 차를 샀다.

우크라이나 한국 교민 중에서 최초로 타부리아 차를 타고 당당하게 몰았다. 그리고 '천마'라는 거창한 이름 붙이고 차 좋다고 여러 사람에게 자랑하며 다녔다. 몇 개월 후 고장이 나기 전까지는 별 불편함을 몰랐다. 그런데 날이 추워지고 차를 밖에 세우니 시동이 안 걸리고 여기저기 액체와 기름이 새고 소리가 나서 고치기 시작했다. 동네 차고에 가면 타부리아 차를 쉽게 고치는 친구가 있어 당시 우리 돈 1,000~2,000원 주고 차를 고치며 자동차 수리를 배워 필자도 거의 자동차 수리공이 되었다.

우리 가족이 사랑하는 천마를 타고(282-65KH 아직도 차 번호를 기억한다), 지금은 러시아가 강점하고 있는 크림반도의 대학 휴양소와 얄타, 세바스토폴 등 우크라이나 전역을 돌아다녔다. 당시만 해도 기름값이 싸서 주유할 때마다 꽉꽉 채웠다. 그렇게 4년간 10만km쯤 탔는데 시간이 지날수록 자주 고장 나서 새 차를 사기로 결정했다.

전 세계 자동차 생산국이 많지는 않다. 약 25개국에서 자동차를 생산하는데 우크라이나는 공장을 닫았고 벨라루스나 북한같이 소량을 생산하고 자동차 부품을 수입하여 성능 낮은 자동차를 조립 생산하는 나라를 제외하면 세계 자동차는 미국 일본 독일 한국 프랑스 영국 이탈리아가 주도권을 잡고 있다. 여러 회사가 인수합병을 하여 스웨덴 볼보나 루마니아 다시아, 체코의 슈코다 같은 명차들이 통폐합되었다. 중국과 인도도 자동차 생산을 하지만 유럽에서는 질이 낮은 자동차로 인식이 안 좋다.

우크라이나에서는 독일차와 일본차 선호도가 높고 이제는 한국차도 점차 좋은 차로 자리매김하고 있다. 키이우는 요즘 자국 생산 차량이 없다 보니 세계 자동차 전시장 같다. 거리에는 라다, 지굴리는 거의 멸종되었고 고급 외제자동차가 즐비하다. 우리는 타부리아 차를 1,000달러에 팔고 고민 끝에 중저가 소형차인 르노 심볼을 사서 20여 년간 30만km쯤 탔다. 요즘은 웬만한 거리는 걸어 다니거나 대중교통을 이용하는 것이 편하다.

74. 전쟁의 어두운 그림자

여기 말로 '범쥐(Бомж)'라고 부르는 노숙자(거지)가 있었다. 오래전 어느 날 산책하다 우연히 이야기를 나누었는데 냄새가 나고 꼬질꼬질했지만, 이상하게 마음이 끌렸다. 도와주고 싶어서 "네가 태어났을 때 너의 어머니 아버지는 아들 태어났다고 기뻐하셨을 텐데 지금 너의 모습을 보신다면 마음이 아플 것이다. 일하고 싶은 생각 있냐?" 고개 끄덕이는 그를 개인사업자에게 소개해 주었는데 그 후 회사 허드렛일을 하며 노숙자 생활을 벗어난 사람이 있다.

우리 어린 시절에는 넝마주이도 있었고 "밥 좀 주세요" 하는 거지들도 있었다. 전쟁 후 그리고 나라 전체가 가난하던 시절, 지금 생각하면 가슴 아픈 일이지만, 고아도 많았고 걸인도 많았다. 특히 큰 망태기를 메고 집게로 휴지며 폐품을 줍는 넝마주이는 두려움의 대상이었고 어두워지면 밖에 나가기 꺼렸다.

역사의 아이러니다. 1960~70년대 우크라이나는 구소련의 한 공화국으로 평균임금이 200~300루블, 미화로 400~500달러가 넘었다. 농산물이 풍부하고 모든 물가가 싸서 살기가 좋았다고 말하는 노인들이 아직도 많다. 외면적으로는 거지나 노숙자도 없었고 범죄 매춘 마약이 없다고 정치선전을 했다. 우리나라 평균임금이 100달러도 안 되던 시기이다. 친하게 지내는 역사학자 올레그 선생은 1960~70년대 남한은 가난·독재·범죄·미군 고아의 상징이었다고 이야기한다.

전쟁을 2년 넘기며 전쟁의 어두운 그림자가 여기저기 보인다. 키이우는 요즘 가끔 공습경보는 울리지만, 전쟁 전과 비슷하다. 600~700km 떨어진 곳에서는 전투가 벌어지고 있지만 수도에서는 거의 모든 대중교통이 정상화되었고 상점이 문을 열었고 학교도 수업이 진행되고 있다. 그렇지만 지하철역에서 자는 사람이 늘었고, 버스정류장 근처나 가게 앞에서 구걸하는 노인들이 많다. 특이한 것은 종이컵 하나 놓고 몇 시간이고 서 있다 사라진다.

특히 동네마다 쓰레기통 뒤지는 사람이 많아졌다. 키이우는 쓰레기 분리수거를 하지 않아, 음식물과 일반쓰레기 구분 없이 버리는데 멀쩡하게 차려입은 사람도 있고 부부가 함께 쓰레기통을 뒤지는 사람도 있다. 이틀에 한 번 새벽에 쓰레기차가 한차례 지나가면 초저녁부터 쓰레기통 뒤지는 사람이 자주 오간다.

우리나라에도 폐지나 박스 줍는 노인이 있지만, 여기는 노인뿐만 아니라 중장년 심지어 청소년들도 폐지나 빈 병을 줍고 고물상에 판다. 전선 근처에서 키이우로 피난 온 사람들인지 남루한 옷차림으로 비닐봉지와 낡은 가방을 들고 다니며 시내 공원을 배회하고 벤치에 누워서 잠자는 사람이 있다. 맥도날드, KFC 등 패스트푸드점 근처에서 남긴 음식을 먹는 사람도 눈에 자주 띈다. 예전에는 볼 수 없었던 광경이다.

젊은 여성들 화장이 짙고 기묘한 복장을 하고, 날씨가 더워지니 심한 노출을 하고 다닌다. 거리에서 흡연하거나 음주하는 청소년도 있다. 어두워지면 여기저기 모여 소란을 피우는데 경계하고 주의해야 할 애들이다. 이전에도 젊은이들 문신이 있었지만 요즘 머리부터 발까지 험악한 문신이 심해졌다. 대학에서는 학생들 출석률이 전쟁 전보다 훨씬 떨어진다. 대학교에 왜 안 오냐고 물으면, 먹고 살기 위해 아르바이트한다니 할 말이 없다.

전쟁 후 주변의 여러 사람이 돌아가셨다. 많은 의사와 의약품이 전선으로 나가면서 병원 사정이 열악해져 살릴 수 있는 사람들도 죽는다는 소문이 흉흉하다. 전쟁으로 힘없고 나이 든 사람과 경제력 없는 사회적 약자들이 빈곤으로 몰리고 있다. 연금 생활자들의 연금은 줄어들고 물가는 오르니 살길이 없다. 청소년들은 무관심과 사회적 격변으로 무방비로 탈선에 노출되어 있다. 전쟁은 전선의 군인만 죽이는 것이 아니라 힘없고 선량한 백성을 죽이고 있다.

75. 영혼의 음식

신토불이라고 누구든 자국의 음식이 최고일 것이다. 아프리카인은 아프리카음식이 중국인은 중국음식이 당연히 한국사람은 한국음식이 제일 맛있는 법이다. 4~5대가 지나도 고려인 음식을 보면 밥과 김치가 주식이고 된장 당근채 국수 등을 먹는다.

요즘은 한국 살 때보다 한국음식을 잘 먹는다. 주방장의 솜씨도 좋고 식자재와 고기가 싸서 한국 양념만 있으면 한국식으로 먹을 수 있다. 처음 우크라이나에 도착해서는 한국음식 향수병에 걸렸다. 밥과 김치가 없으니 무엇을 먹어도 먹은 것 같지 않았다. 그래서 1990년대 초 도착해서 많이 먹은 음식은 우리나라 음식과 맛이 비슷한 튀김 종류와 여기 사람들도 잘 먹는 절인 양배추, 오이지 등 염장식품이었다.

기업인 외교관 학생 선교사 선생님 등 한국인 집에 가 보면 잘살든 어렵게 살든 김치와 고추장이 있었다. 배추가 흔치 않으니 양배추김치도 만들고, 여기 사람이 빨간 무만 먹고 잎을 버리니 그것을 모아서 열무김치를 담그기도 했다. 지금은 쌀이 많지만 90년대만 하더라도 베트남사람들이 좋아하는 안남미라는 긴 쌀이 간혹 있었고, 쌀이 보이면 여기 사람들이 1~2kg 살 때 자루로 샀다.

김치야말로 우리 한국인에게는 최고의 음식이다. 한국에서는 흔하니까 귀한 것을 모르지만 외국에서는 무슨 수를 써서라도 김치를 만들어 먹는다. 유튜브를 통해 외국인이 만든 김치는 뭔가 맛이 없다. 우리 아이들이 졸업한 선교사학교에는 여러 나라 애들이 있었는데 외국인 선생님들은 한국 학생들에게는 교과서, 사전, 옷, 가방에까지 김치 냄새가 난다고 농담을 했다. 요즘도 입맛이 없을 때는 굴 김치를 먹고 싶다.

유럽인을 구원한 음식 재료는 밀과 감자이고 아프리카는 옥수수 아시아는 쌀이다. 우크라이나인이 주로 먹는 음식도 빵과 감자다. 우리가 매일 밥과 김치를 먹듯 서양인들은 빵과 감자 그리고 야채와 고기를 먹는다. 오래 외국 생활하는 우크라이나 사람이나 한국에서 공부한 학생들에게 무슨 음식이 제일 먹고 싶었냐고 물으면 지름 30센티의 흑빵과 보르쉬(Borshch)라는 수프라고 이야기한다. 그 외에도 여러 종류의 소시지와 우리나라 만두 같은 바렌니키, 절인 청어도 그들이 그리워하는 음식이다.

우크라이나인 영혼의 음식은 보르쉬이다. 사탕무 양배추 버섯 당근 감자 콩 등 여러 채소를 넣고 상황에 따라 소고기 돼지고기 닭고기 양고기를 넣어 끓이는데 수프는 집집마다 맛이 다르다. 고향을 떠난 사람이 고향을 그리워할 때, 외국에 오래 사는 우크라이나 동포들이 가장 그리는 음식이다. 우리 가족도 뉴욕의 우크라이나 음식점에서 먹었고, 나의 아들은 시골 우크라이나 형님 집에 가면 이틀 동안 보르쉬를 먹었다. 며칠 전 TV에서 전선의 군인이 고향집 보르쉬를 먹고 싶다는 얘기를 하는데 와락 눈물이 났다.

흑토지대의 비옥한 땅에서는 여러 종류의 과일 야채가 풍성했고, 넓은 땅에 젖소 양 염소를 키워 온갖 치즈와 유제품이 풍성한 나라이다. 오래전부터 오죽하면 우크라이나를 유럽의 '빵 바구니'라거나 '음식물 창고'라고 했을까!

우크라이나에서 오래 살며 좋아하는 음식은 살로(Salo)라고 우리나라에서는 잘 안 먹는 돼지비계를 소금에 살짝 절인 날음식인데, 축일이나 잔칫상에 꼭 올려지는 음식으로 추운 날 보드카 한잔에 마늘을 올려 몇 점 먹으면 고소하고 맛있다. 홀로데츠(Kholodets)는 살로와 마찬가지로 명절이나 잔칫상에 올라오는 음식인데 고기를 10 시간 이상 고아서 고깃국물을 찬데 놓으면 묵같이 되는데 아직도 이 음식은 우리 가족에게는 안 맞는다.

매일 밥상에 올라와도 질리지 않는, 평생을 먹는 김치와 김이야말로 한국 사람 영혼의 음식이다. 개인적으로 얼큰한 순댓국과 짬뽕 짜장면도 그리운 음식이다.

76. 축구를 사랑하는 우크라이나인

요즘 날씨가 좋아지면서 동네 운동장마다 축구 경기를 하는 애들이 많다. 집 근처 대학 운동장에도 오전부터 저녁까지 축구 시합을 하는 사람이 많다.

그동안 혈기 왕성한 젊은이들이 전쟁으로 숨죽이고 있었지만, 봄철이 되며 축구의 계절이 돌아왔다. 전선에서는 전투가 벌어지고 있고 키이우에는 가끔 공습경보가 울리지만, 겨울에는 배구와 농구가 실내에서 관중들과 함께 경기했고 요즘은 우크라이나 축구리그 경기가 인기리에 진행되고 있다.

전쟁 첫해(2022년)에는 모든 운동경기가 중단되었고 작년(2023년)에는 무관중으로 경기가 진행되었지만 작년 말부터 올해는 소수지만 관중들과 함께 여러 경기가 진행되고 있다.

유럽인들은 야구에는 관심이 없지만 축구에 열광적이다. 영, 독, 불 이탈리아 스페인 등 유럽인들은 직장, 가족, 축구, 자동차를 위해 산다고 해도 과언이 아니다. 많은 사람이 자신의 연고팀을 응원하며 회원권을 구매하여 지정석을 차지한다. 미국인은 미식축구 야구 농구 아이스하키에는 열광하지만 축구의 열기는 좀 떨어진다.

프리미어리그(영국), 분데스리가(독일), 라리가(스페인), 세리에A(이탈리아), 리그앙(프랑스)은 축구전문채널을 통해 유럽 전역에 중계되고 있다.

유럽은 인접국도 많고 도로가 좋고 교통이 발달하여 비행기 기차 버스 자가용을 이용하여 다른 나라에서 진행되는 경기도 직접 보려고 많이 이동한다. 자국 리그뿐만 아니라 유럽 리그, 챔피언스 리그, 콘퍼런스 리그 등 거의 일주일 내내 축구 경기가 있는데 빈자리가 없다.

우크라이나는 나토나 유럽연합 회원국은 아니지만 전쟁 전에는 유럽의 여러 리그에 참여했다. 키이우 디나모와 도네츠크 샤흐타르는 구소련 시절부터 경쟁 팀으로 우크라이나에서는 레알 마드리드와 바르셀로나 경기만큼이나 유명한 시합이다.

러시아가 점령 중인 도네츠크는 현재 전쟁이 한창 진행 중이라 샤흐타르 팀은(2008년 유럽리그 우승) 지방 도시를 전전하며 경기하고 있다. 여러 종목의 운동선수가 자원입대하여 수백 명이 전사하고 부상을 입었는데 축구에서도 여러 명의 선수가 참전하여 경기력이 많이 저하되었다는 평이다.

우크라이나 축구의 최고는 안드리 셰브첸코이다. 키이우 디나모

(1993~1999)에서 경기할 때 등 번호 7번을 달고 뛰던 그의 모습이 눈에 선하다. 디나모에서 뛰던 그는 이탈리아 밀란(1999~2006)으로 이적하여 세리에A 득점왕이 되었으며 유럽 챔피언스 리그에서 최다골을 넣었고 2004년에는 발롱도르상을 받았다. 은퇴 후 국가대표팀 감독을 했고 지금은 축구협회장을 하고 있다.

요즘 뜨는 축구 선수로는 진첸코라는 젊은 선수가 있다. 현재 프리미어리그 아스널에서 뛰고 있는데 경기 전에 우크라이나 국기를 들고 출전한다. 디나모와 경쟁팀인 샤흐타르 출신으로 언제든지 전선으로 나갈 준비가 되어있다고 말한다.

우크라이나 스포츠도 대세는 축구다. 전쟁 전에는 국가대표나 디나모 경기가 있는 날은 도시 전체가 술렁이고 경기장 근처에서 몇 시간 전부터 모여 축제의 장이 열렸고 경기에서 지는 날은 위험한 사고도 심심치 않게 일어났다. 특히 샤흐타르 팀과의 경기는 우크라이나에서는 최고의 인기였다.

지금은 전쟁 중이지만 우크라이나 축구리그가 진행 중이다. 유럽의 변방에 있지만 우크라이나는 축구와 복싱이 꽤 강한 나라다. 2019년 U-20 축구 경기 결승에서 한국과 우크라이나가 붙은 적이 있었는데 아무리 오래 살았어도 마음은 조국을 향하며 대~한민국을 응원했지만 우리나라가 3대 1로 져서 아쉬웠다. 여기 살며 축구도 좋아하게 되었다. 어려서 운동부는 깡패집단이라고 생각했는데 지금은 스포츠인보다 더 젠틀맨은 없는 것 같다.

77. 오데사-하르키우 라인

우크라이나 전선은 1,000km 이상 펼쳐져 있다. 필자는 전쟁 발발 후 잠시 피난 갔다 와서 키이우에 살면서 우크라이나 남쪽 항구도시 오데사와 북동쪽 제2도시 하르키우를 연결하는 지역을 염려했다. 푸틴이 우크라이나를 점령하려는 야욕이라면 이는 오데사부터 하리키우라고 생각했다. 그 사이에 있는 헤르손 자포리자 도네츠크 루한스크는 이미 2022년 9월 통합 선언을 했고 그 후 오데사와 하리키우를 계속 공습하고 있는데 마침내 2주 전부터 하리키우 쪽으로 공격하며 진격하기 시작했다. 크림반도는 2014년에 점령했다.

오데사와 하리키우의 폭격으로 러시아계 우크라이나인들조차 푸틴을 증오하고 러시아를 적으로 생각하게 되었다.

러시아 표트르 대제는 1703년 발트해와 북방으로 나가기 위해 상트페테르부르크(성자 베드로의 도시라는 뜻으로 독일식 지명인데 표트르는 베드로의 러시아식 이름이다)를 건설하였다. 도시 전체가 거대한 박물관이나 마찬가지인데 푸틴이 태어나고 자란 도시이다.

오데사는 1795년 에카테리나 여제의 명령으로 건설하기 시작하여 19세기에 급격히 발전한 도시이다. 19세기까지도 모스크바 상트페테르부르크 키이우에 버금가는 도시였다. 러·터 전쟁에서 승리한 러시아는 남부 항구도시를 건설하고 흑해를 지배했다. 오데사는 예전에도 러시아인들이 좋아하는 휴양지였다.

표트르와 에카테리나같이 영토를 확장한 옛 왕같이 푸틴은 우크라이나를 점령하려는 야욕에 사로잡혀 21세기에 19세기 차르(왕) 노릇을 하고 있다.

오데사에는 1830년대 만든 높은 계단이 있는데 1925년 에이젠슈타인 감독의 '전함 포템킨'이라는 무성영화에 나오면서 유명해져 지금은 포템킨계단이라고 한다. 계단을 따라 중심가에 가면 감부리누스라는 맥줏집이 있다. 19~20세기 러시아의 쿠프린(Kuprin)이라는 작가가 여기서 독일맥주와 마른 생선을 안주로 먹었는데 얼마나 맛이 있었던지 '감부리누스(Gambrinus)'라는 단편소설을 썼다. 그 후 이 집은 문학을 사랑하는 사람들의 사랑방이 되었고 전 세계 관광객이 와 전쟁 전까지도 성업 중이었다. 오데사에 있던 에카테리나 여제와 푸시킨 동상은 이미 부서진 지 오래다.

하리키우는 키이우에서 470km 지점에 있는 도시로 러시아와 가까워 국경까지는 30km 정도 떨어져 있다. 우크라이나 제2도시로 인구는 150만이다. 하리키우는 1917년부터 1934년까지 우크라이나의 수도였으며 공업과 교육 도시이다. 이 도시에는 300여명의 고려인이 살았는데 똘똘 뭉쳐 한국어 특화학교를 설립하였고 한국 식당 호텔 주차장을 만들었고 한방병원도 열었으며 재래시장에 가면 고려인 아주머니들이 당근채, 김치, 오이지 등을 팔았다.

만약 오데사에서 하리키우까지 빼앗긴다면 우크라이나는 동유럽의 가난한 농업국으로 전락할 것이며 흑해와 아조프해를 잃고 내륙국이 된다. 오데사 하리키우 라인의 면적은 20만km^2 정도지만 전체 인구의 70%가 있고 우크라이나 공업, 산업, 제조업의 중심지로 이 지역에는 러시아계 우크라이나인이 700만 이상 거주하는 곳이다. 푸틴은 하리키우 쪽에 완충지대를 구축한다지만 거짓말이다. 우크라이나 전체 점령이 어려워지자 오데사 하리키우 라인을 생각하는 것이다.

요즘 미국과 유럽의 도움이 지지부진한 사이 전황이 어렵게 돌아가고 있다. 그러나 전쟁은 시간과의 싸움이다. 전황이란 유리할 때도 있고 불리할 때도 있다. 외국 원조로 전쟁하는 힘없는 나라의 설움이다. 푸틴은 올해 71세로 법률상으로는 2036년까지 집권이 가능하다. 푸틴이 죽으면 러시아 점령지는 우크라이나로 되돌려질 가능성이 크지만 그 과정이 지난할 것이다.

78. 서유럽과 러시아

러시아는 오래전부터 서유럽에 열등감을 가지고 있었다. 모든 차르(왕)의 숙원은 서유럽과 대등하게 국가 간의 관계를 유지하는 것이었지만, 서유럽 국가들은 러시아를 덩치만 큰 바보같이 멸시하고 무시했다. 특히 러시아 사람들은 독일을 두려워하고 프랑스를 동경했으며 영국을 부러워했다.

2000년 집권한 푸틴은 대학에서 법학을 전공했지만, 독일어를 공부했고 KGB요원으로 동독에서 오래 근무해서 독일어를 잘한다. 푸틴과 집권 기간이 겹치는 독일 메르켈 총리(2005~2021 재임)는 동독 출신으로 러시아어를 잘했다. 두 사람은 메르켈 총리 재임 기간에 70회 이상 만났는데 통역 없이 농담할 정도였다. 오랜 기간 여러 번 만나면서 메르켈은 푸틴의 야욕을 진짜 읽지 못했는지 궁금하다. 2014년 푸틴이 크림반도를 무력 점령했을 때 서방의 강력한 제지가 있었다면 8년 후 우크라이나에서 전쟁이 안 났을 것이다. 독일의 메르켈 총리는 에너지 정책에서 러시아에 너무 의존적이었고 군비를 약화했다. 예전 러시아가 두려워하던 독일이 아니라 러시아에 에너지를 의존하며 살기에 급급한 나라가 되었다.

19세기 러시아 황금기 문학 작품에는 프랑스어가 자주 등장한다. 지금도 세계 문학사에 찬란히 빛나는 푸시킨, 고골, 도스토옙스키, 톨스토이, 투르게네프, 체호프 등 거장들의 시대였다. 당시 러시아 귀족이나 상류층의 유행 중 하나는 프랑스 따라 하기가 있었다. 상류층에서는 공공연히 프랑스어를 사용했다. 1812년 나폴레옹 군을 물리친 러시아 군인들이 프랑스에 진격하여 프랑스의 문화와 체제를 경험하고 자유주의 사상에 경도되어 러시아로 돌아와서 조국의 전제정치와 농민들을 옥죄는 농노제를 보고 정부를 뒤집어보자고 혁명을 일으킨 것이 1825년 12월 혁명이었다. 러시아어로 12월을 뜻하는 데카브리스트 혁명이라고도 한다. 혁명은 실패로 끝나고 100명이 넘는 엘리트 장교들이 사형당하고 시베리아로 유형을 갔는데 그 이후 프랑스는 더욱더 러시아인의 동경 대상이 되었다.

18~19세기 산업혁명과 세계 식민지의 절대 강국 영국은 러시아인이 부러워하는 나라였다. 오랜 역사와 전통을 가지고 있는 영국은 왕정이면서도 의회가 발달하였고 산업혁명으로 잘사는 나라라는 인식이 있었다. 차르(왕)에 의한 전제정치와 농노제에 지친 지식인들과 중산층에서는 영국은 러시아가 따라갈 수 없는 부러운 나라였다 덩치 큰 러시아는 세계 정세에서도 섬나라 영국의 시시콜콜 감시를 당하고 간섭을 받으면서 크림전쟁에서 졌으며 그 후 싸움 한번 해보지 못하고 기죽어 살았다. 그나마 2차세계대전 말미에 스탈린 루스벨트 처칠이 얄타에서 전후 문제에 대해 회담한 것은 소련 사람들의 자랑

이었다.

미국은 20~21세기 최강국이지만 러시아는 미국을 대국의 위압감을 느끼면서도 만만히 보는 경향이 있다. 미국은 역사도 짧고 다른 대륙에 있으며 냉전 시기에는 비등하게 체제 경쟁을 하였고 사회주의와 자본주의로 나뉘어 세계를 양분 제패했었다는 자부심이 있다. 우크라이나와의 전쟁도 어찌 보면 미국의 도움을 예상하고도 푸틴은 특별군사작전이라는 미명하에 진행하고 있는 것이다. 이참에 미국은 러시아 곰을 잡으려 하고, 러시아는 미국이라는 괴물과 싸워 이기려 하고 있다.

러시아의 면적은 유럽 전체 면적보다 넓으며 영, 독, 불 3국 합친 영토보다 10배 이상 넓다. 2000년 집권한 푸틴은 독재자가 되어 우크라이나를 침공하고 있으며 미국과 영, 독, 불은 우크라이나를 도우며 대리 전쟁하는 모양새다. 푸틴은 열등감 속에서도 어느 정도 강한 러시아를 만드는 데 성공했다. 서방과의 정치 경제 외교에서도 이만하면 대등한 지위에 올랐다고 생각할 것이다. 그러나 아직도 서유럽과 미국은 러시아를 믿지 못하며 무시하고 있다.

79. 우크라이나 전쟁 중 휴가철

50대 이상 한국사람 절반 이상은 수영을 못하는 것 같다. 우크라이나 사람들은 거의 다 수영을 한다. 오래전부터 유치원이나 동네에 풀장이 있어 수영을 배웠고 여름철 한두 달 휴가를 바닷가나 강가에서 보낸 탓이다.

요즘 젊은 세대들은 휴가나 피서도 편하게 하고 해외여행을 즐기지만 필자 어릴 때만 해도 어른들은 여름에도 일했고 학생들은 방학이면 시골 친척집 가거나 방학숙제 하기 바빴다. 어쩌다 여름 하루, 인천에서는 송도유원지와 청학풀장 그리고 율목풀장이 1970년대 물놀이를 할 수 있는 장소였다. 인천 인구 100만이 안되던 시절 휴가 문화는 참 빈곤했다. 개인적으로 필자가 졸업한 고등학교에서는 봄, 가을 여섯 번 송도유원지에 소풍 갔다 오고 졸업했다.

인천은 항구도시지만 바닷가에서 수영할 수 있는 곳이 없다. 그러나 인천 앞바다에는 보석 같은 섬들이 펼쳐져 있다. 중고등학교 시절 을왕리, 용유도, 대부도, 덕적도, 자월도 등은 며칠 캠핑 가기 좋은 섬이었다. 가난한 시절이라 집에서 쌀 퍼오고 된장 고추장 가지고 친구들과 뱃삯만 가지고 떠났다.

지난 주말 드니프르 강에 다녀왔다. 남녀노소 많은 사람이 전쟁을 잊고 물놀이에 여념이 없었다. 요즘도 강가 여기저기에 불을 피우고 우크라이나 불고기 샤슬릭을 굽고 있었다. 애들 어려서 우리 가족도 여름만 되면 간단한 음식과 음료수 그리고 큰 수건 두 장 가지고 드니프르 강으로 가서 수영을 즐겼다. 방학 중에는 대학에서 주는 여행권을 가지고 1,000km 멀리 크림반도 시골에 있는 대학 휴양소에 3주간 갔다 왔다. 식사를 제공하고, TV 라디오 인터넷 등 문명의 이기가 없어 수영 독서 산책 운동하며 지냈다. 그 넓은 흑해에서 200여명이 지치도록 수영을 했다.

우크라이나에서는 7, 8월에 관공서 일을 보기가 힘들다. 대학에서도 필요한 서류를 받거나, 업무 보기가 어렵다. 심지어 대학 도서관도 문을 닫고 사무실도 문을 닫아 담당자를 만날 수 없다. 7, 8월은 모든 학교가 방학이고 웬만한 직장인은 휴가철이다. 지금은 전쟁으로 휴가 열기가 많이 떨어졌지만 전쟁 이전만 하더라도 휴가철을 위해 살았다 해도 과언이 아니다.

초, 중, 고등학교는 5월 말에 방학을 한다. 대학은 7, 8월이 공식 방학이지만 5월 말이나 6월 초에 시험이 끝나면 실질적으로 방학이다. 직장인들은 공무원이나 국영기업 종사자들은 여름철 24일의 유급 휴가를 갖는다. 개인 회사나 웬만한 직장은 근무자와의 협의하에 24일 이상의 휴가를 주어야 한다.

전쟁 전만 해도 여름이면 흑해나 아조프해 또는 카르파티아 산맥으로 많은 사람이 봄부터 휴가 계획을 세우고 떠났었다. 그러나 2014년 러시아가 크림반도를 강점하고, 2022년 전쟁으로 아조프해는 갈 수가 없고, 카르파티아 산맥은 교통이 나빠지고 인프라가 악화되어 가기 어렵게 되었다. 요즘 피서는 고향집 숲이나 강가나 근교공원으로 짧게 다녀오고, 웬만한 사람들은 여름 농막 다차에서 일하며 휴가를 대신하고 있다.

애들 어렸을 때 우크라이나 형님 가족과 아조프해 시골로 피서를 간 적이 있다. 말이 피서지 로빈슨 크루소 체험기였다. 도착하자마자 간이 화장실을 만들었고, 주위에서 나무 주워서 식사 준비했고, 텐트에는 온갖 벌레가 들끓었다. 3주 예정으로 갔다 3일 만에 돌아왔지만 아조프 바다는 좋았다.

이 글을 쓰고 있는 며칠 사이, 키이우에는 하루에도 4~5번씩 공습경보가 울렸고 7월 8일 집 근처 2~3km 지점에서 큰 폭발음이 들렸으며, 시내 중심에 있는 어린이 병원이 로켓 공격을 받아 건물이 무너지고 수십 명이 죽고 수백 명이 다쳤다. 또한 전력시설 공격으로 하루에도 몇 차례씩 정전이 실시되고 있다. 많은 민간인을 살상하는 이 미친 전쟁은 당장 멈추어야 한다.

80. 재미없는 결혼식, 재미있는 결혼식

젊은 시절, 배고프고 술 고픈 날이 있었다. 가끔 주안역 앞 결혼식장 식당에 가서 모르는 사람 결혼을 축하하고 국수며 홍어회며 머리 눌린 돼지고기에 소주를 마셨다. 1955~1969년 사이 태어난 신생아 수가 폭발적으로 증가하여 그들이 자라, 결혼할 시기인 1980~90년대는 예식업이 덩달아 성행했다. 매년 100만 명 이상의 어린이가 태어났으니 나라는 가난할망정 축복받은 나라였다. 오죽하면 "딸 아들 구별 말고 둘만 낳아 잘 기르자"와 "많이 낳아 고생 말고, 적게 낳아 잘 키우자"라는 구호가 아직도 기억난다.

미국이나 유럽에서는 호숫가 근처나 교외 공원, 작은 교회에서 친구들만 모아 결혼식을 하는 사람도 있고 우크라이나에서는 교회나 작스(ZAKS)라는 결혼등록소에서 간소하게 결혼식을 한다. 필자는 공무원이신 형님 덕분에 석바위 부녀회관에서 거의 무료로 결혼식을 했는데 일가친척과 친구 몇 명 그리고 고등학교 국어 선생님을 주례로 모시고 했다. 그때나 지금이나 호화 결혼식이 있고, 예물이 얼마고 지참금이 얼마고 혼수품 이야기가 있고, 결혼식에 몇천만 원이 들었다는 혼인은 남의 나라 이야기라고 생각했다.

시간이 흘러 아들이 결혼할 나이가 되었다. 결혼 전, 사돈어른과 상견례 겸 만나 술을 한잔 했다. “저희는 예쁜 딸 하나 얻는다 생각할 테니 사돈어른께서는 못난 아들이지만 아들 하나 얻는다고 생각해 주십시오.” 결혼의 모든 것을 아들과 딸(daughter-in-low)에게 맡겼다. 그리고 애들에게 말했다. “너희들 결혼이니 너희들이 알아서 해라.” 결혼식과 식사를 포함해서 2시간은 너무 짧았다. 축의금이 얼마인지 예물로 무엇을 했는지 혼수품이 무엇이었는지 지금도 나는 모르지만, 잘생긴 손자를 낳고 직장 생활하며 필자를 할배로 만들어주었으니 고마울 뿐이다.

키이우대학에서 오래 근무하다 보니 결혼, 생일, 장례에 초대받는 일이 종종 있다. 웬만하면 참석하려 노력한다. 요즘 나이가 들다 보니 장례에 가끔 참석하게 되는데 이제 긴장도 없고 친구 잘 가시게 하는 정도의 인사를 하고 우리 돈 2~3만 원 조의금을 전달한다.

졸업생 결혼식은 지방이든 시골이든 도시든 초대하면 꼭 참석한다. 보통 소도시나 시골에서는 교회에서 하고 도심에서는 결혼등록소에서 하는데 결혼식 후 축하연이 인상 깊다. 도시에서는 보통 결혼등록소에 가서 혼인 서명하고 하객들과 사진 찍고 결혼등록소 공무원이 결혼이 성사되었음을 선포하고 결혼증명서를 주면 예식은 끝난다. 우리나라같이 신혼여행은 없고 보통 소피아 성당, 페체르스카 수도원, 키이우 시조 동상이나 셰브첸코 시인 동상에서 사진 찍고 샴페인을 터트리고 난 후, 하객이 모여 기다리는 식당이나 연회장에 신랑 신부가 도착하면 피로연이 시작되는데 보통 오후에 시작하면 자정을 넘기는 것은 예삿일이다. 우리나라같이 축의금만 내고 식당으로 가는 일은 없다.

소도시나 시골에서는 피로연이 며칠 간다. 양가에서는 수백 ℓ의 포도주와 사마곤이라는 독주를 몇 개월 전부터 준비한다. 돼지를 잡고 닭 생선 음식을 차리고 온갖 전통 요리를 준비하여 노래하고 춤추고 건배하며 피로연을 즐긴다. 술잔을 들 때마다 고리카(쓰다는 뜻인데 키스하면 달콤하니 키스하라는 의미)를 연발한다. 신랑 신부는 여기에 맞추어 계속 키스를 한다. 자정 넘어 피곤한 사람들이 헤어졌다. 다음날 다시 모여 술 마시고 음식 먹고 춤추며 논다. 심지어 3박 4일 피로연을 하는 경우도 있다.

오래전, 먼 시골 제자의 결혼식에 갔었다. 시골 마을 잔치가 벌어졌는데, 동네 남녀노소 모두 모여 결혼식을 위해 사는 사람들 같이 한결같이 축하하고 인사하고 들떠서 마을 전체가 들썩였다. 게다가 외국 선생이 왔다니 마을이 완전히 뒤집혔다. 그 인정 많고 착하고 순박한 우크라이나 시골 사람들의 모습이 그립다.

81. 우크라이나 가는 길

시리아 아프가니스탄 우크라이나 등 세계분쟁지역이나 전쟁 중인 국가는 정부에서 여행금지국으로 지정하여 여행을 금하고 있으며 필요 때문에 여행하고자 하는 사람은 예외적 여권 사용 허가를 받아야 한다. 필자도 우리 외교부에서 예외적 여권 사용 허가를 받아 우크라이나에서 거주하고 있는데 예외적 여권 사용 허가를 받는다 해도 현재 우크라이나 전역의 공항이 폐쇄되어 들어가고 나오기가 쉽지 않다. 외국 정상들도 보통 폴란드에서 기차를 타고 우크라이나에 입국한다.

우리나라에서는 공항이나 항구를 통해 외국으로 나가지만 유럽에서는 공항이나 항구 외 자가용 버스 기차로 외국에 나가는 경우가 많다. 기차는 안전하고 버스는 볼거리도 있고 재미있다.

공항은 우리나라가 최고다. 깨끗하고 편리하고 짐 검사나 여권 검사도 빠르고 친절하며 휴식 공간도 넓다. 어느 나라 공항에서는 카트나 인터넷 비용을 받고 화장실이 지저분하고 환승이 매끄럽지 않고 면세점이나 식당의 위치가 안 좋고 휴식 공간이 좁고 어수선한 곳도 있다. 출입국 신고나 여권 검사는 선진국일수록 부드럽고 후진국일수록 엄격하다. 구공산권 국가는 특히 권위주의적이고 관료적이다. 요즘은 선진국도 테러나 범죄에 대비해서 엄격해진 곳도 있다.

우크라이나에 처음 왔을 때 권총을 찬 국경수비대원들이 출입국 심사하는 것을 보고 겁에 질려 위축되고 무서웠던 기억이 있다. 구소련 지역은 요즘도 군복 입은 군인들이 공항에서 근무하는 경우가 종종 있는데 죄인 대하듯 어디 가나? 왜 가나? 입국 목적이 뭐냐? 고 묻는 경우도 있다.

현재 우크라이나는 모든 공항이 폐쇄되어 비행기로 입출국할 수 없다. 주변국이 폴란드 헝가리 슬로바키아 루마니아 몰도바인데(벨라루스와 러시아도 접경국이지만 경유하여 오고 갈 수 없다) 가장 많이 입출국하는 곳은 폴란드이다. 폴란드와 우크라이나는 약 500여km 접경을 이루며 공식적으로는 6개의 철도 검문소와 12곳의 자동차 검문소가 있다.

우크라이나 키이우에서 폴란드 바르샤바까지 거리는 약 800km이다. 검문소마다 차이는 있지만 버스 주행 시간은 보통 14~16시간 걸리는데 요즘 국경을 통과하는 사람이 폭발적으로 증가하여 양국 운수업이 호황을 맞고 있다. 대형 버스마다 빈자리가 거의 없이 1시간에 5대 이상 출발한다. 요금은 우리 돈으로 보통 6~8만 원인데 플릭스 버스(FLIX BUS)가 가세하여 고급화하고 있다(요금은 10~12만 원).

플릭스 버스는 유럽의 거의 모든 도시 도시를 연결하는데 냉난방 인터넷 음료까지 갖추고 손님을 모신다. 기차는 버스보다 안전하고 시간을 예측할 수 있어 많은 사람이 선호한다. 요금은 차량 등급에 따라 차이가 있는데 우리 돈 12~20만 원이다.

한국에서 우크라이나에 오려면 폴란드 외 주변국으로 가서 기차나 버스를 타야 한다. 필자는 전쟁 후 루마니아를 통해 한국에 왔다, 루마니아 부쿠레슈티 공항을 이용하여 우크라이나로 들어온 적이 있는데 거리는 약 1,000km이다. 그 외 튀르키예 카타르 두바이를 경유하여 몰도바에서 입국하는 방법이 있고 헝가리나 슬로바키아를 경유해도 되는데 거리가 1,200km 이상이라 부담스럽다.

7월에 개인 일로 외국에 나갔다 들어왔다. 버스 타고 바르샤바 가는 데 15시간 걸렸고 양쪽 국경검문소에서 짐 검사와 여권 검사로 3시간을 기다렸다. 돌아올 때도 비슷하게 시간이 걸렸다. 전쟁이 끝나도 공항이 정상화될 때까지는 우크라이나로 오는 길이 쉽지는 않을 것 같다. 전후 사업으로 또는 업무차 우크라이나로 온다면 교통편을 잘 생각해야 할 것이다.

전쟁 전에 키이우 보리스폴 공항이 불친절하고 불편하다고 투덜대며 이용했는데 지금은 그 공항이 그립다.

82. 전쟁으로 인한 정신질환

젊어서 본 람보라는 영화는 베트남전쟁에서 돌아온 퇴역 군인이 옛 전우를 찾아가다 보안관과 시비가 붙고 이후 걷잡을 수 없는 전쟁 아닌 전쟁으로 빠져드는 신나는 영화였다. 그런데 지금 생각해 보면 그 주인공은 베트남전쟁에서 포로가 되고 탈출하고 여러 사람을 죽이고 살아남아 지독한 후유증에 빠진 외상후스트레스장애(PTSD) 환자가 아니었을까?

현대인은 누구나 정신병에 노출되어 있고 어느 정도 증상을 가지고 있는 사람도 있다. 마약 알코올 담배 도박 등의 중독 증세도 뇌질환과 연관이 있다고 생각한다. 요즘 키이우에서 정신이 온전치 못한 사람을 종종 본다. 지하철에서 혼자 중얼거리는 사람, 노상 방뇨하는 사람, 거리에서 고함치는 사람 눈동자가 풀린 상태로 어딘가 돌아다니는 사람 등등 예전에도 정신 이상 있는 사람이 있었지만 전쟁 후 더 많은 사람들이 정신이상을 호소하고 있다.

전쟁 전에는 그렇게 착하고 아이들과 부인 밖에 모르던 남편이 전쟁에서 부상 후 집으로 돌아와 폭력적이고 알코올 의존적으로 변했다는 사람들이 많다. 며칠 전 이곳 방송에서 보기 불편한 다큐멘터리 프로그램을 보았다. 전쟁 부상 후 집으로 돌아와 장애를 극복하려는 사람들의 이야기였는데 많은 사람들이 전쟁을 잊거나 회피하기 위하여 마약 알코올 도박 등에 중독 되는데 그 중에는 페럴림픽(장애인 올림픽)에 참여하려고 운동하는 사람이나 전문직 공부에 매진하여 전쟁 후를 준비하는 사람들의 이야기를 담고 있었다. 긍정적인 면뿐만 아니라 부정적인 면도 보여주어 보는 내 가슴이 아프고 섬찟했다.

전쟁이 장기적으로 가며 더 많은 사상자와 부상병이 속출한다. 한국전쟁 후에도 상이용사라고 전쟁 부상병들이 생존을 위해 깡통을 두들기고 물건을 강매하거나 구걸하던 모습을 영상이나 소설에서 기억한다.

전쟁이란 1차적으로 군인과 군인 간 총격전이나 포격전이 이루어진다. 그 후 사망자와 부상자가 발생하고 부상병들은 치료 과정을 거쳐 건강을 찾는 사람도 있지만, 장애인이 되고 외상후스트레스장애 환자가 된다. 전쟁은 군인 뿐만 아니라 전장의 주변 민간인들에게도 많은 피해를 준다. 전장 주변 청소년 건강실태 조사 결과 타지역보다 월등한 PTSD 발병률을 나타내며 주의력 결핍 과잉 행동장애(ADHD), 우울장애, 품행장애, 불면, 두통 등의 증상이 20~30% 이상 높았다는 조사가 있다. 특히 여성과 청소년의 경우 정신질환 발병률이 더 높은 것으로 나타났으며 기존 정신 질환을 겪고 있던 아동이나 여성들은 치유하기 힘든 지경으로 병세가 악화된다.

전장 주변의 나이 드신 분들은 정신 질환자뿐만 아니라 고혈압 당뇨 신부전 등 기저질환 환자들과 치매나 고령으로 거동하기 힘든 노인들이 의사와 의약품 부족으로 합병증을 유발하고 조기 사망에 이르는 경우가 많다.

우크라이나 정부도 전쟁터의 정신질환에 대한 심각성을 인식하고 각부대 별로 심리 상담사나 정신과 의사들을 배치하고 있는데 워낙 수효가 달려 심리학과 대학생이나 의대학생 중 자원자를 모집하고 있다.

전쟁은 생때같은 젊은이를 죽음으로 몰고 멀쩡한 사람을 장애인으로 만든다. 그리고 전장 주변의 기저질환 환자와 노약자를 치명적인 죽음으로 몰고 간다.

요즘 키이우는 하루에도 4~5번씩 공습경보가 울리고 있다. 8월 6일부터 시작된 러시아 본토 공격으로 우크라이나 통합방송과 주요 언론은 연일 우크라이나군이 몇 킬로미터를 전진하고 몇 평방킬로미터를 점령했다는 뉴스를 전한다. 그러나 언제 러시아군의 보복 로켓이나 드론이 키이우로 날아올지 두렵다.

83. 러시아 본토를 공격한 젤렌스키

우크라이나 대통령 젤렌스키는 2019년 5월에 집권했다. 당시 그는 41살 나이에 키가 자그마하고, 이전에 국민배우로, 코미디언으로 이름이 알려져 여러 사람이 좋아했다. 대통령이 된 그의 장밋빛 인생은 오래 가지 않았다. 2022년 2월 러시아의 침공으로 전쟁이 발발한 것이다. 현재 그는 5년 임기가 끝났지만, 전시 계엄 하로 3개월마다 국회에서 임기를 연장하고 있다.

전쟁이 없었다면 올 4월 대통령 선거가 있어 연임하던지, 전임 대통령이 됐어야 하지만, 전쟁 중 계속 대통령직을 수행하고 있다. 전쟁이 터진 2022년 2월 24일 아침 모두 우왕좌왕하고 외국으로 나가려고 여러 길이 막히고, 키이우 근교까지 러시아군이 접근했을 때 해외 도피를 권유하는 미국을 향해 "우리에게 필요한 것은 차량이 아니라 탄약이다"라고 말한 것이 방송으로 바로 나왔고 저녁에 핸드폰으로 대통령 자신이 찍은 영상이 나오며 그는 우크라이나의 구세주이자 영웅이 되었다. 필자도 그날 그의 모습이 생생히 뇌리에 각인되어 있다.

"여러분 당대표가 여기 있습니다. 총리가 있습니다. 비서실장이 있습니다. 대통령이 있습니다. 우리 모두 여기 있습니다. 우리 군이 있습니다. 국민이 있습니다. 우리는 우크라이나의 독립과 조국을 수호할 것입니다. 앞으로도 계속 그러할 것입니다. 우크라이나와 영웅들에게 영광이 있을 것입니다."

그는 국민배우로 화면의 각도나 표정, 음성, 극적인 효과를 잘 알고 있었다. 1분도 안 되는 이 짧은 화면은 우크라이나 전 국민을 단결시켰고 전 세계의 지원을 이끌었다.

전쟁 후 젤렌스키는 압도적 우위의 군사력을 보유하고 있는 러시아를 향해 비굴하거나, 자신이 처한 운명을 회피하지 않았다. 군사령관이 되었으며 외교관이 되었으며 국민의 희망이 되었다. 그의 트레이드 마크가 된 군용 티를 입고 UN과 미국과 유럽의 거의 모든 국가와 일본을 방문하여 정상회담을 하고 국회에서 연설했으며 우리나라에서는 국회 화상 연설을 했다. 그의 연설은 설득력이 있고 진정성이 보인다. 오랜 시간 배우로 살아온 이력 탓인지 그의 몸짓이나 말에는 사람을 끌어당기는 힘이 있다.

그는 최전선도 자주 방문하여 군인들을 격려하고 구호를 외치고 노래를 부르며 용기를 북돋고 있다. 최전방을 방문할 때면 참모들이나 경호팀이 어려워하지만, 젊은 대통령은 아랑곳하지 않고 군인들 애칭을 부르며 친구같이 형제같이 대하며 어깨동무도 하고 농담한다. 전쟁 2년 반을 넘기며 그의 인기는 약간 시들해졌고 임기에 대한 논란이 일고 있으며 전쟁에 대한 회의가 감지되지만 당장 그를 대체 할 그릇이 없다.

전쟁 925일간 우크라이나 전역은 공습경보와 폭격 속에 살았다. 비무장 국민에게 대량의 로켓과 드론이 날아와 생명을 앗아가고 아파트와 병원 학교 등 공공건물을 파괴했다. 필자가 사는 키이우 아파트 위에서도 폭발음과 함께 번쩍번쩍하는 섬광을 여러 번 보았다.

러시아 영토인 쿠르스크 점령으로 요즘 러시아는 우크라이나 전역에 보복성 공습을 연일 펼치고 있다. 수도 키이우는 물론이고 폴란드와 가까운 서부 르비우에도 폭격이 있었고 중부도시 폴타바에서는 50명 이상이 사망하고 300여 명이 상처를 입었다.

천 킬로미터 이상 펼쳐져 있는 전선에서는 온갖 작전이 펼쳐지는데 우크라이나 군 총사령관 시르스키는 2024년 8월 6일부터 러시아 본토 쿠르스크를 공격하는 작전을 수행하고 있다. 이 작전으로 어떤 중대 변수가 생길지는 모르지만, 허허벌판에서 벌어지는 이 전쟁은 지지부진하게 몇 년이라도 이어지리라 생각한다. 강한 러시아를 지향하는 푸틴으로서는 치명적인 오점을 남겼고 우크라이나 군 통수권자인 젤렌스키는 2차 세계 대전 이후 최초로 러시아 본토를 공격한 대통령이 되었다.

84. 우체국 회상

이제 한국이나 우크라이나에 빨간 우체통은 점차 사라지고 구석에 놓인 쓰지 않는 농기구같이 되고 있지만 그 추억과 가슴 설렘은 오래 우리 가슴에 남아있을 것이다. 어려서는 우표 모으기를 열심히 했고, 국군 장병 아저씨에게 위문편지를 썼고, 전학 간 친구에게 편지를 보냈고, 어깨동무 잡지 펜팔란에서 주소를 보고 얼굴도 모르는 어린이에게 편지를 썼는데 그때마다 나는 우체국에 갔고, 가끔 "편지요"하는 우체부 아저씨를 기다리곤 했다.

나이 들어 유럽의 여러 나라를 돌아보니 넓은 도심 광장마다 한편 구석에는 우체국이 있어 나그네 되어 우체국 책상에 앉아 가족과 친구들에게 엽서를 쓰곤 했다.

우크라이나에 처음 도착해서도 우체국에 일주일에 한두 번 가서 편지를 보냈고 설날이나 추석에는 국제 전화를 신청하고 가슴 아프게 어머님과 짧은 통화를 했던 곳이다.

공부할 때는 기숙사에서 살아 일반전화도 핸드폰도 없던 때라 급하면 지도 교수님과 친구에게 우체국에 가서 전보를 보냈다(요즘 젊은 사람들은 전보가 무엇인지 모를지도 모른다). 글자수 대로 돈을 받아 되도록 짧게 썼다. "내일 11시 만남" 같이

아파트 편지함에 편지 온 지는 오래고 세금 영수증과 광고물만 쌓이는데 며칠 전 편지함 옆에 여러 칸의 철제 박스를 설치했다. 무엇이냐고 물으니 새 우체국(New Post)이란다. 한국식으로 하면 택배를 받는 함이다. 한국같이 집 앞에 배달하는 것이 아니라 보내는 사람이 새 우체국에 물건과 함께 수신자에게 비밀번호를 보내면 새

우체국에서는 박스에 물건을 넣고 수신자는 받은 비번으로 택배함을 열어 물건을 받는 것이다. 전국적으로 기존 우체국 외에 새 우체국이 수천 개가 열렸다.

바야흐로 우크라이나도 택배 시대에 든 것이다. 여러 물건을 인터넷을 통해 살 수 있고, 패스트푸드를 주문하여 배달받을 수 있고, 대형 매장에서 생필품도 예약 주문하여 받을 수 있다.

50~60대 중장년들이 어릴 때도 배달 음식이 있었다. 중국집에서 양철통에 짜장면이나 우동을 가지고 왔는데 특히나 이사하는 날 먹은 배달 짜장면은 그날의 피곤을 잊고 맛있게 먹었던 기억이 있다.

한국이나 우크라이나에서도 택배가 큰 사업이고 엄청난 고용을 창출하고 배달 음식도 발달하여 밤늦은 시간에도 오토바이들이 정신없이 바쁘지만, 우리 가족은 한국이나 우크라이나에서 한 번도 배달 음식을 시켜본 적이 없고 택배로 물건을 사 본 적이 없다. 물건은 매장에 가서 직접 보고 사야 직성이 풀리고, 시장에서 물건 살 때는 깎아야 제맛이고, 대형 매장에서는 할인할 때 사야 손해를 안 본다고 생각한다.

우크라이나에서는 기존 우체국(Ukr Post)과 새 우체국(New Post)이 공존하는데 기존 우체국은 예전에 하던 편지 소포 등을 받고 보내며, 노인들이 연금을 받는다. 새 우체국은 택배 위주의 사업을 하고 있다. 기존 우체국은 예전에 있던 자리 그대로 있는데 새 우체국은 하루가 다르게 새로운 장소에 지점을 열고 있다. 기존 우체국에는 노인들이 많은데 새 우체국에는 젊은이들이 많다. 왠지 기존 우체국은 좀 기울어지는 느낌이고 새 우체국은 활기차고 뭔가 일하는 것 같다.

나이 든 사람들은 인터넷에 취약하고 핸드폰이나 컴퓨터의 사용도 기능을 제대로 살리지 못하지만 그래도 뒤떨어지지 않으려고 열심히 공부하고 반복해서 사용하고 있다. 아날로그 시대에 태어나서 초디지털 시대에 살려니 피곤한 점도 있다. 그리고 이런 말이 가능한지 모르지만 신체적 치매가 오기 전에 인터넷 디지털 치매에 걸릴 것 같은 예감이 든다. 점차 만년필로 글을 쓰고, 오래된 고전을 꺼내 읽고, 라디오 듣기가 편하다.

이번 주말에는 인터넷도 컴퓨터도 없는 우크라이나 시골 형님께 편지를 써서 우체국에 가서 부쳐야겠다.

85. 키이우 대중교통

2022년 2월 우크라이나 전쟁 후 한국으로 피난 가서 몇 개월 살았는데 물가도 비싸고 대중교통도 좀 비싸다고 생각했다. 우크라이나에서는 차도 있고 교통카드도 있어 움직이는 데 별 어려움이 없었지만, 한국에서는 차도 없고 교통 카드도 없고 지리도 잘 모르고 지하철역은 왜 그리 많은지 찾기도 어렵고 버스 노선도 익숙지가 않아 잘 못 타기 일쑤였다.

한 나라의 발전상이나 경제력을 엿볼 방법이 여럿 있겠지만 그 중 대중교통도 그 나라의 발전상이나 경제력을 볼 수 있는 잣대라고 생각한다. 키이우에는 빨강 파랑 녹색 3개 지하철 노선이 있는데 52개 역이 있어 웬만한 곳은 갈 수 있다. 요금은 1회 승차 시 우리 돈 320원이고 교통 카드를 이용하면 250원이다. 한국에서는 지하철 기본이 1,400원이고 버스는 여러 종류가 있는데 2,000~3,000원으로 조금 비싸다. 우리나라 교통 요금은 우크라이나보다는 비싸지만, 유럽은 보통 버스나 지하철 기본요금이 2유로(3,000원)이니 유럽보다는 조금 싸다.

소련 시절은 유산자도 많았지만 국가는 프롤레타리아의 나라였다. 대중을 위해 노동하는 사람이 대우를 받아서 지하철 건설노동자 광부 건설노동자는 의사 법률가 공무원과 급료나 배급에서 차이가 없었다.

우크라이나에서는 1949년 지하철 공사가 시작되어 11년 만인 1960년 5개 역으로 개통했다. 우리나라에서는 1971년 공사를 시작하여 3년 4개월 만에 1974년 1호선 9개 역을 개통했다. 세계적으로 빠른 공사였다. 1980년 이후 건설된 키이우 지하철역은 깊지 않지만 1950~1970년대 건설된 지하역은 100m 깊이도 여럿 있다.

우리나라에도 예전에 서울과 부산에 서울전차 부산전차가 다녔다. 일제강점기부터 1968년까지 운행됐는데 시내 복판을 덜컹 되며 다니던 전차는 차량이 급증하고 대중교통의 걸림돌이 되며 사라졌다. 필자는 어려서 서울전차를 타본 기억이 있다. 키이우에는 아직도 트람바이라는 노면궤도전차가 다닌다. 주로 시 외곽을 다니는데 22개 노선이 있으며 요금은 지하철과 같다. 유럽에는 고급스러운 트램이 다니지만 키이우의 트람바이는 70~80년대 모습 그대로 아직도 추억을 싣고 운행 중이다.

트롤리버스는 무궤도전차로 구소련권과 동유럽 그리고 중국이나 북한 등지에서도 운행되는 대중교통으로 아직도 키이우에서는 많은 사람이 이용한다. 1935년부터 운행을 시작하여 발전한 트롤리버스는 키이우에 46개 노선이 전역을 다니는데 노인들에게 친근한 대중교통 수단이다(노인들은 거의 무료로 탄다).

키이우에서 지하철 다음으로 중요한 대중교통은 버스이다. 총 100개 이상의 노선이 있는데 필자는 주로 지하철을 이용하지만 지하철이 못 미치는 곳을 갈 때는 버스를 이용한다. 버스도 요금이 320원인데 요즘은 교통카드로만 탈 수 있다. 차장이 없고 운전사는 요금을 받지 않아서 카드 없이 타면 낭패를 볼 수 있다. 갑자기 검표원이 나타나 카드를 검사하는데 요금을 안 낸 사람은 20배의 벌금을 내야 한다.

십여 년 전부터 키이우에 등장한 또 한 가지 교통수단은 소형 버스를 이용한 행선지 버스이다. 여기 말로 행선지를 뜻하는 마르쉬루트카(Marshrutka)라고 하는데 키이우 시내의 짧은 구간도 다니지만 50~100km 정도 거리의 키이우 웬만한 근교 소도시에도 운행하는데 요금은 거리에 따라 천차만별이다.

우크라이나 대중교통은 저렴하지만 유럽에서 대중교통을 이용할 때는 체류 기간에 따라 일일권 일주권 한달권 등 교통 카드를 이용하는 것이 경제적이다. 전쟁 950여 일을 지나며 키이우 대중교통은 전쟁 전과 비슷하게 운행되고 있다.

86. 당신의 이름은 무엇입니까?

아들 이름은 김현우이다. 김씨 성에 돌림자가 가운데 현이라 필자가 우크라이나에서 공부할 때 태어나서 '우' 자를 붙여 김현우가 되었다. 딸 이름은 '아름답다'라는 뜻을 가진 구소련식 도시명 '키예프'에서 '예'와 '름'을 따와 김예름으로 지었다.

가씨 성의 친구 딸의 이름은 '가을하늘'이고 아들 이름은 '가을햇살처럼'인데 친구는 성과 이름을 분리하지 않은 완결체로 지었다고 설명하며 요즘은 가을하늘은 블루스카이 가을햇살처럼은 선샤인으로 부른다고 한다. 희귀성에다 희귀이름이다.

필자가 강의하는 대학 3학년 여학생 23명 중 나스자(Nastya)란 이름이 4명, 소피아(Sofia)와 안나(Anna)라는 이름이 2명씩 있다. 우크라이나 이름은 보통 여자는 즐라다, 다리나, 올가, 옥사나, 율랴, 나스자, 소피아, 안나, 마리아 남자는 세르기, 이고르, 사샤, 보바, 유라, 미콜라, 막심, 디마, 이반 같은 이름이 많다. 보통 사람 절반 이상은 위 이름에 해당한다. 위 이름은 약칭이고 완전히 이름을 쓰려면 이름, 부칭(아버지 이름) 성을 써야 한다.

예를 들어 우크라이나 민족시인 쉐브첸코의 이름은 타라스(이름) 그리고리비치(부칭) 쉐브첸코(성)이다. 부칭 그리고리비치는 그 사람의 자식이라는 의미가 있다. 유럽이나 미국에는 같은 이름이 많아 유명인은 보통 성을 쓴다. 우리가 알고 있는 유럽인의 이름은 사실은 성이다. 그리고 우크라이나에서 나이 많은 사람이나 윗사람은 보통 이름과 부칭을 같이 써야 한다. 약칭만 쓰면 큰 실례이다. 외국인들이 우크라이나 사람들의 전체 이름을 외우기가 처음에는 쉽지 않다. 필자도 처음에는 어려웠는데 요즘은 쉽게 이름과 부칭을 외우고 쓴다. 우리나라 이름은 가끔 남녀 이름을 혼동할 때가 있지만 슬라브계통 이름 끝에 아(a)나 야(ya)는 여성 이름이고 자음으로 끝나면 남성 이름이다. 당연히 예외도 있다.

요즘은 부모나 조부모님들 교육 수준도 높고 이름도 다양하여 듣기 좋고 예쁜 이름이 많지만, 필자 어릴 때만 해도 남자 이름에는 영철, 영선, 영수, 영호, 철수, 광수, 상철 등이 많았고 여자 이름에는 순자, 영자, 정자 등 자(子)자 들어가는 이름이나 '희'자나(영희, 정희, 경희 등) '숙'자 들어가는 이름이 많았다(영숙, 정숙, 명숙 등).

유럽인 이름은 성경의 영향으로 같은 뿌리의 이름이 많다. 나라마다 표기와 발음이 조금씩 바뀐 것이다. 예를 들어 존(영어 John)이라는 이름은 요한, 얀, 한스, 후안, 장, 주앙, 이반, 숀, 욘 이라는 이름이 같은 뿌리이다. 영어의 마이클(Michael)이라는 이름도 미겔, 미켈레, 미셸, 미카엘, 미하일, 미하우, 미하이 등이 같은 이름이다.

한국 이름에는 엄청난 철학적 의미가 있다. 필자 이름이 김석원(金碩源·클 석, 근원 원)인데 큰 물의 근원이라니 세상에 이렇게 원대하고 심오한 뜻이 어디 있으랴? 하루하루 먹고살기 바쁜 소시민이 된 아들에게 초등학교만 나오신 아버지께서는 어떻게 이런 거창한 이름을 지어주셨을까? 명색이 고등교육을 받은 필자는 짧은 생각으로 자식의 이름을 지은 것이 부끄럽고 미안하다.

손자가 태어났을 때 태명을 나무라 지었다. 그냥 나무같이 무럭무럭 자라라는 뜻인데 돌림자가 가운데 재(載)라고 해서 아들이 손자의 이름을 '재희'라고 지었는데 지금 생각하면 태명 '나무'가 더 나은 이름 같다.

어느 부모나 자식이 태어나면 세상에서 가장 아름답고 행복이 넘치고 사랑스러운 이름을 지어줄 것이다. 이름에 나쁜 의미나 불행을 나타내는 글자는 본 적이 없다. 이전 우리 조상님들도 같은 마음이었을 것이다. 이름은 부모를 통해 하느님이 지어주시는 것 같다.

공습경보

87. 공습경보

중장년 분들은 기억하실 것이다. 1983년 2월 25일 오전 민방위 관계자가 다급하게 "여기는 민방위본부입니다. 지금 서울, 인천, 경기 지역에 경계경보를 발령합니다. 국민 여러분 이것은 실제상황입니다. 북한기들이 인천을 폭격하고 있습니다"라는 방송을 했다. 직장 다니던 막내는 어머니께 전화하여 울고불고 난리가 났었다. 지금은 고인이 된 이웅평 대위가 미그기를 몰고 귀순한 사건이다.

초등학교 때 민방위 훈련하던 생각이 난다. 장난삼아 몰려 다녔지만 선생님들은 꽤 심각했었다. 고등학교에서는 교련복을 입고 중대 대대 연대로 학생들을 군대식으로 편제하여 제식훈련과 총검술을 하고 여학생들도 제식훈련과 간호 훈련을 했었다. 한 반에 한두 명은 제식 훈련에서 왼손과 왼발이 같이 올라가 무서운 교련 선생님께 혼나기도 했다.

요즘도 남북 대치 상황은 오래전이나 비슷한데 어떻게 민방위 훈련을 하는지 모르겠다. 이 훈련은 불필요한 것 같지만 재난이나 적의 공격에 대비한다면 필요한 것이다.

2022년 2월 러시아 침공으로 시작된 전쟁 후 우크라이나에서는 초등학교부터 대학까지 그리고 사회에서도 공습경보가 울리면 일사불란하게 방공호로 대피한다. 9월 초에 입학한 어린 신입생들에게도 방공호가 어디 있고 어떻게 대피하는지 교육하여 신속하게 대피한다.

큰 건물에는 지하실이 있고 아파트 지하는 보통 주차장인데 이곳이 방공호이고 소련 시절 깊이 만든 지하철역이 좋은 방공호 역할을 한다. 공습경보가 울리며 모든 지하철역은 개방된다.

우크라이나의 거의 모든 사람 무선전화기에는 공습경보 앱이 깔려 있어 공습이 시작되면 무선전화부터 공공장소와 동네마다 높은 건물에 설치 된 스피커에서 사이렌 소리가 들린다. 처음에는 무슨 큰 난리라도 난 것 같이 빨리 방공호로 몸을 숨겼지만 요즘은 만성이 되어 그냥 하던 일을 계속하는 사람이 많다.

전쟁 초기엔 코로나와 겹쳐 한적한 곳으로 개와 산책하다가 공습경보가 뜨면 나무 밑이나 건물 지하로 피했다. 버스와 무궤도 전차는 정차하여 승객을 모두 하차시키고 주변 지하로 대피한다. 지하철은 다리 근처에서는 서지만 육로 구간은 운행하고 자동차는 평시대로 운행한다.

몇 차례 경보만 있어도 많은 사람이 움츠러들고 무서운데, 전쟁 후 지금까지 키이우에는 전쟁 981일 중 1,331회 공습경보가 있었다(키이우 통계부 통계). 거의 매일 하루 한두 번의 공습경보가 있었고 전국적으로는 5만회 이상의 공습경보가 있었다. 우크라이나군이 대공포를 쏘아 하늘에서 폭발하면 불꽃 놀이하듯 파편이 퍼지고 극도의 공포를 느끼게 된다.

우크라이나 전역은 오전 9시에 1~2분간 추모의 시간이다. 대학에서도 추모의 시간이고 수업 중간에 공습경보가 울리면 학생들은 신나라고 수업 빼먹고 밖으로 나간다. 습관이 된 학생들은 대피라기보다는 쉬는 시간이다. 보통 공습경보는 1~2시간이라 수업 중 경보가 울리면 그날은 수업이 거의 무산된다.

요즘 북한군 참전 소식과 더불어 공습경보가 심해졌다. 하루에도 2~3차례 주로 새벽에 울리는데 공습경보가 울려도 새벽에는 잠을 잔다. 집에 개가 2마리 있는데 개들이 먼저 알고 짖고 수선을 떤다.

공습에서는 러시아 로켓이나 이란산 샤헤드가 주로 폭발하는데 몇 킬로 멀리서 폭발해도 소리가 크게 들린다. 드론을 여기 사람들은 가미카제 드론이라고 부르는데 집 근처 대학에 로켓이 날아와 창이 흔들리고 무서웠던 적도 있다. 요즘도 공습으로 계속해서 민간이 사망자와 부상자가 나오고 있다. 이제는 공습경보를 수백 번 듣다 보니 무감각해졌다.

88. 우크라이나 전쟁에 나타난 북한군

오래전부터 소련에서는 북한을 조선민주주의인민공화국(영어 DPRK, 우크라이나어 КНДР)이라 호칭했다. 대한민국은 남한(South Korea)이라고 통칭했다. 지금도 구 소련권에서는 이 호칭을 그대로 쓰고 있다. 사실 북한은 민주주의도 아니고 인민이나 공화국과도 거리가 먼 독재 불량국가이다. 지금 전쟁하는 우크라이나에서도 북한은 세계 최악의 국가라고 이야기한다. 세계의 골칫거리인 이 나라의 독재자는 다시 한번 세계를 놀라게 하고 있다. 힘이 세다고 이웃 주권국가를 무력 침공한 러시아 침략전쟁에 러시아 편에서 참전한다니 매우 위험하고 무모한 일이다.

필자는 김정은이 왜 북한의 지도자인지 이해하지 못한다. 대통령도 수상도 아닌 최고지도자라니 우습다. 아버지가 지도자니까 할아버지가 지도자니까 지도자가 된다는 건 코미디 아닌가? 우리나라도 몇 번 방문했던 아프리카 가봉의 봉고 대통령은 아들에게 권력을 이양하여 2대 독재자가 되었지만(얼마 전 쿠데타로 축출되었다) 왕정국가가 아닌 나라에서 3대에 걸쳐 독재 권력을 유지하는 나라는 지구상에 북한이 유일하다.

세상의 내로라하는 독재자들이 세상을 떠난 요즘 푸틴(2000년~현재), 벨라루스의 루카셴코(1994년~현재), 김정은(2011년~현재)이 독재자 선두그룹일 것이다. 독재자의 공통점은 임기가 없다는 것이다(푸틴이나 루카셴코는 자유자재로 임기를 바꾼다). 죽을 때까지가 임기다. 두 번째는 입법 사법 행정부를 싹 무시한다. 셋째 언론을 탄압하고 반대자를 죽이거나 감옥에 넣는다.

러시아가 우크라이나를 침공하는데 하원 격인 국가 두마나 상원 격인 연방평의회, 헌법재판소, 대법원 등 단 한 명도 반대자가 없었다. 반대하면 죽음을 당하니 반대를 할 수 없다. 푸틴을 반대했던 나발니는 시베리아 감옥에서 죽었고 지방의회나 젊은이들의 반대 시위가 잠깐 있었지만 강력한 진압으로 완전히 사라졌다.

북한은 나라라기보다 규모가 큰 조폭과 비슷하다. 보스가 결정하고 지시하면 토론이나 반대 없이 즉각 실행한다. 보스의 말이 법이고 진리이며 절대자의 음성이다. 수령론은 위수김동이나 친지김동을 떠들던 인간들의 허구다.

우리나라에서 베트남전에 참전할 때, 아무리 박정희 대통령이 장기 집권을 하고 독재를 했지만 파병 반대하는 국회의원과 대학생 종교인 재야인사들이 있었다. 북한의 보스는 나이도 어린 사람이 고모부를 죽이고 형을 죽이고 그러고도 지도자라고 어른들 앞에서 담배를 피우며 뭔가를 지시하고 거들먹거린다. 일본 순사들이 두려워하던 평안도 호랑이, 함경도의 거친 야생곰, 황해도 임꺽정, 구월산의 장길산, 평안도 전역을 호령하던 홍경래 같은 인물이 북한에는 정녕 없는 것인지 통탄할 일이다. 신의주 학생의거를 일으켰던 열혈 청년의 기상은 어디 갔는지 2,500만 전 국민이 오직 한 두목을 위해 목숨 걸고 싸우는 모습이 가련하고 애처롭다.

요즘 우크라이나 신문 잡지 방송에는 북한이라는 지명과 트럼프라는 이름이 온통 뒤 덮혀 있다. 우크라이나 정보국에 의하면 북한군은 우크라이나가 점령하고 있는 쿠르스크 지역에 근접한 것으로 보인다. 왜 멀고 먼 우크라이나 전선에 북한의 젊은이들이 참전하여 피를 흘려야 할까?

1961년 내각 수상 김일성은 내각 수상 흐루쇼프와 조·소 조약을 체결했다. 한쪽이 전쟁상태에 처하면 바로 상호 돕는다는 내용이다. 이 조약은 5년마다 자동 연장되는데 소련이 러시아로 쪼개지며 우리 정부의 외교력으로 1996년 파기됐다. 그러다 2024년 김일성의 손자는 푸틴과 북·러 조약을 다시 체결하였다. 이를 근거로 파병한다면 최악의 독재 근성을 다시 한번 나타내는 것이다. 삼권기관이나 국민이 동의하지 않는 파병은 무효다.

89. 교수들의 시국선언

1980년대 초 대학에는 '짭새'(사복경찰)들이 캠퍼스뿐만 아니라 교양과목을 듣는 대형강의실에도 앉아 신문을 보고 학생들의 동태를 살폈다. 어쩌다 대학에서 피(전단지)라도 뿌리면 짭새들이 싹 걷어가고 시위 관련 학생들을 개 패듯이 패고 잡아갔다. 여학생 머리채를 잡아끄는 것은 예사고 남학생들은 곤봉에 맞아 머리가 터져 진짜 피를 흘렸다.

그렇지만 학생들은 군사 정권이 아무리 발악해도 민주주의의 새날이 올 것을 믿고 있었다. 학생들은 분신하고, 공공 건물을 점거하고, 감옥 가는 것을 두려워하지 않았다. 시위 있는 날, 교문을 돌파하려는 학생들에게 눈물로 호소하며 "너희들 나가면 다친다"고 말씀하시던 교무처장과 학생처장, 과 중진 교수님들이 생각난다. 그 분들은 학생들이 다칠까 진심으로 걱정하셨다.

4·19혁명 때 학생들이 총탄에 쓰러지고 치열한 투쟁 끝에 "학생의 피에 보답하라"라고 쓴 플래카드를 들고 행진하던 250여 명의 교수님들 시국선언은 바로 이승만 대통령의 하야를 이끌었다. 교수님들의 시국선언으로 자유당 정권은 무너졌다.

1987년 6월 항쟁은 다시 한번 전 국민이 독재 정권에 항거하는 모습을 보여주었다. 종교인, 노동자, 학생, 회사원, 주부, 노인 등 거의 모든 계층에서 시위에 참여하여 국민의 의지와 뜻을 보여주었고 우리나라가 민주주의에 한발 더 다가서는 모습을 보여주었다. 학생들의 시위를 말리던 교수님들의 시국선언은 학생들에게 큰 힘이 되었고 교수님들을 진정 존경하게 했다.

여학생은 체육복, 남학생은 교련복, 복학생은 예비군복을 입고 싸우자는 총학의 말을 듣고 예비군복을 입고 며칠간 학교에 갔던 기억이 있다. 지역 활동을 하자던 지침을 듣고 인천으로 내려와서 시위에 참여했는데 시민회관 쪽에서 법원으로 가자는 구호를 듣고 그 동네 지리를 잘 아는 필자가 대형태극기를 들고 법원 쪽으로 뛰는데 뒤를 돌아보니 수백 명이 따라와서 태극기를 가슴속에 숨긴 기억도 있다. 군대 동기는 선임하사가 제대하여 백골단이 되어 시위에서 만났는데 서로 치열하게 싸웠다고 무용담을 했다.

여러 대학 교수님들의 시국선언을 보며 묘한 생각에 잠긴다. 2024년 11월 27일 현재 전국 70여 대학교 3,400명 이상의 교수님 시국선언이 있었는데 열혈 청년들의 시위는 미미하다. 주사파나 사회주의로 기울던 운동권의 영향으로 대학에는 학생운동이 아예 소멸한 것 같다. 운동권이 아니더라도 바른 정치, 사회 문제에 관한 학생들의 올바른 인식, 환경 문제, 소수자 문제, 우리 것을 찾는 문화운동 등은 학생들에게 필요한 것이라 생각된다.

1980년대만 해도 학생들이 거리로 나서면 교수님들이 말리다, 결정적인 순간에 시국선언을 했는데 요즘은 교수님들이 전국 여러 대학교에서 아무리 시국선언을 해도 학생들은 조용하다. 요즘 대학가에서 나오는 교수 시국선언은 1980년대 학생들의 전단보다 더 강렬하고 명문이다. 교수님들의 시국선언을 하나하나 읽었는데 경희대학교와 연세대학교의 교수선언을 읽다가 엉엉 소리 내어 울었다.

2004년 오렌지혁명이라고 일컫는 우크라이나 부정선거 시위에서 필자는 한국의 4·19와 6월 항쟁을 이야기하며 학생들과 더불어 흐레샤칙 거리로 나섰다. 2014년 시위에서도 학생들에게 조국의 운명은 젊은이들에 달려있다고 강조하며 휴강하고 학생들과 같이 시위에 동참했었다.

세계 어디서나, 대학생 등 젊은이들이 불의를 못 참고 일어서 시위에 참가할 때 열기가 붙고 힘이 모이고 분출된다. 이제 우크라이나는 전쟁 중이라 시위에 참여했던 수많은 학생과 교수들이 조국 수호를 위해 전선에서 싸우고 있고 일부는 전사하여 조국의 수호신이 되었다.

전쟁 중인 나라에서 1인 시국선언이라도 해야 할 것 같다.

90. 전쟁 1000일을 넘기며

하루살이 수명이 하루는 아니다. 짧지만 유충 성충 기간을 모두 합하면 1~2년 된다. 인간은 다른 동물에 비해 오래 산다. 태어나서 백일이 되면 백일잔치를 하고 첫돌에는 거창한 생일상을 받는다.

작심삼일(作心三日)이라는 말이 있다. 요즘은 술 담배와 연관 지어 많이 쓰지만 나약한 인간의 의지를 나타낸다. 인간이 죽으면 삼일장을 하고 사십구재와 백일제를 지낸다. 불교에서는 숫자의 의미가 색다르다. 108번뇌, 3,000배, 만일 기적(약 27년 5개월) 등은 불가에서 종종 사용하는 말이다. 여러 종교나 무속 신앙에서도 백일기도 천일기도를 하는데 무언가를 간절히 바라는 마음의 표현이다.

고등학교 세계사 선생님께서 하신 중세 영국과 프랑스의 백년전쟁 이야기가 생각난다. "백 년간 계속 전쟁만 했으면 싹 다 망했을 거야, 사회생활하고 먹고 살고 애도 낳았으니까 국가와 인류가 유지되고 지금까지 이어져 오는 것이지."

2022년 2월 24일 러시아군의 전면 침략으로 시작된 전쟁이 얼마 전 1,000일을 넘겼다. 한국전쟁은 1,129일을 끌었다. 1차세계대전 1,560일, 2차세계대전은 2,190일, 베트남 전쟁 약 20년, 아프가니스탄 소련 전쟁 10년, 아프가니스탄 미국 전쟁 20년, 현재 진행 중인 이스라엘 아랍 전쟁 등 20·21세기에 일어났던 전쟁은 오랜 기간 인류문화를 파괴하고 무장 비무장 인간을 죽였다.

현재 세계에서 가장 위험한 지역은 이스라엘과 아랍지역이다. 이 지역에서는 1948년 이스라엘 건국 후 지금까지 끊임없이 전쟁이 지속되고 있다. 한반도도 위험하긴 하지만 필자 생각에 한반도 전쟁은 끝났다. 물론 위험성은 있지만 전쟁이란 돈의 전쟁이다. 100배 이상 경제력이 우위에 있는 나라가 전쟁에서 질 수 없다. 북한의 독재자는 어떡하든 정권을 유지하려고 발악하고 있다.

우크라이나 러시아 전쟁이 1,000일을 넘기며 우크라이나의 정치 경제 사회 문화 교육 일상생활 등 모든 것이 변화하고 있다. 대통령 국회의원 지자체 등 모든 선거가 중단되었다. 경제는 많은 국가 예산이 전쟁 우선으로 편성되어 복지 의료 환경문제 빈민을 위한 정책이 어려워졌다. 많은 문화행사가 중단되었고 젊은이뿐만 아니라 40~50대 중장년도 전선에서 싸우고 있다. 많은 학교와 교육기관이 파괴되어 교육에 어려움이 있고 대학교에는 교수와 예산 부족으로 연구가 미미하고 학생들의 학업 열기가 현저히 떨어졌다. 잦은 공습 경보와 정전과 단수로 일반 국민의 생활은 불평불만으로 가득하다.

톨스토이 우화에 이런 이야기가 있다. 나그네가 광야를 지나다. 맹수를 만나 우물로 피해 나뭇가지를 잡았는데 밑에는 큰 뱀이 입을 벌이고 있었다. 나그네는 밖으로 나가든 바닥으로 떨어지든 죽게 되었다. 그때 흰쥐와 검은쥐가 나뭇가지를 갉고 있었다. 그 순간 나뭇가지 끝 몇 방울 꿀을 발견하고 달콤하게 핥았다. 톨스토이는 장

구한 인류 역사와 비교한다면 우리 인생은 꿀을 핥는 몇 초 순간이라고 이야기하는 듯하다.

우리는 요즘 우리나라 평균 수명으로 계산한다면 약 3만일(82년)을 산다. 그 짧은 인생에서 우리는 맹수를 만나고 쥐를 만나고 뱀을 만난다. 그리고 잠깐 달콤한 꿀을 핥는다. 필자는 우크라이나 생활이 1만일이 넘었다. 1,000일이면 10분의 1의 시간을 전쟁 속에 살고 있다.

1,000일은 어찌 보면 길고 어찌 보면 짧은 시간이다. 전쟁 속의 삶은 견디기 힘든 날들이었다. 외국인으로 살기에는 더욱더 힘들었다. 그러나 우크라이나가 승리하리라는 희망과 곧 돌아올 평온한 일상의 시간을 그리며 생존하고 있다. 전쟁 속에서도 시간은 흐르고 인간의 삶은 계속된다.

91. 불길한 예감

미국과 영국이 지원하는 미사일이 러시아 본토를 공격하자 러시아는 보복성 공격을 했는데 지난주 12월 19일, 20일, 21일 3일 동안 키이우에는 총 16회의 공습경보가 울렸다. 전쟁 1,000일을 지나며 이렇게 자주 공습경보가 울린 건 처음이다. 20일 아침 6시쯤 개와 산책하는데 드론인지 로켓인지 머리 위로 3기가 날았고 잠시 후 큰 폭발음과 함께 개가 놀래 뛰었고 필자도 겁에 질려 집으로 뛰었다. 집에 와서 라디오를 트니 긴급 뉴스가 나왔다. 필자의 출근길인 바실킵스카대로에 킨잘 미사일이 떨어져 차량 수십 대와 아파트 수십 동이 파괴되었으며 미콜라 가톨릭 성당 일부가 부서지고 한 명이 사망하고 수십 명이 다쳤다.

러시아는 2014년에 크림반도를 강점했고 2022년 전면 침공 후 루한스크, 도네츠크, 자포리자, 헤르손을 통합 선언했지만 루한스크를 80%, 나머지 지역은 절반 정도를 점령한 상태로 총 11만㎢를 불법 강제 점령 중이다. 점령지에서는 여권이 바뀌고 러시아 루블이 쓰이고 있으며 학교에서도 러시아어 교육이 이루어지고 있다. 사실이 지역에는 러시아계 우크라이나인이 700만 정도 거주하고 있다. 그들은 우크라이나 국적의 우크라이나인이지 러시아 국적인이 아니다. 러시아에도 우크라이나계 러시아인이 500만이 거주하고 있다.

지난주 12월 19일 푸틴의 연례 내외신 기자 회견이 있었다. 세기의 독재자 후안무치의 침략자는 양국 100만 이상의 사상자를 발생시킨 전쟁을 일으켜놓고 장장 4시간 반에 걸쳐 아무 반성도 미안함도 없이 당당하게 자기 변명과 궤변을 늘어놓았다.

“러시아군은 목표를 향해 나가고 있다.” 어떤 목표? “러시아군은 세계최강의 전투력을 가지고 서방을 압도하고 있다.” 그런데 왜 세계 최악의 북한군을 끌어들이고 무기를 받나? “러시아는 항구적인 평화를 원한다.” 우크라이나 침략, 시리아 및 아프리카 내전 개입, 그루지야 공격 등이 러시아의 평화를 위협하기 때문인가? 우크라이나 방송에서는 그가 몇 차례 말을 반복하고 더듬는 장면을 부각하여 언어성 치매가 시작되었다고 보도했다.

반면 19일 젤렌스키 대통령은 유럽의회 정상회의에 참석하여 감정어린 호소를 했다. 몇 개월 전만 해도 크림 반도를 포함한 모든 영토를 회복하고 러시아군을 몰아내고 승리하는 것이 우크라이나의 목표라고 얘기했지만, 이제 우크라이나는 자력으로 러시아군을 몰아낼 힘이 없다고 호소하며 우크라이나 다음은 유럽의 약소국이 러시아의 제물이 될 것이라고 강조하며 도움을 요청했다.

우크라이나는 위기에 빠지고 있다. 미국과 유럽의 도움 없이는 몇 개월도 버티기 힘든데 지금까지 적극 지원하던 바이든이 물러나고 트럼프의 등장으로 우크라이나 지도부와 국민과 언론이 당황하기는 마찬가지다. 취임 24시간 내로 전쟁을 끝낸다는 수사는 뭔지? 원체 거짓말을 잘하고 표리부동한 사람이라 속내를 모르니 젤렌스키도 황당하기는 마찬가지다. 유럽 여러 나라도 말로는 우크라이나를 도와야 한다고 하지만 나라마다 속사정이 있고 헝가리 세르비아 등 친러 정권이 있고 극우 정당의 출현으로 지원이 축소되는 상황이다.

푸틴은 우크라이나에서 군대를 거둘 생각이 없다. 그가 말한 특별 군사작전은 오래 끌수록 우크라이나로서는 견디기디기 힘들 뿐만 아니라 나라의 존립 자체에 위협이 되고 있다. 아무도 얘기하지 않고, 하고 싶어 하지 않지만 필자 생각으로 루한스크와 도네츠크를 할애하고 크림반도를 외교적 수사로 20~30년 조차하고 나토 가입을 미루는 수밖에 달리 방법이 없다.

우크라이나에서 30여 년을 살았고 친구와 제자, 동료 선생들이 죽은 이 전쟁에서 거의 패배에 가까운 협정을 한다는 것은 가슴 아픈 일이지만 더 이상 오래 버티기 힘들다는 불길한 예감이 든다. 예감이 기우로 끝나기를 바라는 마음이다.

92. 연초에 국경을 넘으며

세계 여러 나라에는 한 나라 안에서도 여러 갈등과 지역색이 있다. 잘 알려진 지역이 스페인의 마드리드(카스티야 지방)와 바르셀로나(카탈루냐 지방) 지역인데 이 지역 축구는 가히 전쟁이다. 나라마다 지방색이 있는 것은 분리 독립 문제, 역사, 민족, 언어 등 여러 요소가 있는데 우리나라는 정치인들이 지역색을 인위적으로 정치에 이용하려는 면이 많다.

필자는 단지 인천 출신이라는 이유만으로 졸병시절 군에서 짠물이라는 별칭을 들었다. 필자가 근무한 부대에서는 신병이 오면 충청도 출신은 멍청도, 서울은 뺀질이, 강원도는 감자 또는 비탈, 경상도 문둥이, 전라도 따블백이라고 불렀다. 지방 색하고는 거리가 멀지만 사람 됨됨이를 지방에 빗대어 비하하는 말이 아무 거리낌 없이 쓰였다.

우크라이나 서부 지역은 민족주의 경향이 강하다. 외세의 침략이 많았고 지역적으로 유럽과 가깝고 유행도 빠르게 들어오는 르비브(Lviv)지방은 우크라이나 민족주의의 메카이다.

2004년 오렌지혁명이라고 명명된 부정선거 시위에서 노숙하며 격렬한 시위에 참석한 많은 사람이 서부지역 사람들이었다. 드니프르강을 중심으로 동부지역은 러시아 색이 강한 반면 중부지방과 서부지역은 반러 민족주의 성향이 강하다. 2004년 대선에서 동부 도네츠크 주지사 출신의 야누코비치가 당선되었다고 발표하자마자 푸틴이 달려와 흐레샤칙 거리에서 축하 인사를 하고 야누코비치, 전임 쿠츠마 대통령, 푸틴이 어깨동무했던 기억이 난다. 부정선거 시위로 재선거가 실시되어 2005년 친서방의 유셴코가 대통령이 되었는데 그의 정적 야누코비치를 총리로 지명하며 우크라이나 전쟁의 사단이 시작되었다.

2010년 선거에서는 러시아의 지원을 받은 야누코비치가 집권을 하여 친러 정책으로 급격히 기울었고 2013년 말 EU와 나토가입을 미룬다는 발표와 함께 서부지역을 중심으로 친유럽 성향의 민족주의자들이 들고일어나 100명 이상이 사망하고 3개월 이상 극렬한 시위가 일어 야누코비치가 러시아로 도망가며 마이단 혁명은 막을 내렸지만 전쟁의 불씨가 시작되었다. 그동안 군사를 키우고 장기 독재의 길을 튼 푸틴이 2014년 3월에 크림 반도를 강점했고 도네츠크와 루한스크에서 민병대를 가장한 러시아군이 우크라이나 정부군을 상대로 전쟁을 일으킨 것이다. 2014년부터 2022년까지 근 8년간 1만 5,000명의 사상자가 나왔다. 이런 혼란 속에서 2022년 2월 24일 러시아의 전면 침공이 시작되었다.

연말 계속되는 키이우 공습으로 필자는 겨울방학 동안 폴란드로 피난을 결심했다. 연초 민족주의의 성지 르비브에 도착하니 러시아어는 들리지 않고 온통 우크라이나어만 들렸다. 키이우보다 더 반러 전쟁의 결기가 느껴졌다. 르비브에서 기차로 폴란드 국경을 넘어 프세미시우(우크라이나어 뻬레뮈실)라는 접경 도시에 도착했다. 1ℓ 이상 알코올 금지, 2갑 이상 담배 금지 등 엄격한 세관 검사와 입국심사 후 기차로 폴란드 남부 고도 크라코우로 향했다. 크라코우에 도착하니 공습도 없고 정전 단수도 없이 24시간 평온한 시간을 보내는 것이 우크라이나 사람들에게 미안했다.

크라코우에서는 오래전에 아이들과 머물던 호스텔에서 방 한 칸 빌려 생활하고 있다. 올드 시티를 산책하고 책 읽고 가끔 폴란드 현지 식당에 가고 옛 유대인 지역을 둘러보고 바벨성에 가고 주변 지리를 익히고 폴란드어를 배우고 있다. 다행인 것은 폴란드어가 우크라이나어와 비슷한 말이 많아 어느 정도 이해가 되고 아시아 식품점에 가면 쌀 고추장 라면 등이 있어 지낼 만하다.

오늘 새벽 폴란드에서 손전화에 깔려 있는 우크라이나 공습경보 앱이 울려 잠이 깼다. 다시 귀향을 꿈꾸는 망명의 시간이다.

93. 2025년의 바람

폴란드 크라코우 구도시(올드 시티)를 산책하다 귀에 익은 우크라이나 음악을 들었다. 거리의 악사가 아코디언으로 우크라이나 민요를 연주한 것이다. 주머니에 폴란드에서는 쓸 수 없는 우크라이나 작은 돈이 있어 악사에게 주었다. 갑자기 고등학교 시절에 읽었던 시 한 구절이 생각났다. "낙엽은 폴란드 망명 정부의 지폐 / 포화(砲火)에 이지러진 / 도룬 시의 가을 하늘을 생각케 한다." 김광균 시인의 '추일서정' 도입부의 한 구절이다.

2025년 새해를 외국의 여인숙 같은 호스텔에서 묵으며 지내는 마음이 쓰지만 그래도 극심한 이기심에서 오는 안도는 나를 돌아보게 한다. 키이우에서 작년 한 해는 공습경보와 정전과 단수의 연속적인 생활이었다. 21세기 정전은 키이우 사람들을 근대적 20세기 인간으로 만들었다. 어린 시절 전기 없는 시골에 가면 우리 할머니는 기름 많이 든다고 호롱불 심지 올리지 마라고 성하셨다. 정전이 잦으니 가게마다 초를 쌓아 놓고 판다. 충전기와 소형 발전기가 일반화됐다. 전기가 없으면 엘리베이터 컴퓨터 세탁기 등 모든 가전 제품이 무용지물이다.

지난 한 해 필자는 평온한 일상을 꿈꾸며 살았다. 아침 일찍 개와 산책하고 출근하여 학생들과 수업하고 퇴근해서는 단골 가게에서 일 주일에 두 세번 맥주 두 병과 안주를 사고 일찍 저녁을 먹고 맥주 한 잔하고 강아지 산책하고 뉴스 보고 책보다 잠드는 일상, 25년 이상 이어온 생활 방식이 하루 아침에 무너진 것은 전쟁 때문이다.

지난 학기에는 유난히 새벽 공습경보가 잦았다. 처음에는 방공호로 피신했지만, 시간이 지날수록 신경이 무뎌져 계속 자거나 집에 있었다. 출근하려고 준비하다가 공습경보가 울리면 그날 수업은 거의 할 수가 없었다.

전쟁은 인간을 남루하게 만든다. 우크라이나에 뿌리를 두고 산 날이 30년 넘는데 자의적이지만 전쟁을 피해 나온 까닭에 정신적으로 피폐하고 의욕을 잃고 힘이 없다. 피난민이 되어 외국의 도시를 고상한 척 산책을 해도 허무하고 가슴은 꽉 막힌 것같이 답답하다. 그래도 무언가 탈출구를 찾으려 헤매다 만난 것이 유대인이다. 수백만이 학살당하고 강제수용소에 갇혀 절망과 죽음 속에 살았던 유대인을 생각하면 전쟁을 피해 자유롭게 외국으로 나와 사는 것은 얼마나 다행인가?

폴란드 크라코우에서 유대인 주거지(게토)나 그들의 역사를 둘러보고 읽으며 폴란드가 유대인 문제의 중심에 있다는 사실을 알게 되었다. 1940년대 전체 폴란드 인구의 10% 정도 차지했던 350만의 유대인은 현재 만 명 정도만 남았다. 그들은 2차세계대전 당시

90% 이상이 집단 학살당했고 그 후 이스라엘 건국으로 남은 유대인이 이주한 까닭이다. 유대인 학살에 대한 폴란드인의 가담 정도가 격렬한 논쟁이 되고 있다. 직간접으로 폴란드인들이 유대인 학살에 가담했다는 증거가 넘치기 때문이다. 요즘은 유대인 후손들이 폴란드를 방문하여 그들 조상들의 발자취를 돌아보고 있다. 며칠 전 이곳에서 50여km 떨어진 아우슈비츠를 다녀왔다. 폴란드어로는 오시비엥침이라고 한다.

폴란드에서 생활하다 보니 향수병같이 우크라이나 생활의 그리움이 넘친다. 지인에게 맡긴 강아지들은 잘 있는지? 아파트와 자동차는, 우리 학생들과 동료 선생님들은, 이웃 노인들은 어떻게 지내시는지? 물건을 살 때는 우크라이나 가격이 떠오르고 가끔 우크라이나 말을 하는 사람을 만나면 고향 사람 만난 듯이 반갑다. 새벽에 잠이 깨면 다시 잠이 안 오고, 엎치락뒤치락 온통 키이우 생각이 가득하다.

2025년을 맞이한 지도 20여일이 지났다. 다음 달 2월 24일은 전쟁 3년이다. 을사년 올 한 해는 중동지역 우크라이나 미얀마 등 모든 분쟁지역에서 총성이 멈추고 평화와 안도의 날들이 이어지기를 기원하며 평범한 일상 생활을 기대해 본다.

94. 1938년 뮌헨 협정, 2025년 뮌헨 안보회의

유럽의 19세기는 낭만의 시대였다. 외국을 동경하고 전쟁에 자원하고 순수한 사랑을 그리는 사람이 많았다. 그러다 20세기 초 1차 세계대전(1914~1918년)이 터지며 수천만 명이 죽고 다치는 재앙 속에서 유럽인들은 회의하기 시작했다. 참호 속에서 손발이 잘리고 정치인 덫에 걸려 유럽 전역에서 수백만이 떼죽음하는 전쟁의 두려움을 느꼈다. 다시는 전쟁은 안 된다는 급박함이 생겼다.

2차세계대전(1939~1945년) 전 1930년대 등장한 인물이 히틀러이다. 1차세계대전의 악몽이 사라지기 전이었다. 이 20세기 최악의 독재자 전쟁광은 1938년 뮌헨 협정에서 독일인이 많이 거주하는 체코슬로바키아의 주데텐란트 지역의 할양을 압박했다. 전쟁의 두려움에 떨던 유럽은 군비를 증강하고, 전 유럽을 호령하는 히틀러에 겁을 먹고 당사국인 체코슬로바키아의 의사를 무시하고 히틀러 및 영국 프랑스 이탈리아 총리가 모여 이 지역을 독일에 내주었다. 히틀러는 더 이상 영토확장은 없다고 단언했지만 다음해 9월 폴란드를 침공하며 2차세계대전을 일으켰다.

2014년 크림반도를 강점한 후 푸틴은 우크라이나의 주권과 우크라이나 국민의 뜻을 존중한다면서도 동부 러시아계가 많이 거주하는 루한스크와 도네츠크에서 의용군을 가장한 러시아군을 침투시켜 돈바사 전쟁을 일으켰다. 이때부터 우크라이나에서는 푸틴을 푸틀러(Putler)라고 불렀다. 이 21세기 최악의 독재자 전쟁광은 결국 2022년 2월 24일 수십만 군을 동원하여 우크라이나 전역을 침공했다.

1994년 세계 3위 핵무기 보유국 우크라이나는 미국 영국 러시아와 핵무기를 폐기하는 조건으로 부다페스트 안전 보장 각서를 맺었다. 미국 영국 러시아는 우크라이나의 독립 주권 국경선을 지키고 우크라이나에 대하여 무력사용이나 경제위협을 금하며 우크라이나에 공격이 있을 시 지원한다는 각서였는데 푸틴은 이것을 싹 무시했다.

푸틴이 크림반도를 강점하자 핵무기 폐기 당시 우크라이나 핵무기 사령관이었던 노장군 미콜라 필라토프(Mykola Filatov)는 책상을 치고 통곡했다.

2025년 트럼프의 집권은 우크라이나에서 우려와 기대를 함께 했다. 하루 만에 우크라이나 러시아 전쟁을 끝내겠다는 이 세기의 거짓말쟁이 허풍쟁이는 뮌헨 안보회의 직전 푸틴과 1시간 반 통화했다고 발표했다. 1938년 체코슬로바키아의 뜻을 무시하고 체코의 영토를 할양했던 영, 독, 프, 이태리 총리같이 전쟁 당사국 우크라이나를 무시하고 전범 푸틴과 이야기하는 것은 그를 사면하는 언어도단이다.

트럼프는 푸틴에 말리고 있다. 2036년까지 장기 집권의 길을 열어놓은 푸틴은 4년 후면 대통령 자리에서 물러나는 트럼프를 맘껏 요리할 것이다. 미국이 요구하는 모든 것을 줄듯하지만 양국 백만 이상의 젊은이가 전선에서 죽고 다쳐도 아무 양심의 죄책감을 느끼지 못하는 냉혈한이다. '무력으로 타국 영토를 점령·병합할 수 없다'는 유엔헌장은 물론 국제법의 기본 원칙을 어기며, 어느 날 갑자기 이웃 나라를 침공하여 점령하고 자신의 영토라고 선언한 푸틴은 히틀러 보다 더한 악한이다.

2025년 2월 14~16일간 뮌헨에서는 뮌헨 안보 회의가 열렸다. 국제적 왕따가 된 러시아는 참석 못 했지만, 우크라이나는 대통령을 비롯한 많은 각료가 참석하여 결과를 담보하지는 못했어도 필사의 노력으로 우크라이나의 뜻을 펼쳤다. 우크라이나의 안보 보장, 나토 가입, 유럽과 우크라이나의 종전 협상 참여 등이다. 이웃을 강도질한 강도는 물러나고 법정에 서는 것이 정상이다. 국제형사재판소는 이미 푸틴에 대해 체포영장을 발부했고 국제형사재판소에 가입된 모든 국가에서는 그를 보는 즉시 체포해야 한다. 국가범죄의 수괴를 단죄하는 것이 세계 정의이다.

95. 트럼프와 우크라이나 전쟁

2월 22일은 필자 부부의 결혼 기념일이다. 30주년은 진주혼이라고 아내가 오래전부터 주입해서 박봉에도 진주 반지 하나 장만하려고 보석 가게를 기웃거렸다. 저녁에는 샴페인도 마시고 기분 좋은 날을 보냈다. 다음다음 날 난리가 날줄은 꿈에도 생각지 못했다. 그렇게 2022년 2월 24일 우크라이나 러시아 전쟁을 키이우에서 맞았다.

전쟁 3년이 흘렀다. 혼돈과 혼란의 연속이었다. 지난 3년이 한편의 드라마 같고 한밤의 꿈인듯하다. 그 꿈은 분명 악몽이었다. 한편으로는 평범한 일상에서 극적인 순간의 연속이었다. 전쟁은 컴퓨터 게임같이 실시간으로 전해지고 포 소리가 점차 가깝게 들리기 시작했다. 다음날 탈출 행렬에 동참했다. 30시간 이상 운전하여 루마니아를 통해 한국으로 피난 와서 오랜만에 몇 개월 한국 생활을 하는 호사를 누렸다. 그렇지만 집과 모든 것을 두고 온 터라 마음은 항상 우크라이나를 향했다. 우크라이나가 전쟁으로 여행금지 구역이라 갈 수 없었는데 예외적 여권 사용을 허가받으면 갈 수 있다고 해서 신청하여 받고 7월 말에 루마니아를 통해 우크라이나에 입국했다.

전쟁 한가운데로 자진하여 돌아왔다. 공습경보와 정전과 단수의 연속적인 생활이었지만 키이우에서 사는 것만으로도 고맙고 진지했다. 하루하루 전쟁 며칠을 계산하며 지냈다. 한동안 여기가 전쟁하는 나라인가 할 정도로 조용한 시간도 있었고 어느 날 집에서 1km 반경에서 드론이 폭발하여 혼비백산하기도 했다. 공습이 심해 루마니아로 피난 갔다 왔고 지난겨울에는 폴란드로 피난 갔다 돌아왔다.

트럼프의 등장으로 전쟁은 일대 전환기이다. 자유민주주의 가치 수호와 침략에 대한 응징 없이 전쟁을 끝내려 한다. 푸틴은 강도같이 우크라이나 땅을 빼앗고 휴전 협상에서 점령지는 논외로 한다는 철면피 같은 말을 하고 있다. 땅을 빼앗고 사람을 죽이고 전쟁 범죄를 일으켰는데 아무 보상이나 재판 없이 협상에서 우크라이나를 제외한다니 언어도단이다.

2월 28일 젤렌스키는 백악관에서 트럼프와 설전을 했다. 푸틴은 절대 믿을 수 없으며 확실한 안전보장 없이는 러시아는 다시 침략할 것이라는 이야기는 어느 정도 설득력이 있다. 세기의 독재자 전쟁광은 우크라이나 이후에는 몰도바나 발트 3국 등 주변 약소국을 아주 서서히 침략할 것이다.

적의 친구는 적이다. 트럼프 정부는 사상도 이념도 없는 기업형 정권이다. 간신배 중간보스를 요직에 앉히고, 상원 하원 대법원을 무시하고 행정 명령을 남발한다. 이웃이든 동맹이든 관세를 매겼다. 유엔 총회에서는 북한, 러시아, 벨라루스와 함께 러시아 규탄 및 철군 결의안에 반대했다. 북한이나 러시아 같은 독재국가를 흠모하고, 반대자를 죽이고 감옥에 넣는 독재자를 찬양하고, 이웃 국가를 침략하여 영토를 점령한 침략자를 옹호하는 미국 역대 최악의 정권이다.

트럼프는 전쟁에서 궁지에 몰린 약소국에 광물을 강요하고 영어도 서툰 우크라이나 대통령을 초대해 궁지에 몰고 집단 겁박하고 무릎 꿇으라고 강요하는 행위를 거침없이 행하였다. 이에 맞서 젤렌스키는 당당했다.

미국 국민은 친구지만 트럼프는 이미 친구가 아니다. 수많은 미국인이 우리는 우크라이나와 함께한다(We stand with Ukraine)는 메시지를 보내고 있지만 트럼프는 자기가 세상에서 제일 잘난 줄 알고 산다. 한국도 예외는 아니다. 언제 동맹을 깨고 미군을 철수하고 김정은과 손잡고 금강산을 달라고 강요할지 모른다.

96. 비무장지대

한반도의 비무장지대(DMZ, demilitarized zone)는 전 세계에서 가장 위험성이 높고 첨예한 곳이다. 미국 전 대통령 클린턴은 이곳을 방문하여 지구상에서 가장 무서운 곳이라고 했다. 6·25전쟁 후 인위적으로 만든 비무장 지대가 국경으로 굳어 같은 언어를 쓰고 같은 민족으로 부모 자식과 형제자매를 갈라놓고 70년 이상 아무도 다닐 수 없게 만든 세계 유일의 장소이다.

해병 2사단부터 백골부대 그리고 동해 경비사까지 248km 한반도 허리, 비무장지대를 중심으로 촘촘히 우리 군이 지키고 있다. 북한군도 마찬가지일 테니 한반도의 젊은이들은 비극의 비무장지대 앞에서 총부리를 들고 눈을 부라릴 것이 아니라 통곡해도 시원치 않다. 남북 각각 2km 합해서 4km를 휴전선으로 하는 이 비무장지대 뒤에는 남북한의 최첨단 중무장한 군인과 무기가 집결된 한반도의 탄약

▲ 지도의 선은 우크라이나와 러시아 간 비무장지대로 논의되는 구간

고이다. 인구 천만이 넘는 서울은 비무장 지대에서 40여km 떨어져 있고 평양은 120km 떨어져 있는데 이런 위험천만한 지역에서 세계 10대 도시 서울을 건설한 대한민국은 위대하다.

우크라이나 러시아 전쟁이 4년째 맞으며 비무장지대론이 나오고 있다. 양국 전선에서 한반도같이 4~5km 비무장지대를 조성하여 휴전하자는 안이다. 우크라이나와 러시아 국경은 지상 약 2,000km 해상 321km 접경을 이루고 있다. 러시아와 군사동맹국이고 2022년 침공에서 침략 전초기지 역할을 했던 벨라루스와 우크라이나국경이 약 1,000km이니 3,000km가 넘는 모든 국경을 비무장지대화 하기는 어려울 것이고 현재 전선을 형성하고 있는 약 1,000km에 걸쳐 비무장지대를 만들자는 말인데 우크라이나로서는 동의하기 어려운 주장이다.

푸틴은 우크라이나 영토의 약 20% 정도가 되는 점령지 11만km^2를 러시아 영토로 인정하고 나토가입을 포기하며 우크라이나군을 전선에서 철수시키고 유럽군이나 미군의 우크라이나 주둔을 허용할 수 없다고 주장한다. 한마디로 우크라이나를 러시아 손아귀에 넣고 벨라루스같이 속국으로 만들겠다는 흑심이다. 21세기에 19세기 제국주의 군주 같은 주장을 하고 있다. 우크라이나는 UN에 가입한 주권국이다. 우크라이나 국민 다수는 유럽의 일원으로 EU와 나토에 가입하기를 희망한다. 이웃 나라의 대통령이 자국의 안보를 구실 삼아 이웃 주권 국가에 이래라 저래라 할 수 있는 일이 아니다.

오래전부터 동유럽 3국에는 친인척이 혼재했고 우크라이나를 소러시아, 벨라루스는 백러시아, 러시아를 대러시아로 통칭한 적이 있었고 소련 시절 한때 동유럽 형제 3국이라고도 했으며 세 나라 국민은 통역 없이 의사소통할 수 있다. 그런 이웃 나라를 침공하여 100만명이 넘는 인명을 살상하고 수백만의 피난민을 만들고, 3년 넘게 학교 병원 상가 아파트 전기시설 및 기간산업을 무차별 폭격하는 21세기 최악의 전쟁광을 인류가 처벌하지 못한다면 히틀러를 용서하는 것이나 마찬가지다.

우크라이나 땅에 철조망을 세우고 독재자 전쟁광의 뜻대로 비무장지대를 설치한다면 제2의 한반도의 비극을 우크라이나 땅에 심는 것이다. 불법 침략자는 우크라이나 땅에서 군대를 물리고 우크라이나와 나토(NATO)를 탓하지 말고 이웃 국가와 더불어 사는 세상을 만들어야 할 것이다. 냉전 시기에도 요즘 같은 유럽과 러시아 진영 간 이렇게 첨예한 갈등은 없었다. 유럽은 우크라이나에 무기를 지원하고 지상군 파견을 논의하는 3차세계대전이 이미 시작된 것이다. 21세기는 강대국이 약소국을 먹고 먹히는 약육강식의 시대는 아니다.

97. 늙은 군인의 노래

군 복무 시절 하사는 만만한 계급이었다. 중사 상사는 당직사관을 하는 직업군인으로 깍듯이 대했다. 당시 그분들 나이가 20대 후반부터 30~40대였는데 졸병 때는 그분들이 굉장히 나이가 많은 줄 알았다. 제대 후에야 우리 소대 중사 계급의 선임하사가 나보다 나이가 어리다는 것을 알고 씁쓸해한 적이 있다.

'늙은 군인의 노래'는 복학 후 1980년대에도 자주 부르던 노래였다. 가사에 군인 대신 노동자, 농민, 투사, 기사, 교사 등으로 바꾸어 불렀는데 당시에는 금지곡이었다. 우크라이나 군에도 오래전부터 코작의 가슴을 적시는 애절한 노래가 많은데, 요즘 전쟁으로 힘차고 적개심을 고취하는 노래를 들으면 소름이 돋고 무섭다.

전쟁은 돈 없고 빽 없고 힘없는 백성이 짊어지는 짐이다. 특히 부패 고리가 만연한 나라나 후진국일수록 심하다. 1991년 소련에서 독립하며 우크라이나는 외세의 침략은 생각도 안 했다. 쿠츠마 정부(1994~2005년)는 군 현대화를 추진하며 러시아와 긴밀히 협력했다. 하지만 고질적인 재정난과 부정부패가 발목을 잡아 군비확장에 실패했다. 그 후 유셴코(2005~2010년)는 탈러시아 친유럽 정책을 펴면서도 재정난과 경제 실패로 군사력 강화에는 역부족이었다. 경제난으로 재선에서 친러 성향의 야누코비치(2010~2014년)에게 지고 정권을 이양했는데 야누코비치는 2013년 아예 징병제를 폐지하고 모병제를 실시하였다. 푸틴과 호형호제하던 야누코비치로서는 든든한 푸틴 배경으로 오히려 병력을 줄이고 국방예산을 대폭 삭감했는데, 야누코비치의 친러 행보에 불만을 품은 서부 민족주의자들을 중심으로 2013년 유로 마이단 혁명이 일어났다. 야누코비치는 러시아로 도망가고 푸틴은 바로 2014년 초 크림반도를 무력 점령했다. 군사력이 약해질 대로 약해진 우크라이나는 힘 한번 써보지 못하고 천혜의 요새이자 관광지 2만7,000km^2 크림반도를 빼앗겼다.

크림반도 사태 이후 2014년 도네츠크와 루한스크에서 친러 반군이 독립을 선포하자 포로셴코(2014~2019년) 정부는 반군 진압에 나서며 군 개혁과 군사력 증강에 착수하고 어느 정도 성과를 거둔다. 아이러니하게도 당시 트럼프 1기 정권(2017~2021년)과 일부 집권 기간이 겹치며 포로셴코는 많은 무기를 지원받고 나토와 훈련을 하며 푸틴의 심기를 건드렸으며 나토의 동진을 우려하던 푸틴에게 침략의 구실을 주었다. 그 후 집권한 젤렌스키는(2019~현재) 미숙한 외교와 철저한 반러 친유럽 친나토 정책으로 화를 자초하였다.

결국 2022년 2월 24일 러시아군은 우크라이나를 전면 침공했다.

러시아 침공으로 온 국민이 똘똘 뭉쳤다. 수십만의 예비군이 자진 입대했으며 전쟁 초기 정부는 27세부터 60세의 모든 남성을 징집 대상으로 선포했다. 2024년에야 징집 연령을 25세로 낮추었지만 현재 전선의 전투원 평균 나이는 43세라는 보고가 있고 일부 부대는 평균연령이 50이 넘은 부대도 있다. 전쟁이 곧 끝나리라는 생각으로 자원 입대한 나이 든 예비군이 많은데 전쟁이 3년 넘으며 계속 근무하며 피로가 쌓이고 전투력이 많이 떨어졌다는 보도가 이어지고 있다. 이에 징집 나이를 18세로 낮추어야 한다는 주장이 나오지만 정부와 의회는 신병 모집에 어려움을 겪으면서도 국민의 눈치를 보는 상황이다.

요즘은 지하철역이나 버스터미널 근처에서 무작위로 불심검문이 실시되어 병력을 모으기도 하고, 지원자에게 계약금, 훈련 수당, 전투 수당 등 고액의 소득을 보장하는 군인 모집 광고가 시내 곳곳에 보인다. 나이 든 군인들이 하루속히 귀향가를 부르며 가정으로 돌아올 날을 기다린다.

98. 우크라이나 부활절

988년 키이우 루시의 볼로디미르 대공이 정교를 받아들인 후 기독교는 우크라이나인 마음속 깊은 곳에 자리하고 있다. 이전에는 그리스정교회나 러시아정교회라는 명칭을 사용했지만, 전쟁 후 요즘은 우크라이나 정교회라 하고 오래전부터 통칭으로 영어로 동방정교회(Eastern Orthodox Church)라 한다.

예전 우리 할머니들께서 무의식중에 “아이고 부처님” “보살님” “관세음보살님” 하는 식으로 우크라이나에서는 “아이고 하나님” “예수님” “하나님과 함께” 등의 말을 한다. 천 년 이상 종교적 신앙심으로 살아왔다.

소비에트 정권(1918~1991)은 종교를 부정하는 무신론적 이념을 바탕으로 국가를 통치했으며 많은 교회가 파괴되고 성직자가 처형당하고 유배당하는 종교적 암흑기였지만 민간신앙과 결합한 기독교 정신을 완전히 해체할 수는 없었다. 또한 공화국별로 중앙아시아와 캅카스 지방에 분포되어 있던 이슬람을 약화하기에는 역부족이었다. 기독교를 믿는 공화국에서는 성탄절이나 부활절 그리고 기독교 명절을 암암리에 지키고 축하했으며 전통음식을 나누고 신앙심을 이어갔다. 현재 키이우에는 500여 개가 넘는 크고 작은 교회가 있다.

우리나라에서는 설날과 추석에 고향을 찾고 친인척을 만나고 조상님께 제사를 지내지만, 우크라이나에서는 우크라이나 새해(1월 14일)와 부활절이 고향을 찾고 친인척을 만나는 날이다. 우리나라보다 귀향 열기는 뒤지지만 아직도 많은 사람이 전쟁 중이지만 고향에 간다.

부활절은 날짜가 고정된 것은 아니지만 보통 4월 중순이나 말 일요일이다. 소비에트 시절에는 사회주의권의 가장 큰 국경일인 5월 1일 노동절부터 5월 9일 대독승전기념일까지 학교는 봄방학이고 직장인은 휴가였다. 2022년 러시아와의 전쟁 후 5월 8일을 나치와의 승전일 5월 9일은 우크라이나에서는 유럽의 날로 바뀌었다(러시아는 아직도 승전기념일이라 한다).

부활절은 5월 연휴와 연계되어 많은 이들이 고향을 찾고, 우크라이나 시골 농막 다차에 가는 날이다. 본격적인 농사가 시작되는데 부활절 전날 토요일에는 예수님의 고난을 생각하며 금식하고 일요일이 되면 새벽부터 교회에 가서 부활절 빵과 달걀 그리고 정성스레 준비한 음식 바구니와 머리에 수도사가 뿌리는 성수를 받고 돌아와 식사가 시작된다. 예전 우크라이나 형님 집 시골에 가서 새벽 성수를 받는 부활절은 4월이었지만 몹시 추웠다. 그리고 수도사도 동양인이 와서 재미있는지 다른 사람에 비해 성수를 무척 많이 뿌렸다.

전쟁 난 첫해 2022년 봄 부활절에는 가슴 한가득 분노와 증오로 가득했었다. 러시아군의 전면적인 침략으로 우크라이나 국토가 유린

당하고 여러 지역이 점령당하고 전쟁범죄가 난무하는 야만의 시간이었다. 전쟁 두 번째 해 부활절에는 여러 사람과 함께 교회 앞에서 기도하며 성수를 받았다. 수도사들도 전선 가까이 가서 장병들에게 러시아 침략군을 몰아내야 한다고 강조하며 성수를 뿌렸다. 세 번째 해에는 제발 전쟁을 끝내고 우크라이나에 평화와 안정을 달라고 기도하며 눈물을 흘렸다. 올해로 전쟁 네 번째 해를 맞이한다.

인간이 인간을 죽이는 이 전쟁을 얼마나 더 지속할 것인가? 백만 이상의 사상자를 내고도 푸틴은 전쟁을 계속할 것인가? 이 많은 죽음이 예수님같이 부활할 수 있는 것인지? 며칠 전 어린이 놀이터 로켓 폭격으로 10여 명의 어린이가 죽었다. 부활절 며칠 전 죽은 이 어린 영혼들은 어떻게 부활할 것인가?

올 부활절은 4월 20일이다. 일요일 전후로 2~3일 휴강을 해서 필자도 허름한 농막으로 밭을 일구러 가야겠다. 부활의 열매를 꿈꾸며...

99. 영토 포기는 항복이다

요즘 우크라이나 모든 언론이 몹시 분주하다. 주요 방송사가 합동으로 전시 24시간 통합 편성되어 운영하는 프로그램 마라톤은 연일 영토 문제에 관하여 방송하고 있다. 여러 전문가 군인 언론인 해외 특파원 등 많은 인원이 출연하여 일사불란하게 영토 포기는 항복이나 마찬가지라는 논조를 주장하고 어찌 보면 강조하고 있다.

한 나라의 전쟁에서 침략자에게 영토를 포기하고 평화협정이나 정전협정을 체결한다는 것은 침략자에게 항복하는 것이나 마찬가지다. 어느 지도자, 어느 국민이 자국의 영토를 침략자에게 내주고 협정에 서명할 수 있겠는가?

요즘 크림반도와 우크라이나 동부 러시아 점령지에 대한 러시아 영토 인정과 나토 가입을 배제하는 미국의 평화 협상안으로 우크라이나 전역이 들끓고 있다. 트럼프가 제시하는 평화안은 러시아의 종전 협상안과 유사하다. 푸틴은 점령지에서 우크라이나 군이 철수하고 러시아 영토를 인정하며 우크라이나의 나토 가입을 금하면 당장이라도 휴전을 할 수 있다는 태도다.

72세의 푸틴은 KGB(구소련 국가 정보국) 정보원 출신이다. 냉전 시기 가장 엄격하고 혹독하고 치열한 정보국에 23세에 몸을 담고 독일이 통일되는 사십 대에는 동독에서 근무했다. 정보원의 생리는 상대방을 의심하고 부정하며 끊임없이 자기 확신을 하는 것이다. 푸틴은 미국을 절대 믿지 못하며 일종의 트라우마를 가지고 있다. 21세기 차르(왕)인 푸틴은 구소련 시대의 생각으로 러시아를 통치하고 전쟁을 일으켰다. 우크라이나만 점령하면 발트 3국을 제외한 소련 시대의 대러시아를 건설한다고 믿고 있다.

예전부터 소련은 미국을 동등한 경쟁자로 인식했다. 소련 시절에는 전 세계를 사회주의와 자본주의로 양분하여 지배했고 한편 미국을 강력한 국력을 가지고 있다고 여기면서도 역사도 미천하고 전통이 없는 국가로 인식하고 있다. 구소련 KGB가 미국 CIA를 얕잡아 보는 것과 같다.

우크라이나 러시아 전쟁이 3년을 지나며 러시아도 지칠 대로 지치고 힘들어할 때 미국에서는 트럼프가 집권했다. 푸틴에게는 천우신조의 기회였다. 이전 바이든 대통령이 우크라이나를 적극 지지했지만 트럼프는 오히려 푸틴 지지의 소리를 내고 있다. 미국에 절대 의존하던 우크라이나는 생사의 갈림길에 섰다.

푸틴은 트럼프가 제시하는 모든 것을 수용할 듯하지만 트럼프를 농락하고 있다. 영구집권의 길을 튼 이 세기의 독재자는 4년 후면 대통령직에서 물러나는 트럼프에게 적당히 체면 세우고 허세를 듣는 척하지만, 자신이 가지고 있는 생각에는 변함이 없다. 트럼프가 푸틴 편이 아니고 중립만 지켜도 이 전쟁의 승산은 러시아에 있다고 판단한 듯하다. 사업가와 정보원 출신 대통령의 대결 결과는 아마도 치열한 정보전에서 살아남은 푸틴이 유리하지 않을까?

이제 이 전쟁은 러시아와 미국의 대리전쟁이 아니라 우크라이나를 지원하는 유럽과 러시아의 전쟁으로 변하고 있다. 영 독 불을 중심으로 유럽 나라들은 유럽의 동쪽에서 침략국 러시아가 자행하는 이 잔인한 전쟁을 두고 볼 수만은 없게 되었다. 눈앞에서 펼쳐지는 21세기 침략전쟁에서 전 유럽이 미개한 러시아에 질 수 없는 상황이 된 것이다. 적극 지원하던 미국이 돌아서면서 영, 독, 불은 우크라이나에 파병을 준비하고 있다. 생사의 기로에 있는 우크라이나로서는 선택의 폭이 넓지 않다. 영토를 잃느니 외국 군대라도 들여서 땅을 지키려 한다. 국제질서를 지키고 자유 민주주의적 세계질서를 유지하고 수호하던 미국은, 허풍과 거짓과 변덕 심한 대통령을 선택하여 전 세계를 혼돈에 빠트리고 있다.

100. 우크라이나 아파트

전쟁 중이지만 키이우 부동산 시장은 활기차다. 전쟁 전만 해도 여기저기 많은 아파트 공사가 진행되었다. 우리나라같이 대단지 여러 아파트를 공사하는 것이 아니고 2~3채, 많아야 4~5채를 짓는다. 요즘은 아파트 공사가 중단된 곳이 많고 전쟁 중이지만 공사를 진행하는 곳도 있다.

구소련 시절 우크라이나의 주택 정책은 국가가 무상 지급하는 것이었다. 모든 토지와 주택은 국가 소유였으므로 큰집 작은집 차이가 없었다. 실내장식이나 수리도 일률적으로 했다. 90년대 초만 하더라도 모든 아파트의 문, 창틀, 변기, 전등, 가구가 비슷했다. 직장별로 무주택자에게서 신청받아 국가에서 아파트를 지어 신청 순서대로 무상 지급했다. 새치기하거나 권력자에게 아부하여 열외로 받는 사람도 많았다. 반영구적 임대주택이었다.

정부는 아파트와 기숙사를 소유하여 나누어주는 상황이라 주택 정책에 큰 신경을 쓸 필요가 없었다. 예를 들어 대학 근처에는 교수와 교직원을 위해 아파트와 기숙사를 지었다. 큰 공장이나 집단농장도 비슷하여 미혼자는 기숙사에, 기혼자는 순서대로 기다리다 무상으로 아파트를 받았다. 지역별로, 직종별로 노동자, 공무원, 국영회사 직원, 선생님 등 같은 직종의 사람들이 함께 어울려 사는 경우가 많았다.

보통 신혼부부는 40m^2 애들이 2~3명이면 65m^2 3명 이상이면 75m^2의 아파트를 받았고 5명 이상 애가 있으면 95m^2 아파트를 받았는데 소련 시절에는 100m^2 이상의 아파트는 거의 없었다. 독립 전까지 아파트를 받지 못한 사람도 많았고 1991년 독립 후 무상으로 받은 아파트의 사유화가 시작되었고 아파트 건설 붐이 일기 시작했다.

1991년 초기 아파트 가격은 달러로 계산하여 5,000~6,000달러면 방 한 칸 아파트를 샀다. 당시 새 아파트를 지으며 1m²당 200달러 가격이 붙었을 때 많은 사람이 비웃고 코웃음 쳤다. 터무니없이 비싸다는 것이다. 예전에 무료로 아파트를 배당받은 사람에게는 당연한 반응이었다. 그러나 곧 10배 넘게 가격이 폭등했으며 점점 고급화하여 가격이 비쌀수록 잘 팔린다는 소문이 돌았다. 요즘은 1m²당 2,000달러는 보통이고 더 비싼 아파트도 많다.

우크라이나 아파트는 분양할 때 시멘트 바닥 천장 벽을 받는다. 전기 수도 벽지 변기도 없이 분양받아 각자 취향이나 소득 수준에 따라 개개인이 수리한다. 건자재 대형 마트에 가면 30만 종이 넘는 물건이 있다.

1975년 '아이러니한 운명'이라는 영화가 소련에서 만들어졌다. 그 후 15개 공화국은 매 연말에는 이 영화를 보는 전통이 생겼다. 모스크바에 사는 젊은 의사가 연말에 친구들과 사우나에서 송년회를 하며 술에 취했는데 친구들이 그를 페테르부르크행 비행기에 태워 보냈고 페테르부르크에 도착한 주인공은 공항에서 택시를 타고 모스크바 주소를 이야기했는데 페테르부르크의 거리 아파트 열쇠 가구까지 모스크바와 똑같아 그는 자기 아파트로 생각하여 열고 들어가 자고 있는데 진짜 주인 여자가 와서 소동이 벌어지며 결국 두 남녀가 사랑에 빠지는 이야기인데 당시의 대형 단지 아파트 건설이나 모습을 볼 수 있으며 사회주의의 모순이 잘 표현되어 있다.

구사회주의 정부는 의료 주택 교육이 무료였고 생필품은 배급제였다. 빈부 차이가 덜하고 하위계층도 어느 정도 먹고 사는 체제가 속으로는 썩어서 부정부패가 만연했지만, 겉보기에는 국가 계획경제가 일정 부분 각박한 자본주의 보다 나은 체제라고 교육하고 선전했다. 그러나 자유가 속박되고 체제 모순이 분출되며 소련은 없어졌고 15개 국가로 독립했으며 소련의 대를 이은 러시아와 소련에서 독립한 우크라이나는 전쟁 중이다.

101. 100달러의 풍요 1,000달러의 빈곤

사회주의 국가나 구사회주의권에서는 여러 면에서 내국인과 외국인의 차별이 있다. 관광지 입장료나 숙박업소도 내외국인 차이가 있고 음식점도 내외국인을 구분하는 곳도 있다. 대학에서도 예전에는 나라별로 학비의 차등이 있었다.

유럽이나 미국에서 온 학생과 구사회주의권 그리고 구소련 지역에서 온 학생들의 학비가 천차만별이었다. 폴란드 루마니아에서 온 학생은 당시 학비를 1,000달러 정도 냈는데 미국에서 온 학생은 본국에서 4만 달러를 송금하고 왔다며 황당해했다. 구소련권 학생들은 오히려 학비는 안 내고 장학금을 받고 다녔다. 사회주의 정부가 국가 세금으로 저렴하게 가격을 책정했지만, 외국인에게는 과세하는 것이다.

90년대 도착하여 처음엔 기숙사를 받았다. 화장실, 부엌, 침실 모두 2개씩 가지고 불편 없이 살았다. 아이가 둘이라 방 두 개 아파트를 제공해야 하는데 아파트가 없으니 기숙사에서 거주하라는 대학 측 당부를 받고 살았는데, 전기세 수도세 등 세금을 한 번도 낸 적이 없다. 당시 한국 사람 중에는 1,000달러 이상 월세로 사는 사람이 많았다.

90년대 말 맹장 수술을 하게 되었다. 구급차를 불러 병원에 도착해 바로 입원했는데 입원비나 수술비 약값 등 의료비 이야기가 없어 의아했는데 수술하고 4일 후 퇴원할 때까지 말이 없어 물어보니 담당 의사에게 코냑 한 병 주라고 해서, 주고 퇴원했다. 수술 얼마 후 S전자 Y상무라는 사람이 맹장 수술을 해야 하는데 여기 의료를 믿을 수 있냐고 전화 와서, 아주 좋다고 이야기 해주었다. 그는 수술 후 다시 전화해서는 수술비로 6,000달러나 냈다면서 한국보다 비싸다고 불평했다. 이 사람은 외국인 병원에 갔는데 유럽 수준의 수술비와 약값 입원비 등 모든 가격을 지불한 경우이다.

2010년대 폐렴이 생겨 병원에 다시 입원했다. 입원비 식사 등 모두 무료였지만 담당 의사는 필요한 약과 의료기를 사 오라고 공책 한바닥을 적어주었다. 심지어 주삿바늘도 사 오라고 썼다. 병원 1층에서 적어준 대로 사 가니까 링거 주사도 놔주고 약도 조절해 주어 2주 만에 무료로 퇴원했지만 담당의사에게 50달러를 사례비로 주었다.

아이들이 초등학교에 입학하고 6학년을 마칠 때까지 공식적으로 돈을 낸 적이 없다. 비공식적으로 학부모 회의에서 학급 공사를 하거나 선생님에게 선물할 때 조금씩 찬조금을 냈다. 당시 외국인 국제학교 학비는 1년에 3만 달러였다. 우리나라에서는 사교육비(학원비)가 많이 들지만 아들딸 사교육비라고 쓴 돈은 아들 축구회비 월 2,000원과 영국인 과외 학원 월 5만원이 전부다(영국인 수업이라 비쌌다).

아이들에게 스케이트를 사주려고 스포츠용품점에 가서 보니 100~200달러가 넘었다. 벼룩시장에 가니 5달러도 안 되는 가격으로 중고품을 팔아 여러 켤레 사서 아이스하키도 즐기고 피겨스케이트도 탔다.

요즘도 교통 카드 하나면(1회 250원) 키이우 전역을 어디든 다닌다. 출근도 지하철 근처까지 차를 가지고 가서 지하철을 타면 한 달 자동차 연료비가 4~5만원 정도이다.

식생활도 여기 우유나 빵, 소시지와 현지에서 키우는 감자, 오이, 당근, 사과 등 과일 야채가 수입품보다 훨씬 싸다. 필자가 좋아하는 맥주도 2.4ℓ짜리 현지 큰 맥주가 우리 돈 2,000원인데 외제 맥주는 0.5ℓ가 3,000~4,000원이다.

이곳에서 오래 살며 100달러의 풍요와 1,000달러의 빈곤을 알았다. 인간이 살면서 물질로만 사는 것이 아니라 정신적으로 풍요로우면 그것이 더 중요한 것 아닌가!

102. 우크라이나와 원광대학교

1980~90년대 초만 하더라도 적성국가 여행허가 제도가 있었다. 북한, 중국, 소련, 몽골, 쿠바 등 공산권 국가를 여행하려면 정부의 허가를 받아야 했다. 여권을 받으려면 신원조회도 하고 반공교육 안

보교육 필증이 있어야 받을 수 있었다. 요즘은 신혼여행이나 고등학교 단체여행도 외국으로 나가기도 하지만 당시에는 외국여행이 어려운 시절이었다.

필자는 1992~1997년까지 키이우 대학에서 공부하고 귀국하여 한 학기 시간 강의하다 1998년 다시 키이우에 도착하여 키이우 대학교에서 근무를 시작했는데 얼마 후 대학 국제부 직원이 한국에 이런 대학이 있냐고 물으며 영어로 타자한 문서를 보여주었다. 제목은 영어로 letter of Intent (Sistership Agreement)였다. 번역하자면 자매결연협정서였다. 영문 타이프도 오래된 활자였고 문장도 고문서 같은 형식이었다. 요즘은 자매협정(Sistership Agreement)이라는 단어도 잘 사용하지 않는다.

한국의 원광대학교가 우크라이나 키이우 국립대학교와 맺은 협정서였다. 이 협정서는 한국과 우크라이나 대학 간 맺은 최초의 협정서이다. 요즘은 양해각서(MOU: Memorandum of Understanding)라고 형식이나 글자 도안도 멋있지만 90년대 초만 해도 타자를 했다. 날짜는 1991년 7월 19일, 연구원이나 학생의 교환을 하며 양교 발전을 위해 상호 노력한다는 문구가 있었다. 서명란에 직위나 이름은 없고 서명만 있어 원광대학교에 문의하니 당시 김삼룡 총장님이었다. 우크라이나 측은 독립 전이라 소비에트 사회주의 연방공화국 키이우 국립대학교라고 쓰여 있었고 전임 총장님의 서명이 있었다.

이것을 근거로 원광대학교 국제부에 손 편지를 썼다. 몇 달 후 원광대 국제부 직원 김형로라는 분이 답장을 주셨다. 필자는 양교의 교환학생을 먼저 시행해 보자고 제안했고 원광대에서도 흔쾌히 동의하여 1999년 키이우 국립대학교 학생이 최초로 한국에 교환학생으로 갔다.

김삼룡(1925~2014) 전 총장님은 역사학자이며 종교인으로 세상을 보는 혜안이 높고 깊은 분이셨다. 마한 백제 연구소를 설립하여 백제 연구의 꽃을 피웠고 유네스코 세계문화유산으로 등재된 익산 미륵사지 발굴에 혼신을 기울여 지금의 문화 역사 도시 익산에 이바지했으며 원불교 원정사에 추대되어 여러 사람의 추앙 받던 분이셨다. 1994년 고르바초프 전 대통령에게 명예박사학위를 수여했고 1991년 어려운 상황에서도 당시 우크라이나 키이우 국립대학교를 방문하여 양교 발전에 기여하셨다. 양교뿐만 아니라 우크라이나 대통령 한국 방문에 원광대에서 수업한 학생이 통역했고, 원광대에서 공부하고 키이우 대학을 졸업한 학생들이 한국과 우크라이나 대학에서 학생들을 가르치고 정부 여러 부처에서 일하며 총장님의 뜻을 이어가고 있다.

요즘은 우리나라에서 어떻게 대학에 입학하는지 모르겠는데 필자 입시 때는 문과는 법대 경제 경영대 영문과 국문과가 대세였고 이과는 의대와 공대 특히 전자과 기계과 물리과 등이 인기였다. 대학에 다시 간다면 필자는 집에서 가까운 대학 그리고 평생 일하며 즐길 수 있는 재미있는 학과, 훌륭한 교수님이 수업하는, 건학 이념이 좋은 대학교에 가고 싶다.

우리나라 대학 입시에서도 수도권으로만 몰릴 것이 아니라 전북의 원광대학교, 전남의 조선대학교, 부산의 동서대학교, 대구의 영남대학교 등 각도의 국립대학교와 지방 사립 명문대학교를 적극 지원하여 지역 인재를 발굴하고 지방 대학을 발전시켜야 할 것이다.

김삼룡 전 총장님같이 대중에 잘 알려진 사람은 아니지만 올곧은 한 선각자의 노력이 후대에 관심을 일으키는 경우가 있다.

우크라이나 일기

(여미경)

전사하신 데니스 선생님을 추모하며

어디서 선생님의 밝고 착한 마음 뵐 수 있을까요?
전쟁의 길목마다
조국을 위해
목숨 놓고 달려간 그 마음
대학 강단에서 학생들에게 빵구워 위로한 마음
대학 동료 선생님들에게
크리스마스 소품 장식 하나하나 나눠주시던 그 마음
또 어디서 만날 수 있을런지요?
아리랑에서 교수모임 때마다
제육볶음 시키시며 한국의 정서를 사랑하셨던 그 마음
또 어디서 뵐 수 있을런지요?
대학에서 어려운 행사 때마다
열 일 제치고 봉사하던 그 마음
또 어디서 뵐 수 있을런지요?
조국 우크라이나의 영광의 꽃을 피우기 위해
오늘 산화했다는 소식은
통곡을 낳고 말았습니다
스러지기에는
그 용기가
그 나이가...
너무 안타깝기에 말입니다
남아서도 얼마든지 데니스 선생님의 자리가

너무 크고 넓기에

그냥 어이없이 통곡을 하며...

먼저 가신 영령들

급히 따라 가시는 그 길 위에

우크라이나 영광의 꽃인

해바라기 노란 꽃잎 떠올리며...

부디 가시는 그 무거운 발걸음

노란 해바라기꽃 마중 받으며 고통 없이 가시길 기원하며...

함께 타라스 쉐브첸코 국립대학 그 한국어문학과 강의실에서 뵈었던

추억추억 떠올리며...

다시 그 밝고 착한 마음 마주할 수 없음에 몹시 가슴치며...

선생님 생전에 오롯이 품었을 그 뜻, 우크라이나 승리!

그 하나 바라며...

선생님 가시는 길

마음으로 마중나가 보며

몇자 적습니다.

저세상에서는 부디 전쟁의 고통이 없는 평화의 나날들로 가득하길 기도합니다.

데니스 선생님, 편히 가십시오.

*우크라이나 전쟁에서 전사한 데니스 선생님을 추모하며 피난처 루마니아 바카레슈티에서

피난지에서 먹는 수제비

피난 온 루마니아 중부 시골에서 수제비를 만든다. 너 나 할 것 없이 모두 어려웠던 때 우리의 주식은 국수와 수제비와 고구마였다. 아마도 미국의 잉여농산물이 우리나라에 원조되어 밀가루가 흔하던 세상, 우리는 수제비를 많이도 먹었다. 어머니는 자식들과 더불어 수제비와 국수로 끼니를 때우셔도 아버지께만은 진지를 해드렸다.

이제는 곯은 배 움켜잡고 먹는 수제비가 아닌 별식 수제비이다. 한국에서는 꽁보리밥 집도 유행이라는데 루마니아 중부 피난처에서 먹는 수제비는 별미 중 별미다. 멀리 우크라이나 하늘을 그리며 수제비를 먹겠다.

수제비, 추억의 음식 준비해 보려고
이렇게 간밤엔 잠도 미루고
밀가루 반죽!
풋고추 동글동글 썰어 넣은 칼칼하고 풋풋한 양념장도 송송송
옛 어머니 맛따라 추억여행!

(루마니아 피난지에서)

타향

천근만근의 무게가 걸음을 옮긴다
근심걱정의 파도가 걸음을 막는다
이제나 저제나 언제나 돌아갈 것이냐
고향집 향기는 꿈에서도 달구나
타향살이 세월이 회귀를 품는다
고향 땅의 그리움이 온 짐을 싼다
얼마나 얼마나 달려야 닿을 것이냐
고향집 마당엔 꽃향기 그득하겠구나
집채만한 안도가 마음에 잦아든다
고향, 내 집 잠은 꿈자리도 달다
고향, 내 집 마당은 언제나 반긴다
이웃집 사람들 맞아줌이 정겹구나

*루마니아 피난지 바카레슈티에서

우크라이나 가는 길 멀리 바라보며

하나하나 빠지고
하나하나 잃어가고
하나하나 놓아야 하고
하나하나 놓임에 버텨야 하고

하나하나 정리라는 단어가 무색해질 때
정신 희미해져 가면
그땐 그 하나도 기억 못 하고
정신 희미해져 가면
그땐 그 애절한 잃음의 저린 마음도 못 내색하고
흐느낌
안타까움
발버둥
악다구니
그 어떤 반응도 못 내놓고
그렇게 희미해져 먼지가 된들
오늘 그대 선 그 길 위엔
가을도 오고
겨울도 찾아오고
봄도 날아들고
여름도 뜨겁게 타겠지요
그 길 위엔
새로운 연인들
새 이야기가
사랑 이야기도
인생 이야기도
잔인한 삶의 이야기도 흐르겠지요
오늘 그 길 위에 서 있는 우리를 바라봅니다.

감사하는 마음

학기가 이제 끝나가고 있습니다. 전쟁 속에서도 끊어지지 않고 이어진 배움의 터전, 허다한 감정들이 내 속에서 갖가지 상념을 일으켜 이리저리 잠 못 들게 합니다. 물론 가슴이 설레는 것도 아쉬움이 남는 것도 후회하는 것도 당연히 있습니다. 그런데 여기 적을 이유가 있는 것은 감사하는 마음 때문입니다. 전쟁 중에도 학생들과 만나 수업하고, 시장에 가고, 우리 강아지들하고 산책하고, 고요한 새벽과 저녁에 공습경보 속에서도 고요를 찾고 참고 견디고 마음을 잡는 그리움들,

지난 시간을 되돌아보면 난 결코 진정한 감사를 모르고 살았습니다. 평범한 일상의 감사함이 진정한 감사인 것을 몰랐습니다.

오늘 난 진정한 감사가 밀려오는 순간을 맞이합니다.

'선생'이 무엇입니까? 여러 의미가 있겠지만 나에게 '선생'이란 학생이 곁에 있기에 학생의 배움을 위해 돕는 조력자이기에 학생이 없으면 나의 존재도 흔들릴 수밖에 없다는 의미입니다.

파장이 있다는 건 또 새 장이 열린다는 의미입니다. 한 학기가 끝나면 또 새 학기가 시작됩니다. 이제 막 한 학기를 마쳐 가는 순간입니다. 전쟁으로 줌(ZOOM)을 통한 비대면 수업이지만 다음 학기를 마치면 또 다음 학기가 기다리겠지요. 전쟁 속에서도 이어지는 학기와 학기들 배움의 날들,

전 눈에 눈물이 맺힌다는 표현을 오늘 실감합니다. 일상의 감사와 우리 학생들에 대한 연민과 사랑이 몰려와 한없는 감사의 마음을 전합니다.

나를 선생으로 그 이름으로 인해 감사하게 여기고 그 부름에 정당한 자긍심을 갖도록 내 존재 가치를 확실하게 표현해 준 제 학생에게 진정한 감사와 고마움을 글로 표현 할 수 없는 감사의 마음으로 채웁니다.

이 순간을 짧은 글로 남겨 오늘의 감사를 잊지 않으려 합니다.

이런 순간을 맛보고 알게 하시는 그분께도 벌써 감사를 드립니다.

존재하도록 이끄는 모든 사람들과 모든 것에 감사합니다.

한겨울 교수님 생신에 가다

벌써 몇 번째인지 모른다. 아이들이 유치원에 다닐 때도 우리는 1월 20일이면 내 짝 지도 교수님(나탈리야 코스텐코)의 생신에 초대받아 가는 게 큰 행사나 다름없는 명절이었다. 생신 며칠 전부터 아이들은 카드를 만들고 카드 안에 생신 축하 글을 준비해서 쓰고 그림도 그렸다. 그리고 우크라이나 시도 암송했다.

이 모든 준비가 그분의 생신날을 위한 우리 가족의 진지한 축하 선물이었다.

이날 우리는 우크라이나 전통 음식도 맛보는 시간이고 교수님의 친구분들과 친척분들 그리고 지인들이 많이 모여 볼 것도 들을 것도 많아 세상 공부도 되고 인생 공부도 되어 주고, 새로운 문화 공부를 하는 날이다.

우리 아이들도 이젠 다 장성해 사회로 떠나고, 교수님의 연세 많은 친구분들도 하나 둘 자리를 비워가셨다.

그래도 남은 사람은 살아가는 법, 연극 배우 친척 동생은 희고 예쁜 국화꽃을 가지고 오셨고 선생님은 꿀처럼 달콤한 노오란 케이크를 준비하셨다. 아카데미 회원이신 소피아 선생님은 우크라이나 국민의 사랑인 로센 초콜릿을 준비하고 생신날을 빛내주러 오셨다. 100세를 바라보는 토마라 할머니는 언제부터인가 거동이 불편하셔서 참석 못 하시는 대신 꽃과 특별한 생선 요리를 만들어 보내시는 각별함으로 우리 코스텐코 교수님 생신을 축하해 주셨다.

희고 깔끔해 보이는 레이스 장식의 식탁보가 깔리고 구소련 시대 포도주잔과 식기(금장 테두리 장식으로 뽐내는 식기) 그 위에 맛깔스러운 음식이 담기곤 했었는데.... 점점 그런 모습도 세월 따라 모습은 자취를 감추는 듯 보였다.

여전히 지식을 품고 있는 노교수님다운 반김으로 조용하나 소홀하지 않은 맞아줌이 그분을 더욱 고상하면서도 품위를 느껴지게 했다.

그분이 사시는 동네는 부촌이라 그런지 꽃값 또한 이 겨울 호락호락하지 않았다.

내 짝의 강력한 의사 표명으로 귀하신 꽃 중의 꽃인 제일 키가 크고 꽃봉오리가 큰 빨간 장미를 골랐다. 작은 선물도 준비해 이제는 그분과 멋진 시간만 보내면 된다는 생각에 그의 발걸음 속도는 더 빨라지고 있었다.

꽃을 든 신사! 꽃을 든 남자! 그의 모습을 뒤에서 보며 사진을 찍는다.

가는 세월을 잠시 멈춰 세워 보려는 마음에서다. 그가 이때는 이런 모습이었구나 하는 것을 기억해 두기 위한 나만의 방법이다.

그 분은 역시 교수님이셨다. 다른 그 연배의 사람은 육체적 거동은 물론이고 정신적인 것에서도 노환을 마주한 분도 있으련만 책을 출판하셨다며 책 설명과 함께 저자 서명까지 해주시며 증정식까지 가지는 순서도 마련해 주셨다.

서명과 함께 글로는 이렇게 써 주셨다!

"전쟁 반대"

정겨운 분들 모여 교수님은 상석에 앉으셨고 우리는 그분의 편에서 보면 늘 앉던 오른쪽에 또 그 배우 동생은 왼쪽, 그 옆에 친구분이 앉으셨다. 교수님과 마주 보는 자리엔 제자분이 자리했다.

돌아가며 포도주를 따르고 나면 토스 전에 축하 말씀을 전하는 순서를 가진다. 그리고는 토스를 드디어 한다. 그 집에서 마시는 포도주는 특별히 맛있다!

나도 한마디 그분을 위한 생일 축하 인사말과 고마움을 전했다.

꽃을 드리는 제자 교수님과 꽃을 받는 노교수님의 모습은 진정 장미꽃을 닮아 있었다. 결코 이 겨울에도 나약하지 않고 강하고 아름다운 꽃 장미!

이 장미꽃처럼 그분의 학문에 대한 열정도 성취도 삶도 아름답고 강하게 피어 오래도록 곁에 계시면 좋겠다.

코스텐코 교수님, 생신 축하드립니다!

"오래오래 계셔주세요!"

나탈리야 코스텐코 교수님!

나탈리아 코스텐코 교수님 부음을 듣고

아득히 먼 저 곳으로 서둘러 가신 이유를 알고 싶습니다.

사뿐히 꽃신 신고 올 봄을 두고 서둘러 가신 이유를 알고 싶습니다.

아련히 피어날 보랏빛 수국이 피는 농막 여름을 두고 황급히 가신 이유를 알고 싶습니다.

빼곡히 찬 서재 안, 정겨운 책들은 어쩌시려고 그냥 황망히 가신 이유를 알고 싶습니다.

오붓하게 생일상 차리시던 원형 탁자 교수님의 빈 자리는 그냥 저리 두고 가시는 이유를 알고 싶습니다.

애지중지 보살핀 건넛방의 새 모이는 누구더러 주라고 급히 떠나신 이유를 알고 싶습니다.

세차게 불어대는 바람을 맞으며 생일날 장미꽃 들고 찾아간 지난 시절이 그리운 이유를 알고 싶습니다.

끊임없이 지혜를 찾아 등이 휘는 것도 잊으신 채 오롯이 책과 보낸 시간이 잊히지 않을 듯합니다.

책상 위 책들을 지켜서고 있던 교수님의 사랑스러운 부엉이들은 이제 고아가 돼 슬피 울 듯합니다.

아들이라고 큰마음으로 이름을 불러주시던 그 목소리 언제나 그리울 겁니다.

가시는 길 외롭지 않기를 기도 드립니다.

*1월 20일 생신 잔치에 갔다 왔는데 2월 말 교수님의 부음을 들었다.

오늘, 순간 새 희망을 찾다

아무리 전쟁이라지만 우리는 오늘도 이 삶으로 난 달음질을 한다.

이 삶으로 난 살림살이를 헤치고 나가다 보면 가끔은 멈춤의 시간을 맞이한다.

이보다 못한 삶으로 서서히 갇히고

이보다 느린 일상으로 순환은 활력을 잃고

금쪽같이 귀한 게 있어 손이 닿을까

불로초같이 기막힌 게 있어 몸에 소용이 있을 텐가

이 당연한 진리를 깨닫고도 늘상 그날이 그날인 게 야속해

주변을 한 번 돌아보고서는

지난 삶을 곱씹어 보고는

새 희망 한 모금에 다시금 힘을 삶에 쏟으려 움직인다.

이 전쟁 중에 우리가 희망을 잃지 않는 이유이다.

그 길

곧 달려갈 길

그 끝에 먼저 가 서있는 길

기억하고 있을 길

오래 기억에 자국이 남을 길

그 언저리 아이들 웃음소리 들리던 길

아직도 그 언저리 아이들 노는 모습 어리는 길

가도 가도
봐도 봐도
사무치도록 그리운 젊은 날들의 길
이제 혼자서 모든 걸 그리워 찾아가게 될지도 모르는 길
오늘 내가 가 볼 길, 그 길…

공습경보

요즘 제가 사는 키이우에는 공습경보가 시도 때도 없이 울려댑니다.

어느 땐 예삿일로 치부하고 평소 하던 일을 하지만 그런 순간에도 공습경보가 울리는 동안은 집 안에서도 콘크리트 벽이 제일 많고 외부로부터 많이 떨어진 곳으로 가 가슴을 조이며 머물곤 합니다.

조금 전에도 토요일 정오를 넘긴 고요한 주말 오후에 찬물을 끼얹듯 들리는 공습경보 소리에 화가 치밀어 올랐습니다.

그래도 오늘의 주어진 삶이 소중함을 알기에 중요하다 싶은 걸 엉겁결에 들고 대피합니다. 순간 뭘 들고 내 방을 나가 콘크리트 벽이 하나 더 있는 곳으로 가지고 나갈지 갈피를 잡기 어렵습니다.

오늘 제가 들고 대피한 것은 아들과 며느리가 선물한 노트북과 노트북 케이스였습니다. 또 하나는 목걸이 메달!

노트북은 생전 처음 가져보는 선물이라 의미가 보통 큰 게 아닙니다.

이 노트북이 가진 기능을 다 알고 익히는 것보다 엄마를 위한 선물로 노트북을 선택하고 요모조모 골똘히 따지고 깊이 살펴 선택한 아

들, 며느리 마음과 정성이 값지고 값지기만 해 육안으로만 보고 흠집이 날까 봐 먼지도 앉는 걸 막고 싶은 심정이 될 정도로 아끼게 되었습니다. 잘 활용해야 그 선물에 대한 보답이 될 텐데. 이 사실을 알기에 한편 버겁습니다. 젊은이도 아닌 제가 늦깍이로 노트북을 맡아놓고 활용해야 하는 숙제를 하나 떠안은 마음은 나를 긴장시킵니다.

또 하나 들고 대피한 것은 바로 목걸이 메달입니다. 마음은 곱고 고운 청춘인 봄을 닮아 있는데 거울에 비친 주름은 내 실제 나이를 인정하라고 괴롭힙니다. 어느새 간지가 돌아와 1세를 더하는 나이가 되었습니다. 이 씁쓸한 마음을 어떻게 하면 달래고 기념할까 고민 고민하다가 천상 세월이 가도 여자는 여자인가 봅니다. 목걸이 메달을 사기로 맘먹고 내 짝 앞세워 쇼핑센터에 가서 둘이서 고르고 골라 사 온 바로 그 메달, 지름이 1.8인 그 브라운 빛 메달!

집 안 구석구석 소소하고 보잘 것 없는 옹색함이 드러나는 소품들로 꽉 차 있지만 세월과 추억의 이야기가 묻은 값진 그 물건들이 내 살아온 여정 안 사이사이에 물때 묻은 이끼처럼 쌓여 있어 어느 것 하나 쉽게 버릴 수도 없이 소중합니다. 그건 그만큼 세월, 금쪽 같은 그때의 시간을 머금은 물건들이기 때문일 겁니다.

이제 오늘 들고 대피한 그 노트북과 목걸이 메달도 세월의 뒤안길에서 허름한 모습으로 세월을 이고 이끼가 될 테죠. 구르는 돌에는 이끼가 끼지 않고 흐르는 물은 썩지 않는다고……

저는 오늘도 공습경보가 울리는 삶 속에서 많이 움직이고 생각하려고 애를 쓰고 있습니다. 귀한 선물과 많은 이야기와 사랑 나누며 덜 쇠퇴하고 덜 후퇴하려고 안간힘을 쏟고 있습니다. 이 무자비한 공습 속에서도 말입니다.

전쟁 중 맞이하는 첫눈

키이우, 드디어 첫눈다운 첫눈
키이우, 결국은 어두침침한 정전
내 집 앞, 드디어 살포시 첫눈!
내 집 안, 드리운 침침한 정전!
키이우 시내로 곧 내디딜 첫눈 발자국
우리 집안에 이미 스며든 시린 공기
밖으로 밝게 내디딜 첫눈, 눈, 눈
집으로 시리게 스민 찬 기운, 기운
살 희망에 기대어 바라본 첫눈
몸소 맞는 동심에 껴안아 본 새 힘
드디어 계절의 바뀜을 보고선
다시금 바라는 봄에 품는 그리움, 그리움
또다시 그 꽃피는 계절 본다면
다시는 놓치지 말라는 당부, 또 당부
내 네 품에 오래 안기어서
긴긴 어둠을 맞을 준비 하리, 또 하리
내 내 집 안에 오래 머물러
지난 추억 그리움을 안고, 또 안으리.
2024년 11월 첫눈을 보며...

피난 중 다른 나라 도시에서 맞는 연말

2025년을 달랑 하루 남기고 고도시 바르샤바를 걷는다. 옛소련이나 동유럽의 겨울은 웬지 음침하고 회색이다. 날씨는 왜 이렇게도 추운 것인지 손발이 시리고 매섭다. 몸의 일부가 된 듯한 모자, 장갑, 목도리!

우중충한 날씨의 무거움으로 덮힌 공원을 지나 정돈된 동네에 이르러 찾은 카페에서 책을 보며 커피를 마시며 이국의 연말을 바라본다. 그나마 정든 우크라이나어와 비슷한 폴란드어 단어가 들려 다행이다.

오늘을 바라보고 내일을 생각하는 시간을 갖는다. 불과 몇 백 킬로미터 밖에서는 전쟁으로 사람이 죽고 수백만의 사람들이 전 세계로 뿔뿔이 흩어져 피난살이를 하는데 그런 와중에도 시간은 흐르고 연말이 되어 송년과 신년의 노래를 듣는 바르샤바의 거리는 평화와 행복이 넘친다.

키이우 도심 어디서나 마주하던 르비우 크로아상(LVIV CROISSANTS) 카페를 바르샤바 거리에서 마주한 우리는 반가움에 어쩔 줄 몰라 했다. 이곳에서 우리는 잠시 안도감과 평화를 느끼며 이국에서의 연말을 맞이했다.

쌀쌀한 겨울이지만 차가운 날씨도 카푸치노에 살살 녹아들어 뽀얗게 피어나는 잔잔한 평화가 마치 행복을 약속해주는 듯하고 카페 안의 온기로 여행의 피로감은 한결 가볍다.

이제 다시 우크라이나로 돌아갈 시간이다.

To Dear Nathan

Nathan, it seems like we had a really fun, funny, interesting, and happy trip! We had a year-end and New Year's party while eating American, Korean, and Polish food, and we exchanged cards (I forgot to bring them), watched a movie, did a thousand puzzles, tasted various medieval foods and various types of alcohol (makgeolli, wine, fruit, soju, champagne) and coffee (Costa, Starbucks, Green NERO)) at Christmas Square... We walked down memory lane together! After the trip, we always have to go back home, the obsession to start from the beginning, and we are busy setting the clock to return to our destination and going our own way again. That's why we need a break. We worked hard to finish a semester in different countries and places, and we successfully completed our two goals of rest and travel. Now, we are going to our respective locations for the new semester that will begin. (Separate boarding at Chopin Airport). Nathan, I hope you will safely return to Boston and make all the necessary preparations to finish your PhD. Let's meet in Korea in the summer and if we have another chance, let's meet in Port and Kiev, the cities that IO MI loves, to taste young squid and fresh, tender turnips. I pray that you arrive safely in Copenhagen, LA, and Boston. Thank you for remembering Kim Mi-kyung Seok-won with croissants and Lattes even at Chopin Airport!

우크라이나를 향한 그리움

너에게로 향하는 마음을

나에게로 열린 온전한 시간에만 꼭꼭 참았다가 너만을 오롯이 안을 때 꺼내 놓는다.

너와 지난 긴 시간 사이 사이로

나에게만 고스란히 맺힌 너의 기억은 더 진한 그리움을 떠 안긴다.

이왕에 참을 거라면

더 묵히고 묵혀 삭이고 삭여

널 마주했을 때의 감격을 부풀리려는 내 사려 깊은 의중은

더 무거운 짐으로 나에게 인내를 요구한다.

그날 널 마주한다면 난 새 희망에 내 삶의 바다에 부표를 띄워 놓고

더 센 저음으로 너를 향해 헤엄쳐 달려가리라.

결혼기념일 33주년 맞으며 (To have the 33th wedding anniversary)

전쟁통이라 세상이 시끌시끌 불안불안합니다. 그래도 각 가정의 환한 불빛은 사람이 그리고 이웃이 제 곁에서 각자의 고귀한 삶을 통한 생활을 이 유례없는 한파와 전쟁 속에서 여전히 따뜻하게 이어 나가고 있음을 방증해 줍니다.

믿기지 않겠지만 제가 사는 곳은 늘 공습경보 소리를 달고 살지만, 생활은 전과는 확연히 달라졌지만 살아가는 모습은 별반 다르지

않습니다.

예를 들면 전쟁 중이라 정전이 잦지만, 가족 간 사랑이 더 깊어졌고 생활이 그 전과는 달리 어려워졌어도 더 엄숙하고도 만족해하며 따뜻하게 또 열심히 살아가고 있습니다.

33주년 결혼기념일에도 공습경보가 시도 때도 없이 하루 세 네 번은 기본으로 울려대는 상황에서 오페라 구경도 다녀오고, '집 레스토랑'에서 기념일 파티도 둘이서 다 해내고 말았습니다.

멋진 결혼기념일 케이크는 자식들이 보내왔고 깜짝 이벤트로 보스턴에서 네이송의 축하 전화도 있어서 참 기뻤습니다.

이 자리를 빌어 자식들의 정성과 부모님 사랑에 대한 아낌없는 표현을 적어 봅니다.

우리 둘이서 앞으로 더 살뜰하게 삶을 대하며 서로가 서로에게 흔들리지 않는 신뢰와 사랑을 실천하며 살 것을 다시 다짐해 보는 시간을 가져 봅니다.

내 짝은 연신 제가 장만한 음식에 감탄했고, 전 내 짝이 여전히 제 손맛을 믿고 감탄해 줘 감동했습니다.

서로 공감하고 통하는 마음들이 추억으로 장식되고, 우리 둘의 맺음으로 인하여 자식들이 생겨나 부모님을 생각하며 따스한 정을 표하는 이런 기념일이 존재해 제 평범하고 소박한 삶은 한층 단조로움에서 벗어나 멋지고 행복한 순간을 만드는 계기가 돼 줘 감사한 요 며칠이었습니다.

결혼기념일 다음 날 새벽에 눈 떠 내 짝 귀에다 대고 속삭였습니다.

"우리 결혼기념일 지났어요"라고요!

좀 아쉬웠습니다. 그렇지만 내년을 생각하면 괜찮습니다! 결혼기념일은 생일같이 매년 돌아오니까요.

오늘 마음이 무겁습니다

오늘 무겁습니다. 제 마음도 우리 집 분위기도 게다가 키이우날씨도요.

아이들이 꼭 필요해서 장만한 것들인데, 쓰던 이들이 다 떠나니

그 애지중지 사랑받던 물건들이 이제 주인을 잃고 방 한 켠에 그냥 버려진 채로 언제라도 찾아줄 날, 그날을 바라며 수년간 버티고 있었습니다. 그때는 절실한 마음으로 꼭 필요해서 장만한 것들인데...

제 첫 여름 휴가비 56일 치를 몽땅 다 쏟아부어 큰맘 먹고 장만을 결심해 오로지 아이들 교육만바라고 장만해 주었죠. 대신 열심히 학업에 몰두해 좋은 성적을 받아야 한다는 다짐을 받아 두는 것도 잊지 않았습니다.

자식들이 떠난 세월이 십 년이 넘어도 그 장성한 자식들은 돌아올 줄 모르고 그들에게 그때 절실했던 피아노며 침대가 이제 장만해준 당사자, 부모인 저에게로 돌아왔습니다.

전 이미 제게도 버거운 큰 침대도 생겼습니다. 나그네처럼 1년 1년 하며 남편을 따라 키이우에 와, 언젠가는 고국에서 살게 될지도 모르는 운명을 예감하며 사느라고 뒤늦게야 가장 큰 침대, 가로세로 2미터짜리를 장만해 사용하고 있어요. 큰 침대를 장만할 수밖에 없는 이유도 있었죠. 아이들이 고등학교를 마치고 대학을 한국으로 떠

나기 전 첫 아이가 애완견을 길러 보고 싶어 하는 뉘앙스를 저에게 자꾸 주입을 시켜 그만 작은 스패니얼을 가족으로 삼고 말았죠. 6개월의 갭이어(gap year)를 애완견과 함께하고 싶은 마음을 실천에 옮긴 거였어요. 그런데 이놈이 자라 23킬로의 큰놈이 되었고 이 와중에 또 생전 만져보지 못한 치와와, 한 살도 안 된 놈을 지인이 제게 건네며 키워 보라는 거예요. 덧붙여 해 준 말 때문에 사양은 엄두도 못 냈고요. "이 애는 항상 요마만큼만 하지 크지 않다는 말에 애가 너무 작고 여려 보여 쥐면 다칠 것처럼 연약하고 귀여워 나 같은 사람의 돌봄이 필요할 거라는 과한 착각과 소유의 유혹에 그만 덥석 치와와도 떠맡게 돼 기르게 되었어요." 예쁘디예쁜 이 애들이 커 가며 제 소원은 그 두 놈을 다 수용해 우리 부부와 애완견 두 마리 이렇게 넷이서 이리 뒹굴고 저리 뒹굴어도 침대 아래로 굴러떨어질 일 없는 큰 침대를 가지는 것이었어요. 그 소원을 이뤄 좋지만 제 방의 절반이 쑥 줄어든 느낌은 뭔가 땅때기를 도둑맞은 것 같았어요. 그렇지만 달콤하고 편하게 잘 넷이서의 잠자리를 생각하면 행복이 더 큰 무게로 제 마음에 다가왔죠.

악기에 젬병이라 악기 다룰 줄도 모르는데 바로 그 휴가비로 사준 피아노도 제 방으로 보낸다는 제 짝으로부터의 통보는 신경질을 낳게 하고 말았어요.

그 이유는 이러했죠. 전 아이들이 없는 적막하고 쓸쓸한 시간을 자식들이 떠나고 돌아올 날만 기다리다가 지쳐서 그 지침을 달래려고 주말에

개 시장(우리 가족끼리만 사용하는 단어)에 다닌 게 어느새 습관

이 되어 있었어요. 저렴한 지하철(약 260원)을 이용해 취미랍시고 돌아가신 분들이나 필요가 없어져 내다 판 액자를 모으기 시작해 제 집은 제가 좋아하는 액자로 가득해 더 큰 공간을 필요로 하게 되었고 이는 부부 사이에 문제로 떠오르고 이는 가끔 싸움에 빌미를 주기도 했어요. 이미 좁아질 대로 좁아진 내 방, 즉 우리의 침실에 왜? 라는 질문은 제 마음을 아래로 '쿵' 떨어트리게 했어요.

제 짝은 오늘 당신 방 귀퉁이에 그저 놓여 있기만 한 그것들을 제게 다 안기었습니다. 전 추억은 먼지라도 버릴 줄 모르기에 오늘 다 떠안았습니다.

그렇지만 한편 좋았습니다. 떠난 이 대신 돌아온 이가 있으니 참 다행이란 마음으로 다 내게로 오게 했죠.

이제 악기도 내 곁을 지켜줄 테고 초등학생용 침대도 날 기꺼이 누여줄 테니까요.

이제 저도 제 짝도 그 쓰임이 다 해 떠난다면 우리 곁에서 친구해 줄 이를 떠올려 볼 때면 고독으로의 시간이 바짝바짝 다가오는 그 걸음을 느낍니다.

그래서 오늘 마음이 무겁습니다.

그래도 좋습니다!

추억 가득 안고 옛 친구들이 한꺼번에 나를 찾아왔으니까요. 제 휑한 마음의 공간이 오밀조밀한 밀도로 가득 채워졌으니까요.

이제 가끔

악기도 만져 보고 아이들 침대에도 누워 보고, 옛 그리움을 되살려 추억 여유 가지고 살아 보려고요.

농막 모란

5월도 지나
6월 초에야
꼭꼭 내 속에 매달아 지워지지 않는 너를 안고는
가야 하는데
만나야 하는데
네 동그랗게 말린 흰색, 꽃분홍색 봉오리
햇살 가득한 날 한 겹 한 겹 네 꽃잎 세상에 나올 때
향기에 그만 취하고
피워낸 풍채에 그만 마음 빼앗기고
서운케도
활짝 피어서 우수수 꽃잎 떨어내면 그만인 약속함...
그래도 네가 그리워 매년 봄날이면
널 꼭 찾기를 놓치지 않았는데...
혹 날 위해 더디 피어나는 놈 있기를
활짝 핀 성급한 놈
그 옆에 꼭꼭 다문 꽃봉오리
널 한 아름 안고
내 사랑스러운 집에 놓아
고단할 때
그윽할 때
그리움이 스밀 때
내 시선 네게 떨구고

소녀도 되고

사랑에 빠진 연인도 되고

푸근한 엄마도 되고

순한 아내도 돼 보는 꿈을 꾼다.

바깥바람 쐬러 가요

토요일, 쉼의 한가운데 날!

금요일을 여유롭게 보낼 수 있는 건 아마 월요일을 멀찍이 두고도 그 사이 일요일이 있고 그 일요일에 앞서 있는 토요일만의 성질 때문이리라!

세상이 아무리 불안하고 어지럽게 도는 순간이어도 인간은 또 하루를 이어 나가야 하는 숙명을 지니기에 나 자신 오늘을 설계해 본다.

"우리 오랜만에 바깥바람 쐬러 가요."

가고 오는 시간은 족히 두 시간쯤 소요되고

시내 버스를 타고 사는 동네에서 1시간 떨어져 있는 키이우 도심의 세상 모습인 6월의 꽃과 초록의 나무 풀 그리고 하늘 바람 비 건물...

모든 걸 눈에 담고 시내 관광을 시작했다.

챙긴다고 단도리를 하고, 마음에 기억해 뒀건만...

열쇠를 돌리며 순간 우산을 챙기는 걸 잊었다.

다행스럽게도 비는 우리를 놓아주었다.

인기 만점에 사랑받아 줄 서서 먹는 맥도날드 안엔 이미 여러 세대 각각의 사람들로 붐비고 있었다. 천진한 조무래기들, 친구, 연인, 부부, 가족!!!

다행인 건 창가 소프트 의자를 갖춘 테이블을 차지할 수 있는 거였다.

뜨거운 감자 튀김 디피는 첫 한 잎에 살살 녹았고,

무료한 2주 이상의 우기의 찌뿌둥한 스트레스도 함께 녹고 있었다.

양이 제법 많은 라테 커피의 살짝 뜨거운 맛도 기분을 살짝 더 들뜨게 하는 데 한몫!

일찌감치 비 오기 전

키이우 드니프로 강물을 바라보고 물살의 무서움도 느껴 봤고,

그 물살을 바라보는 안드렙스키 언덕 파란 안드렙스키 사원을 배경으로 사진도 찍어서...

좀 더 젊음의 기운을 안으며

맥버거와 감자 라떼 속으로...

일순간에 굉장한 소나기 위력을 창가로 바라보며....

시간의 흐름 속에서

잠시 집 떠나

사랑스러운 두 마리 반려견들과 잠시 안쓰러운 이별을 하고

시간을 따라

어스름 전 귀가를 재촉해야 하는 마음의 부담이 6월이기에 해가 길어서 그래도 넉넉했다.

오늘 바깥바람은 우중에도 한 컷 사진도 찍을 수 있어 좋았다.

남는 건 추억과 사진뿐이란 말도 있지 않나!

우크라이나의 창
(평화와 전쟁)

1판1쇄 2025년 9월 4일

저자 김석원 · 여미경
발행인 이경화

발행처 디자인21
주소 04560 서울특별시 중구 퇴계로 293-1 3층
전화 02-2269-6561(대)
팩스 02-2269-6568
이메일 21publish@naver.com
블로그 https://blog.naver.com/publish21
인스타 https://www.instagram.com/21publish.co.kr
홈페이지 https://21publish.co.kr

등록번호 제1-1128호
등록일자 1991.2.12

ISBN 978-89-6131-189-2 03920

정가 18,000원